I0366182

www.ingramcontent.com/pod-product-compliance
Lightning Source LLC
Chambersburg PA
CBHW030514080526
44586CB00011B/188

9781941693209

برخاسته از خاکستر با مسیح

شناخت کلیساهای با زمینهٔ اسلامی از پنجرهٔ تجربهٔ کلیساهای ایرانی

رُی اکسنواد

انتشارات جام
جهان ادبیات مسیحی

جهت تهیهٔ این کتاب و یا دسترسی به سایر ادبیات مسیحی چاپ انتشارات جام (جهان ادبیات مسیحی)، با رایانامهٔ زیر به فارسی یا انگلیسی تماس بگیرید

info@judeproject.org

سرشناسه: **برخاسته از خاکستر با مسیح**
شناخت کلیساهای با زمینهٔ اسلامی از پنجرهٔ تجربهٔ کلیساهای ایرانی
نویسنده: **رُی اکسنواد**

مترجم: **مارگاریت ماغن**
ویراستار: **گروه نگارش و ویرایش انتشارات جام**
ناشر فارسی: **انتشارات جهان ادبیات مسیحی (جام)**
چاپ: **اول، ۲۰۱۸**
شابک: **۹۷۸۱۹٤۱٦۹۳۲۰۹**

حق چاپ ترجمهٔ فارسی این اثر برای انتشارات جام محفوظ است. هرگونه نسخه‌برداری، چاپ، توزیع و دخل و تصرف در این اثر بدون اجازهٔ ناشر مطابق قانون حق مولف ممنوع و منوط به کسب اجازهٔ رسمی از ناشر است.
ارجاعات کتاب‌مقدسی از ترجمهٔ قدیم و هزارهٔ نو (انتشارات ایلام)، ترجمهٔ مژده برای عصر جدید (انتشارات انجمن متحد کتاب‌مقدس) و همچنین ترجمهٔ تفسیری (انتشارات انجمن بین‌المللی کتاب‌مقدس) است. حق چاپ برای انتشارات مذکور محفوظ است.

فهرست

مقدمهٔ نویسنده بر نسخهٔ فارسی | ۱۱

فصل اول **۱۵**

مقدمه | ۱۵

نقطهٔ آغاز | ۲۰

فصل دوم **۲۵**

تاریخچه | ۲۵

دوران پیش از اسلام | ۲۶

تاریخ شیعه | ۲۷

صوفی‌گری و اسلام عرفانی | ۲۹

سکولاریسم و غرب‌گرایی | ۳۳

تاریخ پراکندگی مسلمانان در غرب | ۳۸

خصوصیات مسلمانان پراکنده شده در غرب | ۴۱

شناخت دورهٔ پس از ایمان | ۴۴

فصل سوم **۴۹**

تجربهٔ کلیسا | ۴۹

اولین برداشت از کلیسا | ۵۰

شناخت جاری از کلیسا | ۵۱

۵۲	تاریخ رشد کلیسا
۵۵	بزرگترین نقاط قوت کلیساها
۵۷	بزرگترین نقاط ضعف کلیساها
۵۹	دلایل ترک کلیسا
۶۲	تفاوت‌های میان کلیساهای بومی با کلیسای ایمانداران مسلمان‌زاده
۶۴	تجربهٔ کلیسایی نسل دومی‌ها
۶۷	خلاصه‌ای از تجربهٔ پیش‌زمینهٔ کلیسا
۶۹	**فصل چهارم**
۶۹	کوله‌بار فرهنگی
۷۰	قوانین/ حدومرزها/آزادی
۷۰	پیش‌زمینهٔ حد و مرزها
۷۴	صداقت/دروغ‌گویی/کذب
۸۰	نگرش منفی
۸۱	شرم/آبرو/غرور
۸۶	غرور به مفهوم رفتار محکم و بااراده تلقی می‌شود.
۸۸	فردگرایی
۹۰	حساسیت
۹۲	رفع تقصیر
۹۳	عدم تحمل
۹۴	بلوغ ایماندار و کلیسا
۹۵	خلاصه‌ای از مؤلفهٔ احساسی
۹۷	**فصل پنجم**
۹۷	بازی جوانمردانه؟
۹۸	ارتباط
۱۰۳	روابط
۱۰۳	روابط از نگاه عمومی
۱۰۴	میان اعضا
۱۰۵	میان اعضا و خادمان کلیسا

بین خادمین	۱۰۶
ریشه‌های مجادله	۱۰۷
حل مجادله	۱۱۱
مجادله میان ایمانداران مسلمان‌زاده و سایر گروه‌های قومی	۱۱۶
مقابله و نتایج آن	۱۱۷
حل مجادله	۱۱۹
بخشش	۱۲۱
انتقام	۱۲۳
حسادت	۱۲۵
قضاوت دیگران	۱۲۵
غیبت	۱۲۷
مقام	۱۲۹
انتقاد	۱۳۰
مهمان‌نوازی	۱۳۱
خلاصه‌ای از مؤلفهٔ بین‌فردی	۱۳۳

فصل ششم — **۱۳۵**

همه چیز از خانواده شروع می‌شود	۱۳۵
آموزش و پرورش در دوران طفولیت	۱۳۹
قرار ملاقات با جنس مقابل، ازدواج و طلاق	۱۴۳
مسائل مربوط به زنان	۱۴۴
خلاصه‌ای از شاخص خانواده	۱۴۷

فصل هفتم — **۱۴۹**

همه می‌خواهند رهبر باشند	۱۴۹
فاصلهٔ قدرت زیاد و جمع‌گرایی	۱۵۰
شیوه‌های رهبری شبانان	۱۵۳
تصمیم‌گیری	۱۵۴
خواندگی شبانی	۱۵۷
ساختار کلیسا	۱۶۱
چگونه این موضوع در کلیسا عمل می‌کند؟	۱۶۴

مسایل مالی و پول	۱۶۵
خوانندگی شبانی و تحصیلات	۱۶۸
رهبری شبانی	۱۶۸
رهبری اعضای کلیسا	۱۷۱
خلاصه‌ای از مؤلفۀ قدرت	۱۷۲
فصل هشتم	**۱۷۵**
گفتگو مثل انفجار بمب است	۱۷۵
روحانیت	۱۸۲
تعلیم و دانش کتاب مقدس	۱۸۴
شاگردسازی	۱۸۸
خلاصه‌ای از مؤلفۀ دینی	۱۹۴
فصل نهم	**۱۹۷**
قدم بعدی چیست؟	۱۹۷
کلیسا	۱۹۷
رشد شخصی	۲۰۰
فرهنگی که به عقب نگاه می‌کند	۲۰۰
شرم و آبرو	۲۰۳
دروغ	۲۰۵
حد و مرزها	۲۰۶
مؤلفۀ بین فردی	۲۰۸
حل مجادله	۲۰۹
بخشش	۲۱۲
ارتباط	۲۱۶
مؤلفۀ خانواده	۲۱۷
مؤلفۀ قدرت	۲۱۸
ساختارهای قدرت	۲۱۹
مؤلفۀ دینی/الاهیاتی	۲۲۲
فصل دهم	**۲۲۹**
سخن آخر	۲۲۹
پی‌نوشت	۲۳۳

فهرست ■ ۹

فهرست کتب پیشنهادی برای مطالعه بیشتر | ۲۴۸
فهرست منابع | ۲۵۰
دیگران دربارهٔ این کتاب چه می‌گویند | ۲۶۴

فهرست جداول و نمودارها

جدول ۲. ۱: تفسیر ماهیانهٔ رویا
جدول ۵. ۱: روش‌های حل مجادله
جدول ۶. ۱: جدال میان ارزش‌ها در شاخص فاصلهٔ قدرت کم و زیاد
جدول ۷. ۱:تفاوت‌های رهبری میان شاخص فاصلهٔ قدرت کم و زیاد
جدول ۸. ۱: مقایسهٔ میان تقدیرگرایی و ایمان
نمودار۹. ۱: افق‌های فردگرایی و جمع‌گرایی
جدول ۹. ۱: جدول حدومرزهای سالم
جدول ۹. ۲:مسئولیت شخصی و شیوه‌های مهار وابستگی بیش از حد
جدول ۹. ۳: تفاوت‌های میان احساس گناه و احساس شرم
جدول ۹. ۴: خدمت مبتی بر احساس شرم در مقابل خدمت تحت هدایت خدا

مقدمهٔ نویسنده بر نسخهٔ فارسی

این کتاب با عشق و احترام به کلیسای ایرانی نوشته شده تا به شما کمک کند در محبت به عیسای مسیح و عشق به یکدیگر رشد کنید. پیش از هر چیز بگذارید از علت پیدایی این کتاب در مسیر خدمت خود سخن بگویم.

من در امریکا و از پدر و مادری مهاجر متولد شدم که عشق عمیقی به کار میسیونری داشتند. آنها به من آموختند که با تمام قلب و زندگی عیسی را دوست داشته باشم و او را خدمت کنم. ما به کلیسای خوب و بزرگی می‌رفتیم و آنجا بود که خدمت به خداوند را یاد گرفتم. بعد، از یک دانشگاه مسیحی و پس از آن از دانشکدهٔ الاهیات فارغ‌التحصیل شدم که مرا برای خدمت در کار میسیونری چندفرهنگی آماده کرد. در سال ۱۹۸۱ مسئولیت تاسیس کلیسایی در حومهٔ شهر نیویورک به من سپرده شد. افراد از زمینه‌ها و ملیت‌های مختلف به این کلیسا می‌آمدند و به مسیح ایمان می‌آوردند. این کلیسای کوچک هنوز هم پابرجاست و به خدمت خود ادامه می‌دهد. از آن زمان تا به امروز، خدمت در میان ملیت‌های مختلف جزو علایق من بوده و از پیچیدگی‌های شاگردسازی نوایمانان مسیحی‌ای که در کلیسا رشد پیدا نکرده‌اند، لذت می‌برم.

در سال ۱۹۸۶ خدا خدمت من و همسرم را به سمت اروپا کشاند که خیل عظیمی از پناهندگان ایرانی به آنجا سرازیر می‌شدند. جلسات ما با ایرانیان پرمهر آغاز شد و برای ناهار و شام آنها را به خانهٔ خود دعوت می‌کردیم و پیام مسیح را به اشتراک می‌گذاشتیم. کم‌کم با ایمان آوردن این عزیزان به عیسای مسیح، کلاس‌های مطالعهٔ

کتاب‌مقدس و مشارکت مسیحی ایرانی را راه انداختیم. همهٔ مسیحیان نوایمان بودند و هیچ سابقهٔ کلیسایی یا زندگی مسیحی نداشتند. ما عاشق دوستان ایرانی‌مان بودیم و همیشه به خانه‌های‌شان دعوت می‌شدیم به خصوص وقتی که خانواده‌های‌شان برای دیدار آنها از ایران به اروپا می‌آمدند. وقت ما اکثرا صرف کمک به حل پستی و بلندی‌های زندگی این دوستان در بحران‌های فردی آنها می‌شد اما بعد از مدتی، عده‌ای به دلایل مختلفی مشارکت مسیحی را ترک می‌کردند. ما نگران زندگی روزانه و نیازهای روحانی آنها بودیم چون خدا عشق به این دوستان گرانبها را در دل ما قرار داده بود و ما می‌خواستیم به آنها کمک کنیم تا شاگردان بالغی برای مسیح شوند.

بعد از سال‌ها زندگی در اروپا، به امریکا برگشتیم تا خدمت تازه‌ای در میان مردمان آسیای جنوبی آغاز کنیم و کم‌کم مشارکتی از ایمانداران با پیش‌زمینهٔ اسلامی در میان ملیت‌های مختلف از جمله ایرانیان شکل گرفت. همچنین ائتلافی از خدمات مسیحی تشکیل دادم تا مسئولیت بشارت در میان مسلمانان آمریکای شمالی را بر عهده بگیرد که خدمات مسیحی متعددی در میان ایرانیان نیز شامل این ائتلاف می‌شدند.

ساسان توسلی و تت استیوارت، خادمینی که در میان ایرانیان خدمت می‌کردند، به طور مستقل با من تماس گرفتند و از بار سنگینی که بر شانه‌های‌شان سنگینی می‌کرد، صحبت کردند. این دوستان بیشتر زمان خدمت خود را صرف رسیدگی به بحران‌های موجود در کلیساهای ایرانی می‌کردند؛ اینکه کلیساها از هم می‌پاشیدند و تکه‌تکه می‌شدند و ایمانداران با هم کنار نمی‌آمدند. این کشیشان دلیل این وقایع را نمی‌دانستند ولی از علاقه و ارتباط ما با ایرانیان در طول سال‌های متمادی باخبر بودند و از من به عنوان موسس کلیسا، محقق و صاحب‌نظر در این رشته که به طور مستقیم با ایرانیان در ارتباط بودم، خواستند تحقیقی در میان کلیساهای ایرانی انجام بدهم تا شاید کمکی به آنها کرده باشم.

از این رو، زیر نظر هیئت علمی ناظر بر دورهٔ دکترا در یک دانشکدهٔ الاهیات مسیحی کار تحقیقی خود را آغاز کردم. تمام تلاش من این بود که به دور از نتیجه‌گیری‌های قبلی و نظرات پیش‌داورانه، با نگاهی عینی، تحقیقی غیرمغرضانه ارائه کنم. در سه کشور با ایرانیان مسیحی حدود پنجاه مصاحبهٔ یک ساعت تا یک ساعت و نیم انجام دادم و برای ایجاد تعادل در تحقیق، با کشیشان و رهبران کلیسا،

اعضا و شرکت‌کنندگان کلیسایی این مصاحبه‌ها را ترتیب دادم. تعداد زنان و مردان را در این مصاحبه‌ها مساوی قرار دادم و با قصد قبلی از جوانان نسل اول و دوم مصاحبه کردم و به دغدغه‌های واقعی افرادی گوش دادم که به وضع منفی در کلیساهای‌شان اشاره می‌کردند و می‌خواستند صدای‌شان شنیده شود و درصدد بودند تا با هماهنگی و صلح با برادران و خواهران مسیحی ایرانی خود زندگی کنند. مصاحبه‌شوندگان مشتاق بودند بدانند که آیا تجارب آنها منحصر به خودشان است یا اینکه سایر مشارکت‌های مسیحی نیز تجارب مشابهی دارند.

بعد از پایان تحقیق و ارائهٔ تز دکترا، اساتیدم به این نتیجه‌گیری دست یافتند که یافته‌های من به فراسوی کلیسای ایرانی می‌رسد و ممکن است برای همهٔ مشارکت‌های مسیحی با زمینهٔ اسلامی که با فرهنگ حرمت/ شرم در سرتاسر دنیا تجارب مشابهی دارند، مفید باشد. افراد دیگری که در خدمات بین‌المللی مشغول بودند از تحقیق من باخبر شدند و با من تماس گرفتند و جویای این تحقیق شدند. رهبران بین‌المللی در کشورهای غیرمسلمان با من هم‌نظر شدند که تحقیق من توصیفی از وضع و حال کلیساهای آنها نیز به دست می‌دهد و از من خواستند این کار را به چاپ برسانم تا خدمات مسیحی و مبشرین بتوانند از این کار به عنوان منبعی برای تقویت کلیساها استفاده کنند.

بسیاری از رهبران خدمات مسیحی از من خواستند این مطالب به فارسی نیز ترجمه شوند تا از یافته‌های من برای تجهیز رهبران کلیسا استفاده کنند و با این کار باعث شفا و تقویت مشارکت‌های خویش شوند. این ترجمهٔ فارسی با این دعا به قلم درآمد تا ایرانیان مسیحی رشد کنند و شاگردان بالغی برای مسیح باشند و اینکه کلیساها و مشارکت‌های ایرانی به اجتماعاتی قوی‌تر و سالم‌تر مبدل شوند که عیسای مسیح در آنجا جلال یابد و ایمانداران نسبت به هم محبت و شفقت نشان دهند.

ارادتمند شما در محبت مسیح،
دکتر رُی اکسنواد

فصل اول

مقدمه

زمانهٔ ما در تاریخ خدمت بشارت مسیحی بی‌همتاست. در سال ۱۹۷۷، در طی یکی از دوره‌های درسی خدمت بشارت، دریافتم تعداد مبشرینی که در میان اسکیموهای آلاسکا مشغول خدمت‌اند، بیش از مجموع مبشرین در سرتاسر جهان اسلام است، که از نظر تعداد دومین دین بزرگ دنیا محسوب می‌شود.[۱] جامعهٔ مبشران در آن زمان، توجه خود را معطوف به کسانی (قبیله‌های جنوب صحرای آفریقا، آمریکای لاتین، و کشورهای خاور دور مانند چین) کرده بودند که با روی گشاده انجیل را می‌پذیرفتند. اعزام گروه بشارتی به منطقهٔ دین اسلام که بیشترین مقاومت را از خود نشان می‌داد، از نظر ایشان راهبرد ضعیفی بود. این دیدگاه در پی دنباله‌ای از وقایع که در سال ۱۹۷۹ رخ داد، تغییر کرد. شاهِ دوستدار غرب، که به واسطهٔ مداخلهٔ ایالات متحده و انگلستان قدرت بیشتری به دست آورده بود،[۲] تحت فشار رهبران دینی و بازاریان، ایران را ترک نمود؛ یک رهبر دینی مسلمان نسبتا گمنام، از تبعید به ایران بازگشت و

نخستین تجربهٔ امروزی جمهوری اسلامی را پایه‌گذاری کرد، و بحران گروگان‌های آمریکایی در تهران در زمان ریاست جمهوری جیمی کارتر، یک سال به طول انجامید. اسلام، دینی که نسبتا در غرب ناشناخته بود، اکنون تیتر اول اغلب اخبار بین‌المللی روز را به خود اختصاص می‌داد. تجربهٔ ایران، تبدیل به مدلی الهام‌بخش برای ملت‌های اسلامی زیادی از جمله افغانستان، سومالی، یمن، مناطق مسلمان‌نشین سودان، و نیجریه شده است تا در پی استقرار حکومت الله بر زمین باشند.[۳] ما افزایش گروه‌های تروریست مانند مجاهدین، داعش، بوکوحرام، انجمن اخوت مسلمان (اسلام سَلَفی)، القاعده، و سایر گروه‌های جهادگرای دیگر را به چشم دیده‌ایم.

آنچه از دید رسانه‌های غرب پوشیده ماند، شکل‌گیری یک انقلاب خاموش بود. در طی یکی از ماه‌های رمضان، از مسیحیان دعوت شد تا برای مسلمانان سراسر جهان دعا کنند.[۴] این جنبش دعا گسترش یافت و کلیساها در تمام دنیا در این جنبش جمعیِ دعا برای مسلمانان جهان شرکت دارند. بسیاری از ایرانیانی که از رژیم اسلامی گریخته‌اند، به دنبال خدای محبت هستند. آنچه هم اکنون به چشم می‌بینیم گرایش جهانیِ تعداد بی‌سابقه‌ای از مسلمانان به مسیح است.[۵]

راهبردهای استقرار کلیسا در میان مسلمانان، دربردارندهٔ یکپارچه‌سازی نوایمانان مسلمان‌زاده با کلیساهای موجود بوده است، با این پیش‌فرض که آنان با زبان مشخص، مراسم دینی و فرهنگ آن کلیساها آشنایی کافی دارند. اغلب مشارکت‌های مسیحی عرب زبانی که می‌شناسم، مانند جمعی که در بلژیک به خدمت‌شان مشغول بودم، اکثرا زمینهٔ مسیحی دارند. آن جمع کلیسایی، یک گروه کوچک منزوی مسیحی‌زادهٔ سوری بودند. علی‌رغم تلاش شبان متولد مصر آن کلیسا، ایمانداران مسلمان‌زاده موفق نشدند جای خود را در میان گره‌های محکمی که آن جمع را به هم می‌پیوست، پیدا کنند. اما همین که آن شبان، مشارکت مخصوص ایمانداران مسلمان‌زاده را تاسیس نمود، کلیسا شروع به رشد و نمو کرد. این الگو در تمامی کلیساهای با زمینهٔ قومی مسیحی‌زاده به چشم می‌خورد. بعدا دلایل نبود یکپارچگی با ایمانداران مسیحی‌زادهٔ کلیساها و نقشی را که آنها می‌توانند در این میان بازی کنند، توضیح خواهم داد. همین کفایت می‌کند که بگوییم جدایی عمیق فرهنگی، قومی و دینی موجود میان مسیحیان و مسلمانانی که یک موطن مشترک دارند، باعث بی‌اعتمادی

طرفین نسبت به هم است، و مانع یکپارچگی آنان می‌شود.

ایرانیان به عنوان یک گروه مشخص، بیش از سایرین در تشکیل کلیساهای ایمانداران مسلمان‌زاده موفق بوده‌اند. به همین دلیل تحقیقاتم را بر این گروه با پیشینهٔ مسلمانی متمرکز کرده‌ام.[۶] بنابراین، درگیری‌هایی که این مسلمان‌تبارها در طول زندگی ایمانی مسیحی‌شان در جمع با آن روبرو هستند، به خوبی نشانگر دشواریی‌هایی است که این پیروان جدید مسیح تجربه خواهند کرد. مشارکت‌های مسیحی به زبان مادری ایمانداران مسلمان‌زاده، درست مانند کلیساهای فارسی‌زبان ایرانی، مخصوصا برای ایمانداران نسل اول که در فراگیری زبان دوم محدودیت دارند و کسانی که می‌خواهند با پیشینه و فرهنگ خود خدا را بپرستند، نقش مهمی ایفا می‌کند. کلیسای ایمانداران از زمینهٔ اسلام، در مرحلهٔ نوزادی قرار دارد، و با قوت تمام در حال یادگیری است.

من و همسرم در طی سی سال گذشته مشغول خدمت به مسلمانان بوده‌ایم. در طول سال‌های خدمت، تاسیس کلیساهای ایمانداران مسلمان‌زاده را که نویسندگان زیادی تاریخچهٔ آنها را به ثبت رسانیده‌اند،[۷] به چشم دیده‌ایم. اما تجربهٔ این کلیساها در همزیستی مسیحی همواره مملو از غوغا و آشوب بوده است. هدف کتاب حاضر، ارائهٔ تصویر دقیقی از کلیسای ایمانداران مسلمان‌زاده بنا بر توضیحات خود ایشان است، نه تبیین فنونی که متخصصان بشارت‌شناسی غربی به دست می‌دهند. نظریه‌ها و پیشنهاداتی که در این تحقیق و همکاری عرضه شده، شهادت‌های عینی هستند که می‌توانند راهنمای کلیسای نوپای مزبور از هنگام تولد تا بلوغ باشند. اصولی که در این میان به آنها رسیدیم شاید حتی فراتر از موضوعات مورد تحقیق و مطالعهٔ ما بروند و به کار افراد بسیار زیادی بیایند که کلیسای خود را میان جامعه‌ای بدون آشنایی با تاریخ کلیسا تاسیس می‌کنند- جامعه‌ای که تحت نظام‌های سلطه‌گر و ظالم اداره می‌شود.

کلیسای ایمانداران مسلمان‌زاده نقاط قوت زیادی دارد. اما به خاطر نیل به اهداف کتاب حاضر، نگاهی عمیق‌تر به ریشه‌های تنش خواهیم انداخت تا درک بهتری از وقایع موجود بیابیم و اینکه در پیشبرد این کلیسای جوان باید به چه نکاتی توجه نشان داد. به خاطر داشته باشید، جماعت مورد نظر ما هنوز در مرحلهٔ نوزادی از رشد خود است و طبیعتا زیربنای آن، جماعت‌های قدیمی‌تر با گروه رهبری تربیت شده و اعضای بالغ و پایدار نیستند. قدم بعدی این کلیسا، پس از تعیین ریشه‌های

ناهماهنگی، پرداختن به مشکلات و دغدغه‌هایی است که می‌توان با دانشی که شاید از قبل داشته‌اند، آنها را حل و فصل کرد. منظور از این مطالعه و بررسی، به هیچ وجه بی‌احترامی به کلیسای ایمانداران مسلمان زاده نیست. من احترام و علاقهٔ بسیار زیادی به آنچه خدا در میان ایمانداران مسلمان‌زاده و هزارتوی جهان اسلام انجام می‌دهد قائلم.[۸] آرزویم این است که کتاب حاضر بتواند آیینه‌ای نمادین برای کمک به تحلیل و اولویت‌بندی قدم‌هایی باشد که کلیسای ایمانداران مسلمان‌زاده را از نوزادی به نوجوانی، و سپس به بلوغ بزرگسالی رهنمون شود.

منظور وسیع‌تر من از مطالعهٔ تجربهٔ ایرانیان در کلیسا، رسیدن به درک بهتری از چگونگی تغییر و تحول نوایمانانی که از زمینهٔ اسلام می‌آیند، در ایمان به مسیح است. می‌خواهم درک بهتری از توانایی‌های ایشان و اموری که با آن درگیر هستند، پیدا کنم. آیا امکان دارد تجربیات ایرانیان و کشمکش‌های پیش روی آنها، به عنوان یک الگو برای سایر مسلمانانی به کار رود که به مسیح ایمان می‌آورند و پیشینهٔ فرهنگی، الگوهای رفتاری، و ارزش‌هایی که منحصرا توسط دین، فرهنگ و خانواده‌شان شکل گرفته، مشابه ایشان است؟

ایمانداران مسلمان‌زاده پیشینهٔ فرهنگی، الگوهای رفتاری، و ارزش‌هایی را که منحصرا توسط دین، فرهنگ و خانواده‌شان شکل گرفته، با خود می‌آورند.[۹] همانطور که در اکثر کلیساهای نسل اول عمومیت دارد، کلیساهای ایمانداران مسلمان‌زاده بسیار در بشارت فعالند و تجربهٔ پرستش آنان پرشور و حرارت است. کلیسا ویژگی‌های عمیق فرهنگیِ وفاداری، سربلندی، و انسجام خانوادگی را به نمایش می‌گذارد. آنها نسبت به دیگران نوع‌دوست، صمیمی، گشاده‌دست، دلسوز و مهربانند و این امر در مهمان‌نوازی متعهدانه‌شان به چشم می‌خورد.[۱۰] مشارکت برای‌شان انعکاسی از ارزش اصیل و عمیق خانواده و دوستی‌ای است که در جامعهٔ سنتی‌شان دیده می‌شود. ایمانداران مسلمان‌زاده، اغلب بیش از هفته‌ای یکبار با هم در ارتباطند، زیرا اعضای کلیسا شدیدا در طول هفته درگیر زندگی همدیگر می‌شوند.

اما کلیسای ایمانداران مسلمان‌زاده دائما در حال تغییر و تحول است، و مشکل بتوان تعداد و موقعیت دقیقی از این کلیساها ارائه داد. به طور مثال، اولین کلیسای ایرانی در کالیفرنیا کاملا برچیده شد. تا آنجاکه اطلاع دارم چهار کلیسای ایرانی در

شیکاگو تاسیس شدند و چهار کلیسای ایرانی در همان منطقه نتوانستند به موجودیت خود ادامه دهند. یک کلیسای ایمانداران مسلمان‌زادهٔ سومالیایی در مینیاپولیس در تمام دورهٔ موجودیتش در حال تقلا و کشمکش بوده است. کلیسای عرب‌زبانی که در هشت سال گذشته در آن خدمت می‌کردم، هنوز نتوانسته یک گروه هسته‌ای از ایمانداران ایجاد کند که در شکل‌گیری کلیسایی زنده و پرطراوت نقشی ضروری دارد. یک کلیسای عرب‌زبان ایمانداران مسلمان‌زاده در ایالت نیوجرسی تاسیس شد، ولی نهایتا تبدیل به کلیسایی با اکثریت ایمانداران مسیحی‌زاده گردید که همواره تعداد محدودی از ایمانداران مسلمان‌زاده موقتا در آن حضور می‌یابند و سپس آنجا را ترک می‌کنند. یکی از مشارکت‌های مسیحی ایمانداران مسلمان‌زاده در منطقهٔ شیکاگو به خوبی پیش می‌رفت، تا اینکه بی‌اعتمادی اعضا نسبت به همدیگر، آن مشارکت سرزنده را از میان برد. عموما مشارکت‌های ایمانداران مسلمان‌زاده بیش از هر چیز در کشاکش روابط بین‌فردی و گروه رهبری کلیسا هستند.

متخصصان بشارت‌شناسی و رهبران کلیسا به خوبی می‌دانند که شاگردسازی عنصری کلیدی در هر کلیسای نوپاست. شاگردسازی فراتر از جمع کردن افراد برای مطالعهٔ کتاب‌مقدس می‌رود. خدا در رومیان ۱۲: ۱-۱۲ ما را نصیحت می‌کند تا دیگر همشکل الگوی این جهان نشویم بلکه با نو شدن ذهن‌مان، دگرگون شویم. این نو شدن ذهن تا ارزش‌های اصلی نوایمان و جمع کلیسایی او نفوذ می‌کند. پُل هیبِرت (Paul Hiebert)، مبشر و مردم‌شناس اظهار می‌دارد که همراه با ایمان آوردن، ارزش‌های ما ناگهان تغییر نمی‌کنند و نو نمی‌شوند. باورهای فرهنگی، ادراک هر فرد از ایمان مسیحی را شکل می‌دهد.

هدایت افراد به سوی ایمان به عیسای مسیح، بُعد بشارتی خدمت است. مردم همانطور که هستند، با پیشینه و فرهنگ‌شان قدم پیش می‌گذارند. نمی‌توانیم انتظار داشته باشیم که رفتار، باورها و جهان‌بینی آنها در یک لحظه دگرگون شود. بنابراین، مهم است که ایشان را با شاگردسازی به سوی بلوغ مسیحی هدایت کنیم. این امر شامل دگرگونی ایشان نه تنها در روش تفکر و رفتارشان، بلکه در جهان‌بینی آنان نیز می‌شود.[11]

استاد و مبشر برجسته، جیمز پلودِمَن (James Plueddemann) چنین می‌نویسد: «بنابر تجربهٔ من، بزرگترین مشکلات رهبری چندفرهنگی از تنش‌های مربوط به

ارزش‌های درونی به وجود می‌آید»[۱۲]، [۱۳]. روش‌های سنتی غربی شاگردسازی، به مشکلات اصلی‌ای که سبب مجادلات موجود در این کلیساهای ایمانداران مسلمان‌زاده می‌شوند، نمی‌پردازد. بررسی حوزه‌های کشمکش، دورنمایی از این فضاها را به افرادی می‌دهد که می‌کوشند این نوع کلیساها را از نوزادی به بلوغ برسانند.

نقطهٔ آغاز

تعداد ایرانیانی که به مسیح ایمان می‌آورند، و سازماندهی مشارکت‌ها و کلیساهای فارسی‌زبان به اندازهٔ کافی چشمگیر است. من به مصاحبه با پنجاه ایرانی پرداختم که در درجهٔ اول در طی موج دوم روی آوردن ایرانیان از زمینهٔ اسلام به مسیحیت، در سه کشور انگلستان، کانادا و ایالات متحدهٔ آمریکا به مسیح ایمان آورده‌اند.[۱۴] سوالاتم در طی صحبت‌های هدایت شده، سوالاتی برای کسب نظر طرف مقابل در مورد زمینه‌های کلیدی روابط و تجربیات این مسلمانان پیشین در کلیساهایی بود که در درجهٔ اول شامل مسلمانان‌زاده‌هاست.[۱۵] پرسش‌های ارائه شده در این مصاحبه‌ها براساس چندین منبع متفاوت بوده است. تحلیل هافستِد از فرهنگ، منبع اصلی برخی از طبقه‌بندی‌های مربوط به شکل‌گیری فرهنگ و ارزش‌ها بوده، و نیز نوشته‌های پروفسور اَبونیمِر (Abu-Nimer)، فلسطینی‌تبار، در مورد حل و فصل مجادله و کشمکش راهگشایی کرده است. علاوه بر این، بیش از سی سال تجربهٔ کار با ایمانداران از زمینهٔ اسلام نیز درکی دست اول از برخی مشکلات مربوط به روابط بین‌فردی در این جماعت را به من بخشیده است.

هدف از به‌کارگیری این فرضیات، دو عامل مهم است. اول، کشورهای خاورمیانه در رده‌بندی بالای فردگرایی- جمع‌گرایی قرار دارند.[۱۶] دوم، تقریبا هیچ تحقیق میدانی از زندگی پس از ایمان به مسیح در این جماعت انجام نگرفته است.[۱۷] بنابراین، ایمانداران مسلمان‌زاده را واگذاشتم تا تصمیم بگیرند پس از ایمان آوردن‌شان، چه موضوعات و حیطه‌هایی از نظر ایشان در تشریح تجربهٔ زندگی در جمع مسیحی، اهمیت بیشتری داشته است.

اولین کلیسای ایمانداران مسلمان‌زاده در سه منطقهٔ مورد مطالعه، در اواخر دههٔ ۷۰ یا اوایل دههٔ ۸۰ تاسیس شده است.کلیساهای بسیار زیاد دیگری که تاسیس شده‌اند

هم اکثرا در مرحلهٔ نوزادی قرار دارند. وقتی ایمانداران مسلمان‌زاده، زندگی مسیحی را آغاز می‌کنند، فرهنگ و ارزش‌های دینی خودشان را نیز به همراه می‌آورند، که در مصاحبه‌ها به عنوان «کوله‌بار» از آنها یاد شده است. این مطالعه در میان مطالعاتی که دربارهٔ سایر گروه‌های مهاجر قومی انجام شده، بی‌همتاست زیرا تعداد مسیحیان بالغ یا شبانان کشور مرجع، بسیار اندک‌اند. به عنوان مثال، رهبران کلیساهای ویتنامی از الگوی قومی همونگ (یک گروه قومی اهل مناطق کوهستانی جمهوری خلق چین، ویتنام، لائوس و تایلند) پیروی می‌کنند و فیلیپینی‌های مهاجر نیز الگوهای سنتی مسیحی بلندمدتی در موطن‌شان داشته‌اند. اما اندک ایمانداران مسیحی‌تبار که از کشورهای با اکثریت مسلمان آمده‌اند، چنان بغض و تعصب عمیقی نسبت به آزارگران دینی خود دارند که بسیاری از ایمانداران مسلمان‌زاده به سختی می‌توانند در مشارکت‌های مسیحی محدودی که وجود دارد، جایی برای خود بیابند. رهبران مسیحی از زمینهٔ قومی مسیحی، از دادن فرصت‌های رهبری به مسلمان‌زاده‌ها اجتناب می‌کنند و نمی‌گذارند فرزندان‌شان با آنها ازدواج کنند. آنها می‌ترسند ایمان مسیحی ایمانداران مسلمان‌زاده صمیمانه و پایدار نباشد و به جمع مسلمانان بازگردند. بنابراین، تشکیل کلیساهای جدید ایمانداران مسلمان‌زاده دربردارندهٔ نوایمانانی است که خاطرهٔ چندانی از میراث غنی کلیسای مسیح یا سرمشقی از چگونگی زندگی مسیحی در اجتماع ندارند، و اینها همگی موجب ناهماهنگی موجود این کلیساها می‌شود.

یاد و خاطرهٔ دینی متولدین خاورمیانه، اسلام و رسوم معمول و تجلیات آن است. حتی ایمانداران مسیحی‌زاده نیز اظهار می‌کنند تعامل با اسلام، خطوط پررنگی در خاطرهٔ دینی آنها بر جا گذاشته است. متولدین خاورمیانه، احساسات‌شان در زیر نگاه‌های مراقب پلیس مخفی و دینی شکل گرفته که قادر است با خشونت کامل وارد حریم خانه‌ها شود و افراد را بدون دلیل موجهی دستگیر کند. این فضای بی‌اعتمادی و ناامنی، داغ روانی ماندگاری از واقعیت تلخ موطن‌شان بر وجود آنها به جاگذاشته است. فضای بی‌اعتمادی و ناامنی مورد نظر کاملا مشابه فضای زندگی کسانی است که تحت حکومت‌های ستمگر و دیکتاتور غیراسلامی عمرشان را سپری کرده‌اند. آنها نیز شاهد بسیاری از همین نوع الگوهای رفتاری و ارزش‌ها بوده‌اند که منحصرا توسط فرهنگ ترس و عدم اعتماد ایجاد می‌شود.

شبانان کلیساهای تازه تاسیس مورد نظر، تعالیم و آموزش‌های مرسوم شبانان شمال آمریکا را نیافته‌اند. نوایمانان پیش از اینکه در موقعیت رهبری قرار بگیرند، فرصت بسیار کمی برای بالغ شدن در زندگی جدیدشان در مسیح دارند. افراد مورد مصاحبه اظهار می‌کردند که بسیاری از این رهبران در هدایت کلیسای نوپا، متوسل به الگوهای فرهنگی و دینی رهبری می‌شوند که با آن بزرگ شده‌اند. از نظر شرکت‌کنندگان در این مشارکت‌ها، اینگونه رهبری استبدادی ناخوشایند است و آنان طالب رهبری کلیسایی مساوات‌گرا هستند. کلیسا شاهد مجادلات بین‌فردی، کشمکش بر سر رهبری و روش‌های رهبری، و نیز حساسیت بیش از اندازه در مورد دلخوری و رنجش است، بدون اینکه توانایی حل و فصل مجادلات را داشته باشد، و البته این موضوع در هر کلیسای تازه تاسیسی که اعضایش مسیحیان نابالغ‌اند و می‌کوشند تا طرز زندگی جدید مسیحی در اجتماع را بیاموزند، صادق است.

کلیساهای مورد نظر معمولا کوچکند، و حدود پانزده تا سی شرکت‌کننده دارند. اغلب شبانان دو شغله‌اند، یعنی وقت‌شان برای آماده کردن موعظه و حل و فصل بحران‌های بی‌شمار بین فردی جماعت، محدود است. خاورمیانه‌ای‌های از راه رسیده، معمولا به دنبال یافتن یک مسجد یا یک کلیسای خاورمیانه‌ای هستند تا مکانی امن برای رفع احتیاجات‌شان و قانونی شدن اقامت‌شان پیدا کنند. بسیاری از آنها پس از رفع این احتیاجات، آن مسجد یا کلیسا را ترک می‌کنند و این باعث بالا بودن میزان ریزش جمعیت در این نهادها می‌شود.

تنش میان شرکت‌کنندگانی که از زمینهٔ تحصیلی و طبقهٔ اجتماعی بسیار متفاوتی آمده‌اند، به سرعت شکل می‌گیرد، و عدم توانایی رهبری کلیسا در پاسخ به شکل‌گیری این بحران‌ها، منجر به بی‌ثباتی بیشتر هم می‌گردد. حافظهٔ جمعی بسیار کمی از حل مجادلات در این میان وجود دارد، بنابراین بسیاری مسامحه می‌کنند و به انکار وجود مجادله می‌پردازند یا به سادگی با اوج گرفتن مجادلات، کلیسا را ترک می‌گویند. در مدت زمان نسبتا کوتاهی، جدایی در مشارکت‌ها ایجاد می‌شود یا این مشارکت‌ها فرصت ریشه گرفتن پیدا نمی‌کنند. اعضای کلیسا اغلب احساس می‌کنند که توانایی بیشتری از شبان‌شان در هدایت کلیسا دارند و در کلیسا جدایی به وجود می‌آورند. متاسفانه بعضی از اعضای خشمگین هر چه می‌توانند تعداد بیشتری از افراد را با خود

می‌برند تا کلیسایی جدید یا گروه مطالعهٔ کتاب‌مقدس تازه‌ای را با رهبری خود آغاز کنند. کلیسای تازه تشکیل نیز معاف از مجادلاتی که اکثرا منجر به جدایی‌های بیشتر می‌شود، نیست، زیرا رهبر جدید به عنوان یک شبان، تعلیم نیافته و آموزش ندیده و مهارت‌های لازم برای خدمت و شکل دادن یک کلیسای سالم را ندارد.

به کسانی که احساس می‌کنند در این کتاب بیش از اندازه منفی‌بافی شده، یادآوری می‌کنم که دشمن ما، شیطان، در جستجوی از بین بردن تمامی خلقت خداست. مسیحیان مقیم کشورهای با اکثریت مسلمان، اسلام را منشأ مشکلات‌شان می‌دانند، اما دشمن ما اسلام نیست. دشمن واقعی همانا شیطان است که به خانواده‌ها، انجمن‌ها، شبکه‌های اجتماعی، و فرهنگ‌ها حمله‌ور می‌شود تا ما را به نابودی بکشاند. بدون حضور کلیسایی که دربارهٔ حقایق الاهی صحبت کند و به حیاتش در فرهنگ ما ادامه دهد، جامعه‌ای درهم شکسته خواهیم داشت. اما، قدرت رهایی‌بخش خدا به واسطهٔ حیات کلیسا به عنوان جماعتی رهایی‌بخش، اراده و توان حمایت از خانواده‌ها و جامعهٔ ما را دارد. خدا ضعیفان و ساده‌دلان را به کار می‌گیرد تا قدرتمندان و حکیمان را شرمنده سازد. خدا مقتدرانه از کلیسای ایمانداران مسلمان‌زاده استفاده می‌کند. ما در عصری زندگی می‌کنیم که به مقصود رسیده‌ایم ولی هنوز به آنجایی که باید برسیم، دست نیافته‌ایم به این معنی که نظاره‌گر نوبرتغییر و شباهت عیسی هستیم، ولی اوج آن را تا هنگامی که با او در آسمان باشیم، نخواهیم دید. کتاب حاضر به منظور امید بخشیدن به کلیسای درگیر کشمکش و مجادله نوشته شده است، و نوید می‌بخشد که قدرت الاهی خدا می‌تواند عروس او را دگرگون و به قوم مقتدر خدا مبدل سازد.

فصل دوم

تاریخچه

در تلاش‌مان برای درک زمینهٔ تشکیل جماعت ایمانداران مسلمان‌زاده در خارج از موطن اصلی‌شان، باید نگاهی به پیش‌زمینهٔ خصوصیات فرهنگی و ارزش‌های موجود در جوامع اسلامی بیندازیم. اینها بخشی از زمینهٔ تولد ایمان جدید هستند. فرهنگ خاورمیانه عمیقا تاریخی است و فرهنگی غنی در خود دارد. یکی از ارزش‌های جوامع اسلامی مهمان‌نوازی است که گاه تا حد افراط پیش می‌رود. اما این جنبه از فرهنگ اسلامی نقشی در ناهماهنگی آن ندارد. درک زمینهٔ تاریخی، سیاسی و دینی حائز اهمیت است، زیرا اینها منشأ ناهماهنگی در گذشته هستند که برخی از مظاهر ارزشی در کلیساهای ایمانداران مسلمان‌زادهٔ امروزی را شکل می‌دهند. پرداختن به جنبه‌های مثبت و متعادل دو جامعهٔ در حال رقابت اسلامی، یعنی مردم مسلمان با فرهنگ غنی‌شان و مظاهر سیاسی و دینی کشورهای اسلامی فراتر از حوصلهٔ این کتاب است. اما در سراسر مصاحبه‌های انجام شده در کتاب حاضر، افراد به «کوله‌باری» که با خود به تجربهٔ مسیحی‌شان آورده‌اند، اشاره می‌کنند. مردم عمیقا توسط گذشته‌شان شکل می‌گیرند. پس هم اکنون به این بُعد از گذشته می‌پردازیم که

اطلاعات بیشتری از برخی عوامل مربوط به مجادلات و کشمکش‌های رایج کلیسای ایمانداران مسلمان‌زاده، به دست می‌دهند.

دوران پیش از اسلام

شبه جزیرهٔ عربستان، زادبوم اسلام، در اواخر قرن ششم میلادی نظاره‌گر تغییراتی قابل توجه بود. دو امپراتوری بزرگ آن زمان، امپراتوری بیزانس مسیحی در شمال و غرب، و امپراطوری پارسی ساسانیان در شرق در گیرودار جنگ و مبارزه برای دستیابی به جادهٔ بازرگانی‌ای بودند که از میان شبه جزیرهٔ عربستان می‌گذشت. شهروندان تازه مسیحی شدهٔ اتیوپی، با امپراتوری بیزانس همراه شدند تا جادهٔ بازرگانی باز و جداگانه‌ای به سمت شرق ایجاد کنند. آنها به دنبال تسلط بر یمنی‌های یهودی و همچنین پیشروی به سمت شمال از طریق شبه جزیرهٔ عربستان بودند، اما عربستان بیرون‌شان راند و حکومت‌شان ضعیف شد. بعدها در سال ۶۲۲ میلادی، ساکنان اتیوپی نقشی در پذیرش تعداد اندکی از تازه مسلمانانی داشتند که پیش از هجرت، تحت آزار مکه قرار گرفته بودند. دولت ساسانی درگیرودار مشکلات داخلی مربوط به دین زرتشت، ضعیف و آسیب‌پذیر شده بود. بیزانسی‌های مسیحی نیز از ناسازگاری و مجادلات بزرگ کلیسا رنج می‌بردند.[۱۸] شبه جزیرهٔ عربستان پذیرای شماری از خارجیان، مهاجران، پناهندگان و سایر گروه‌ها شده بود که در آنجا مسکن گرفتند و با خود روش‌ها و طرز فکرهای جدیدی به ارمغان آوردند. در آن میان مسیحیان، یهودیان و «سایر جماعت‌های یکتاپرست ناستیکی که در سوریه تفکری رایج بود»، قرار داشتند.[۱۹] صاحب‌نظران معتقدند که این یکتاپرستان همان حنفی‌هایی هستند که قرآن بدیشان اشاره می‌کند. در زمان محمد، در قبیلهٔ قریش، شمار اندکی از افراد، بت‌پرستی را ترک کرده و مجذوب یکتاپرستی شده بودند که بیش از معیارهای معمول قبیله‌ای برای زندگی انسان ارزش قائل بودند. اما، آنها تمایلی به پذیرش هیچ‌یک از آن مذاهب نداشتند. حنفی‌های مورد نظر، اولین ایمان آورندگان به دین جدید بودند.[۲۰] این تفکر که یکتاپرستی به زمان ابراهیم بازمی‌گردد، قسمتی از درکی است که اسلام از خود دارد.

بر اساس تاریخ اسلام، دورهٔ پیش از محمد (۶۳۲-۶۱۰میلادی)، دوران جاهلیت (دوران بربریت یا تاریکی) نامیده می‌شود. بنا به باور تودهٔ مردم با ظهور محمد، نوری در جهان طلوع کرد. زمان محمد به عنوان اوج روشنگری روحانی تلقی می‌شود و مابقی تاریخ، درخشش خود را در برابر آن جهان کامل از دست می‌دهد. درک خیال‌پردازانه از آن گذشته، آرزویی عمیق برای وجود یک قهرمان ایجاب می‌کند. زندگی‌نامه‌های موجود از محمد (سیره) این موضوع را به خوبی نشان می‌دهند. بازگویی تکاملی زندگی محمد در طول دوران، از او نمونه‌ای متعالی از یک انسان کامل ساخته است.[۲۱] این تفسیر خیال‌پردازانه از تاریخ، منجر به دیدگاه ایده‌آلیستی از اسلام شده و همچنین عاملی است که به مسلمانان کمک می‌کند در کشاکش تروریسم و خرابکاری‌هایی که به اسم اسلام می‌شود، از خواب و خیال بیرون بیایند. بسیاری از مسلمانان سکولار و محافظه‌کار از این خونریزی‌ها بیزارند و آوارگانی که درمناطق درگیری زندگی می‌کنند، از خانه و کاشانه‌شان بیرون رانده شده‌اند و عظیم‌ترین بحران پناهندگی را در تاریخ امروز تشکیل می‌دهند. بنا بر آمار پایان سال ۲۰۱۴ میلادی، ۳۸ میلیون نفر در سراسر جهان به دلیل درگیری و خشونت مجبور به فرار از خانه‌های‌شان شده‌اند. مرکز دیده‌بانی جابجایی بین‌المللی در طول ده سال پیش از آن، هرگز گزارشی با این وسعت جهانی را در طول یک سال ارائه نکرده بود.[۲۲] بسیاری از مسلمانانی که در طول عمرشان شنیده‌اند اسلام کمال مطلق است، اکنون نسبت به تمامی ادیان مظنون و مشکوک شده‌اند. امیدهایی که داشتند، به دست رهبران معتمد مسلمان و رهبران جهان، به طور وحشیانه‌ای نقش بر آب شده است. این «بهشت گمشده» یکی از عواملی است که مسلمانان را مجذوب ادعاهای مسیح می‌کند.

تاریخ شیعه

دین نقش مهمی در هویت ایران ایفا می‌کند. تاریخ ایران آکنده از تهاجمات جنگی است: ایرانیان از جانب یونانیان، اعراب، مغول‌ها و ترک‌ها مورد تهاجم قرار گرفته‌اند. در طول دوران حکومت خارجیان، ایرانی‌ها فرهنگ خود را حفظ کردند و موفق شدند تا کشورگشایان‌شان را ایرانی کنند. پیش از تهاجم اسلام در قرن هفتم میلادی، دین زرتشت دین رسمی ایران‌زمین بود، و بخشی از هویت فرهنگی ایرانیان را تشکیل

می‌داد. یکی از موضوعاتی که در اسطوره‌های پهلوانی ایران تکرار می‌شود، انتقام کشته شدن ناروای پادشاه یا سرداری ایرانی است: از نظر زرتشتیان انتقام مرگ ناروای پادشاه ایرانی یکی از عناصری است که احساس و عکس‌العمل ایرانیان را نسبت به بی‌عدالتی شکل می‌دهد.

منازعهٔ طولانی مدت میان دو فرقهٔ اصلی اسلام، از همان اوایل ظهور آن آغاز شد. خاندان محمد احساس می‌کردند که تعالیم محمد در زندگی ساده و پرهیزکارانه تجلی می‌یابد. از نظر ایشان حسین، دومین پسر علی و نوهٔ محمد، در برابر ثروت و قدرت روزافزون حاکمان عرب ایستاد. حسین برای دستیابی به عدالت اجتماعی در برابر شرارت و تاریکی خاندان امیّه (۶۶۱–۷۵۰ میلادی) قد علم کرد. شقاق میان مسلمانان سُنی (به معنی سنت معمول محمد و پیروانش) و شیعه (به معنی پیروان علی) را می‌توان تا سال ۶۳۲ میلادی، یعنی درست پس از مرگ محمد رصد کرد. مسئلهٔ جانشینی شایسته‌ترین و یا جانشینی خاندان محمد از همان ابتدا تلخ و گزنده بود.

دین تازه تشکیل یافتهٔ محمد تحت «رهبریِ به حق» عمر، خلیفهٔ توسعه‌طلب، امپراتوری ایران را فتح کرد. در ابتدا، اعراب ایرانیان را وادار به مسلمان شدن نمی‌کردند، اما زیر بار سنگین جزیه (مالیات و خراج)[۲۳] که برای مطیع کردن غیرمسلمانان مطالبه می‌شد و طبق سورهٔ ۹ آیهٔ ۲۹ قرآن، پارسیان ایرانی اسلام آوردند تا از دادن جزیهٔ غیرمسلمانان خلاصی یابند.[۲۴] فرهنگ ایرانی و مراکز آموزشی آن، هدایتگر امپراتوری اسلامی به دورانی طلایی شد (۷۵۰–۱۲۵۸ میلادی).[۲۵] اما، اعراب نتوانستند امپراتوری ایران را عربی کنند.

سرانجام ایرانیان به طور یکپارچه به شیعه‌گری به عنوان بخشی از هویت ایرانی خود روی آوردند زیرا انعکاسی از فرهنگ و تجربهٔ ایرانی را در خود داشت و نیز تهدید غلبهٔ ترک‌های سنی را که در قرن پانزده امپراتوری‌شان به سمت ایران گسترش می‌یافت، دفع می‌کرد. شیعه‌گری نیز مانند اسلام سنی، معتقد به یکتا بودن خدا، پیامبری محمد، و اعتقاد به قیامت است. در زمان امام جعفربن محمد الصدیق (۷۲۰–۷۶۵ میلادی) دو اعتقاد دیگر نیز به این باورهای شیعیان اضافه شد.

۱. *عدالت* (دادگستری) به این معنا که برای انجام ارادهٔ دادگرانهٔ خدا پیش از زمان قیامت، باید علیه بی‌عدالتی سنی‌ها قیام کرد.

۲. *امامت* به این معنا که جهان نیازمند حضور رهبری مصون از خطا، به عنوان نمایندهٔ قدرت الاهی است که باید از خاندان علی و همسرش فاطمه (جوان‌ترین دختر محمد) باشد.[۲۶]

اما این شاه اسماعیل صفوی (۱۴۸۷-۱۵۲۴ میلادی) سیزده ساله بود که تمامی مردم ایران را «به حد مرگ» تهدید کرد تا همگی به اسلام شیعه روی آورند.[۲۷] او «با بهره‌برداری از این دیدگاه که علی و حسین جدا از بزرگان عرب بودند، ایشان را به طور بالقوه، تبدیل به چهره‌های ایرانی کرد.»[۲۸] شاه اسماعیل این کار را با بازگویی پیوند ازدواج حسین با شهربانو، دختر یزدگرد، آخرین پادشاه ساسانی انجام داد. زندگی و مرگ علی و نیز کشته شدن حسین در روز عاشورا بخشی از روایاتی است که اخلاقیات، ارزش‌ها و خصوصیات مسلمانان شیعه را شکل می‌دهد و انعکاسی از داستان ملی ایران نیز در آن دیده می‌شود.[۲۹] واقعهٔ کربلا به عنوان لحظهٔ فجیعی قلمداد می‌شود که تقوا، خود را برای دستیابی به عدالت قربانی کرد. هر ساله شیعیان به یادبود کشته شدن حسین در روز عاشورا، دهمین روز ماه محرم، مراسمی برگزار می‌کنند. شیعیان مرگ حسین را با قمه‌زنی، زنجیرزنی و شمشیرزنی در حالیکه تماشاگران با سینه‌زنی منظم این دردها را به جان خود می‌گیرند، دوباره‌سازی می‌کنند.

صوفی‌گری و اسلام عرفانی

اسلام راست‌کیش تنها تجلی دینی روحانی در آن فرهنگ نیست. مظاهر عرفانی صوفی‌گری نیز در میانهٔ هویت دینی اسلامی نقش بسته است. طیفی از اعمال دینی اسلامی مردمی-محلی (اعمال مذهبی مختص مردم منطقه‌ای خاص است) وجود دارد که در گسترهٔ میان عدم پذیرش هرگونه سحر و جادو تا به اجرا درآوردن دائمی و بیش از حد آن قرار گرفته است.[۳۰] اسلام در مستندات بنیادی مختلف خود تعالیم مربوط به جن و پری و دیو را به صورت مکتوب دارد. هرچند بسیاری اعمال دینی مردمی-محلی را مردود می‌شمارند، اما در زندگی روزمره استفاده از دعانویسی، سحروجادو، وسایل دفع چشم بد، و حتی استفاده از قرآن برای دفع بلا و قبولی در امتحانات مدرسه به فراوانی رایج است. باید تمایزی میان دین رسمی و مردمی قائل شد.[۳۱] ماسک (Musk) خاطرنشان

می‌کند که دین رسمی به رویارویی با مسائل جهانی و تفکرات اساسی از جمله منشأ جهان، سرنوشت و معنای غایی حیات می‌پردازد. دین رسمی تجلی اجتماعی خود را در مجموعه‌ای از نهادها و سازمان‌ها می‌یابد. دین مردمی بیشتر با مسائلی سروکار دارد که به طور روزمره در مورد جهان نادیدنی و قضا و قدر با آن مواجه می‌شویم.[۳۲] اگرچه مسلمان شهرنشین امروزی به طور روزمره سروکاری با انجام آیین دین مردمی نداشته باشد، اما این جهان‌بینی مربوط به جهان ماوراء و روح «در احادیث، در رسوم اجدادی اجتماعات محلی، و در اسطوره‌ها به چشم می‌خورد. خصوصا در زمان‌های بحران و آیین دینی دوران مختلف زندگی (از جمله ختنه، جشن تکلیف و غیره) دیده می‌شود.»[۳۳]

به عنوان مثال، همسایهٔ قبلی من، یک مسلمان هندی‌تبار بود که ۲۵ سال از اقامتش در ایالات متحده می‌گذشت و اعتقادی به اسلام نداشت. او به آمریکا آمده بود تا پول در بیاورد. اما در سالروز درگذشت پدرش، به مراسم خانوادگی کوچکی که برگزار می‌کردند دعوت داشتم، و برای اولین بار آن مرد را در حال دعا و نیایش دیدم. طی مراسمی او کاغذی را که آیات قرآنی بر آن نوشته شده بود آتش زد و خاکسترش را در لیوانی آب ریخت و سرکشید تا به این وسیله یاد پدرش را گرامی دارد. پس از مراسم کوتاهی، با هم غذا خوردیم و مشغول صحبت شدیم. وقتی پسر نوجوان آنها عضو یک گروه خلافکار شد، مادربزرگ خانواده آیاتی از قرآن را بر تکه‌های کاغذ نوشت، آنها را در آب فرو برد و پسرک را واداشت تا از آن آب بنوشد تا قرآن رفتار او را تغییر دهد. این مسلمانان شهرنشین غربی امروزی، در موقعیت‌های خاص و بحران‌های زندگی، کارهایی را انجام می‌دادند که آموخته بودند، کارهایی که به جهان قدرت‌ها و ارواح نادیدنی مربوط می‌شد.

جهان روح و رویاها نقش خاص و مهمی در زندگی روحانی مسلمانان ایفا می‌کنند.[۳۴] به عنوان مثال، صحیح بخاری ۸۷: ۱۱۲ اظهار می‌دارد: «رویای خوب یک مرد عادل (که به حقیقت می‌پیوندد) یکی از چهل و شش بخش نبوت است» و بدین وسیله به معنای نهفته در رویاها سندیت می‌بخشد. بدنه‌ای از مکتوبات ادبی به درک بهتر این پدیده اختصاص یافته است. جدول زیر نمونه‌ای از نوعی نظام‌مندسازی است که توسط صوفی‌ها در تفسیر رویاهای‌شان مورد استفاده قرار می‌گیرد.

روزهای یک ماه عادی[۳۵]

رویاهای اشتباه	تفسیر مخالف	رویاهای صحیح	رویاهای به تأخیرافتاده	رویاهای بی‌معنا
۱	۲	۵	۶	۷
۴	۳	۱۱	۱۵	۸
۱۳	۲۳	۱۲	۱۶	۹
۲۰	۲۴	۱۴	۱۷	۱۰
۲۱	--	۱۸	۲۲	--
۲۹	--	۱۹	۲۵	--
--	--	۲۷	۲۶	--
--	--	۲۸	۳۰	--

جدول ۲. ۱ - تفسیر ماهیانهٔ رویا

اشعار مکتوب عرفای صوفی، مانند رومی (۱۲۰۷ -۱۲۷۳میلادی) و حافظ (۱۳۱۰ -۱۳۲۵میلادی) را مسلمانان سراسر جهان به خاطر می‌سپارند. شعر حافظ از این نظر مشهور است که «او به نوعی توانسته معنای حقیقی ایرانی بودن را در یک جا جمع کند.»[۳۶] حتی آیت‌الله خمینی نیز یک صوفی بود که «شعر عشق خوب عرفانی»[۳۷] را نگاشت. بسیاری از مسلمانان در عین حال دارای هویت‌های مختلف دینی‌اند مانند راست‌کیش، سنی، و صوفی. موضوع بسیاری از این اشعار عرفانی آن است که عاشق (مسلمان) در جستجوی معشوق (خدا) است. در پاکستان، مسابقات «آوازخوانی»میان استادان صوفی برگزار می‌شود که به این وسیله توجه و پشتیبانی مالی شنوندگان را به خود جلب می‌کنند.

بسیاری از مسلمانانی که به مسیح ایمان می‌آورند، دو عنصر حیات روحانی یعنی: محبتی صمیمانه و درکی از ماوراءالطبیعه را به همراه خود دارند. بنابراین، تعلیم مسیحیت دربارهٔ عشق و محبت همخوانی زیادی با مسلمانان دارد. در کلیساهای ایمانداران مسلمان‌زادهٔ در غربت، اغلب اوقات عبادت و پرستش بسیار پراحساس

است و بسیاری از این کلیساها تمایل بیشتری به مظاهر پرجذبه (کاریزماتیک)، شبیه نوشته‌های عرفانی مسیحی دارند. اما بیان محبت به خدا می‌تواند وارد بُعد افراطی وسواس در محبت نیز بشود.[۳۸] یکی از ایمانداران مسلمان‌زاده این موضوع را چنین بیان می‌کند:

آنها اغلب خیلی، خیلی، خیلی تشنهٔ جلب توجه و محبت هستند. همین دیدگاه را نسبت به خدا هم دارند. در دعاهای‌شان هم آن را می‌بینید؛ همه چیز مربوط به عشق و محبت است. از نظر ما همه چیز مربوط به عشق و محبت نیست، ما به نوع دیگری از محبت توجه داریم. معمولا دو کلمه در فارسی داریم، عاشقتم و دوستِت دارم.عاشقتم بُعد دیگری دارد. بیشتر حالت رمانتیک یا شیفتگی را می‌رساند. بین دختران ایرانی مُد شده است که می‌گویند عاشقتم خدا، و این فقط مثالی از طرز نگرش آنها نسبت به خداست. یک ارتباط پُراحساس نسبت به خدا. همه چیز مربوط است به عشقی که خدا نسبت به من دارد.

دومین بُعد عرفانی اسلام که جهان‌بینی ایمانداران مسلمان‌زاده را تشکیل می‌دهد، موضوعی است که کلیسای غرب باید از ایشان بیاموزد. جهان‌بینی ایمانداران مسلمان‌زاده، به جای جهان‌بینی شیفتهٔ علم و دانش مسیحیان غرب، مبتنی بر جهان ماوراءالطبیعه است. ایمانداران مسلمان‌زاده ایمانی دارند که مسیحیان غربی عالِم به الاهیات می‌توانند از آنها بیاموزند. اینکه مسلمان برای هر مورد بحرانی به خدا مراجعه کند نشان از کمبود ایمان است. یکی از ایمانداران مسلمان‌زاده اینطور می‌گفت:

فکر می‌کنم قوت کلیسا در آن است که مردم با پیش‌فرض رویارویی با ماوراءالطبیعه وارد آن می‌شوند، یعنی این برای‌شان یک قدم روشنفکرانه نیست که باور کنند خدا همان است که خودش می‌گوید. او قدرت شفا، قدرت نجات بخشیدن و قدرت تامین دارد. این طرز تفکر در وجود اکثر ایرانیان نقش بسته است. جهان‌بینی شرقی باور زیادی به خدای یکتا، روح‌القدس، و ایمان دارد. بعضی از باایمان‌ترین افرادی که می‌شناسم ایرانی هستند. خیلی دوست دارم پرستش ایرانیان را تماشا کنم و شعرهایی که آنها در وصف عیسی سروده‌اند، بشنوم؛ بسیار شیرین و دلچسب، و همراه با ایمانی کودکانه و خالص است. گاهی در کلیسای آمریکایی جای خالی آن را احساس می‌کنیم.

جهان‌بینی ماوراءالطبیعهٔ بسیاری از مسلمانان، بُعد مهمی است که بر شدت و باورپذیری خدای قادر متعال در بسیاری از مشارکت‌های ایمانداران مسلمان‌زاده تاثیر می‌گذارد.

سکولاریسم و غرب گرایی

اکثر مناطق جهان اسلام تحت تاثیر استعمار بوده است. مسلمانان معتقد بودند که بهترین‌های جهان‌اند تا اینکه ناپلئون در سال ۱۷۹۸ به راحتی به وسیلهٔ تسلیحات و فنون نظامی‌اش به مشرق‌زمین حمله‌ور شد و مصر را به زانو درآورد. به احتمال زیاد قرون ۱۸، ۱۹ و ۲۰ میلادی در ضمیر مسلمانان نقشی ماندگار به جای گذاشت. فتوحات قدرت‌های غرب و استعمار، این احساس را در آنها به وجود آورد که مابقی جهان از ایشان پیشی گرفته است.

احساس حقارت بیشتری با از بین رفتن امپراتوری عثمانی و اضمحلال حکومت خلفا در سال ۱۹۲۴ در مسلمانان به وجود آمد. مصطفی کمال آتاتورک، مسئول سکولار کردن ترکیه و از بین رفتن بیشتر تمدن اسلامی پرافتخار ترکیه بود. جهان اسلام در ابتدای سدهٔ هیجدهم، تصور حملهٔ عظیم امپریالیسم غرب را هم نمی‌کرد. استیلای نظامی و سیاسی ایشان بدیهی بود. اما توانستند ماهرانه نفوذ اقتصادی خود را بیش از پیش بر آنان تحمیل کنند. بسیاری از کشورهای با اکثریت مسلمان، احساس کردند که راه پیشرفت به جلو تقلید از کشورهای غربی و پذیرفتن مدرنیسم و سکولارگرایی است. سلسلهٔ پهلوی (۱۹۲۴–۱۹۷۹) در ایران تحت حکومت رضاشاه در پی استقرار مدرنیسم و سکولارگرایی بود، که «از مردم انتظار داشت دین و مراسم آن را در خانه‌ها اجرا کنند.»[۳۹] نتیجهٔ منطقی این موضوع، تطبیق یافتن با یک زندگی دوگانهٔ سکولارگرایی در اجتماع، و دین‌داری در خلوت بود. مدرنیسم و سکولارگرایی قدرت و اختیار عمل زیادی را از علما گرفت، و این امر موجب اتحاد شدید میان علما و تاجران و بازاریان ثروتمند شد.[۴۰]

این احساس تحقیر شدن، نیاز به دست گرفتن دوبارهٔ قدرت توسط اسلام و رسیدن به مدینهٔ فاضله‌ای که در جهان‌بینی مسلمانان است، را در خود پرورد. ایدئولوژی اسلامی با چهار ویژگی مشخص می‌شود:

۱. تمایل به اسلام‌گرایی، یعنی اسلامی که نشان دهد انحطاط و زوال گذشتهٔ حکومت اسلامی به حق نبوده است و در آیندهٔ نه چندان دور به ثمر بنشیند.
۲. مخالفت شدید با سرمایه‌داری (کاپیتالیسم) که در درجهٔ اول نشانگر جدایی از غرب است.
۱. مساوات اسلامی که وحدت جمعی را تحکیم ببخشد (که به خودی خود شرط لازم و کافی اصلاحات دینی موعود است).
۲. عزمی جزم برای رسیدن به مدینهٔ فاضله.[۴۱]

بعضی مسلمانان برای اینکه جان تازه‌ای به جهان اسلام ببخشند، جدایی کامل از جهان غرب را اعلام کرده‌اند، که با اسلامی‌سازی دانش تجلی می‌یابد. مسلمانان، از مسلمانان روشنفکر گرفته تا مسلمانان کوچه و بازار، دریافته‌اند که تمدن اسلامی از همهٔ جهات، از مابقی دنیا بسیار عقب مانده است. و از آنجا که مدرنیته و جهانی‌سازی همراه با روند سکولاریسم است، نفوذ غرب از نظر ایشان باعث به وجود آمدن بحران می‌شود. علما به امپریالیسم جدید غربی اشاره می‌کنند که فراگیر است و از دیدگاه آنها منجر به از دست رفتن ارزش‌ها و هویت اسلامی خواهد شد. بسیاری از دانشمندان اسلامی با نگرانی زیادی به وضعیت تحصیل در جهان اسلام می‌نگرند که عواقب آن عبارتند از:

۱. رکود آموزش اسلامی
۲. تفوق نداشتن بر آموزش امروزی،
۳. وابستگی مسلمانان به تفکرات خارجی.[۴۲]

بدین ترتیب، روشنفکران مسلمان تایید می‌کنند که نظام کنونی آموزشی آنها نه تنها غیرسازنده است بلکه موجب بیگانگی فرهنگی می‌شود. در عین حال، دانشمندان مسلمان، آموزش غربی را متهم به غیراخلاقی بودن و دلیل تنزل اخلاقی ارزش‌های اسلامی می‌دانند. الاطاس (Al-Attas) هشدار می‌دهد:

«اگر دانشمندان و روشنفکران مسلمان به خودشان یا به جوانان مسلمان اجازهٔ

بیراهه‌روی در دانش را بدهند، اسلام‌زادیی از فکر مسلمانان با شدت و حدت بیشتری ادامه می‌یابد و نسل آینده به طبع آن در روند سکولارگرایی خواهد افتاد.»[۴۳]

آرزوی ایشان ایجاد یا احیای تحصیلات اسلامی همراه با ارزش‌های اسلامی است. حتی به طور گسترده‌تر، اسلامی‌سازی جامعه، زندگی خاص خود را به دنبال دارد و از نظر بسیاری این کار تنها راه برون‌رفت از کنارهٔ تمدن غرب و راهگشای پیشبرد اسلام به سوی موقعیت غالب و برجستهٔ پیشین آن خواهد بود. اسلامی‌سازی همچنین آرزویی قلبی برای ایجاد یک هویت جدید و متمایز اسلامی جدا از تسلط غرب است. شخصیت‌هایی همچون اسماعیل اَل‌–فاروغی (وفات ۱۹۸۶)، ابوسلیمان (متولد ۱۹۳۶)، سیدحسین نَصر (متولد ۱۹۳۳) و فضل‌الرحمان (وفات ۱۹۸۸) با راه‌اندازی پروژهٔ اسلامی‌سازی در ایالات متحده در واکنش به سکولارگرایی نقش کلیدی داشتند. اسماعیل راجی الفاروقی به خاطر کار اولیه‌اش، «اسلامی‌سازی معرفت: اصول و برنامهٔ کار» (۱۹۸۲) به شهرت رسید.

عربستان سعودی راه دیگری را در پیش گرفته است. آنها به جای اینکه در پی ارتقای فرهنگ آموزشی کشورشان باشند، شاگردان خود را به بهترین دانشگاه‌های جهان می‌فرستند تا دوره‌های کارشناسی، کارشناسی ارشد و دکترا و نیز پزشکی را در مدارس و دانشگاه‌های غربی بگذرانند. دانشگاه‌های آمریکایی در اولویت دولت سعودی قرار دارند و تعداد دانشجویان‌شان در این دانشگاه‌ها به ۱۱۱۰۰۰ در سال ۲۰۱۶ رسیده است.[۴۴]

دیگران در پاسخ به فشار غرب، واکنش سیاست‌مدارانه‌تری داشته‌اند، که شروع آن در قرن ۱۹ و ۲۰ توسط شخصیت‌هایی مانند ال‌افغانی از ایران که فراخوانی جهت وحدت اسلام‌گرایان داد (۱۸۳۹–۱۸۹۷)، سید قطب از مصر، نویسندهٔ کتاب معالم فی الطریق/یا نقاط عطف (۱۹۰۶–۱۹۶۶)، حسن البنّا از مصر، پایه‌گذار اخوان‌المسلمین(۱۹۰۶–۱۹۴۹)، آیت‌الله روح‌الله خمینی از ایران (۱۹۰۲ –۱۹۸۹)، اُسامه بن لادن از عربستان سعودی، بنیانگذار القاعده (۱۹۵۷–۲۰۱۱)، و اکنون ابوبکر البغدادی از عراق، خلیفهٔ دولت اسلامی (۱۹۷۱– تاکنون).

به طور خاص، هرقدر در طی سال‌های اخیر تجلیات اسلام افراط‌گرا بیشتر شده، مسلمانانی که با رهبر مسلمان منطقه‌شان بیعت نمی‌کنند نیز دچار بحران

شده‌اند، و این امر جنگی را میان مسلمانان در مقیاس جهانی به وجود آورده است. القاعده مسئول ایجاد خشونت‌های فرقه‌ای میان مسلمانان است، و اکنون ابوبکر البغدادی بنیانگذار دولت اسلامی، در غرب عراق، لیبی، شمال شرق نیجریه، و سوریه از همان الگو پیروی می‌کند. رهبران این دولت، مسلمانان لیبرال، شیعیان، صوفی‌ها و سایر فرقه‌ها را مرتد می‌شمارند و به مساجد و گردهمایی‌های ایشان حمله می‌کنند. مسلمانان، مسلمانان دیگر را مرتد و کافر می‌خوانند، و بدینوسیله حمله به ایشان را موجه می‌شمارند.

در واکنش به این موضوع، شاه عبدالله دوم بن حسین در عَمّان اردن، کمیسیونی از دانشمندان اسلامی را برای رسیدگی به خشونت میان فرقه‌ای به نام اسلام، منصوب کرد. آنان به نتایج زیر دست یافتند:

۱. یک تعریف دقیق از مسلمان بودن
۲. بر اساس این تعریف، آنان تکفیر میان مسلمانان را ممنوع کردند.
۳. آنها براساس نظر فقهای اسلامی (از مکاتب و فرقه‌های مختلف)، پیش‌شرط‌های عینی و ذهنی برای صدور فتواها را تبیین کردند، و بدینوسیله احکام جاهلانه و غیرشرعی به نام اسلام را افشا نمودند.[۴۵]

بیانیهٔ عَمّان در پی حفظ جامعهٔ مسلمانان از مسلمانان رادیکال بود که اعلامیه‌ها یا فتواهای دینی غیرقانونی تفکیر و قتل کسانی و از جمله مسلمانانی را صادر می‌کنند که مخالف ایشانند یا حامی آنها نیستند. به نظر می‌رسد که اکنون جامعهٔ مسلمان از مسلمانان رادیکال فاصله می‌گیرد و می‌گوید که ایشان نمایندهٔ اسلام نیستند.[۴۶]

برخی از واکنش‌ها را می‌توان با عناوینی مانند: ادراکی از فرجام میراث اسلامی، امور جدلی، کلیشه‌بندی متقابل، بدگمانی و برآشفتگی دسته‌بندی کرد. به نظر می‌رسد مسلمانان نسبت به اسلام رادیکال واکنش‌های مختلفی دارند.

واکنش ۱: تاریخ اسلام تماما مقدس است

گرایش به رویکرد دفاعی، دفاعیات اسلامی، یا انتقام‌جویانه در مورد اسلام است. به گفتهٔ دیگر، این افراد احساس می‌کنند که به هر قیمتی موظف به حمایت و دفاع از تاریخ اسلام هستند. هر نوع انتقاد از خود، نوعی خیانت محسوب می‌شود. جان عزومَه با استناد به ا. احمد، این نوع دانش اسلامی را وقتی بر مباحثات دفاعیات دینی، و به طور کلی دفاع از خود متمرکز می‌شود، یک بن‌بست عقلانی توصیف می‌کند.[۴۷] در اینگونه مباحثات، از مسائل و مشکلات داخلی مهم یا اجتناب می‌شود یا فقط ظاهرا آنها را مورد توجه قرار می‌دهد. تاریخ و ایمان تا حدی در اسلام با هم ممزوج شده‌اند که انتقاد از گذشتهٔ اسلام و سنت‌های موروثی آن توسط غیرمسلمانان به عنوان حمله به اسلام قلمداد می‌شود. اکثر مسلمانان به سختی می‌توانند تمایزی میان انتقاد از رفتار مسلمانان (چه در گذشته و چه در زمان حاضر) و انتقاد از ایمان اسلامی قائل گردند. سرسپردگی مسلمانان باعث می‌شود که ایمان‌شان را غیرقابل انتقاد یا حمله بشمارند. ایمان اسلامی به عنوان سپر دفاعی اَعمال نسل‌های مسلمانان در گذشته و زمان حاضر مورد استفاده قرار می‌گیرد.

واکنش ۲: توجیه عقلانی: قطع میراث تاریخی اسلام

واکنش دوم شاید به خطاهایی معترف باشد اما در پی معاف کردن اسلام از این وقایع تاریخی است. بحث آنها این است که پیروان اسلام از تعالیم اصیل آن منحرف شده‌اند. درک ایشان از اسلام، تعالیم و باورهایی است که توسط اعمال و گفته‌های محمد پیامبر، مسلمانان واقعی و وارستهٔ اولیه، و مسلمانان خوب و پرهیزکار همهٔ اعصار، تایید شده‌اند. آنها معتقدند که اسلام در واقع نیروی محرکهٔ قساوت‌ها و بی‌رحمی‌ها نبوده است. بنابراین، تجارت برده که در غزوه‌های پیامبر و جنگ‌های جهادی به وجود آمد یا بی‌رحمی‌هایی که به نام اسلام انجام می‌شود، به عنوان انحراف از اسلام «ناب» و «اصیل» به کناری انداخته می‌شوند.

واکنش ۳: محافظه‌کاری روشنفکرانه

این نوع مسلمانان، منتقدانه تمامی تاریخ اسلام را بررسی می‌کنند و سپس با استفاده از آن به دقت مفهوم امروزی و مناسبی برای برپایی آیندۀ اسلام ارائه می‌دهند. این افراد به اهمیت عدم امکان قضاوت نسل‌های گذشته به وسیلۀ ارزش‌های امروزی پی‌برده‌اند، اما متوجه هستند که ارزش‌ها تغییر کرده‌اند و در بعضی موارد باید رویکردهای جدیدی را به کار بست. وقتی موضوع رشد و ازدیاد مسلمانان افراط‌گرا پیش کشیده می‌شود، ایشان دستی تکان می‌دهند و آنها را غیرمشروع خوانده و می‌گویند که اینها ارتباطی با تاریخ اسلام ندارند؛ بدون اینکه توجه کنند این نیز بخشی از تاریخ اسلام است و ریشه‌های عمیقی در گذشته دارد. هرچند وضعیت موجود با مفاهیم امروزی ایشان همخوانی ندارد و بسیاری آن را با آیندۀ اسلام نامربوط می‌شمارند، اما این وضعیت نیز بخشی از مظاهر اسلام است.

عوامل ذکر شده در بالا زمینۀ بلافصلی از ارزش‌های فرهنگی مسلمانان در غربت را به دست می‌دهد. سکولار کردن جامعۀ اسلامی و دستکاری نمادهای دینی، هر دو موضوعات کلیدی‌ای هستند که بر جهان‌بینی مسلمانان امروزی تاثیرگذارند و شاید از دلایلی باشند که مسلمانان تا این حد پذیرای شنیدن دربارۀ مسیح هستند. نوایمانان مسلمان‌زاده این گرایش به قهرمان‌پروری رهبران‌شان را با خود به زندگی جدید در مسیح می‌آورند و کمی بعد به این موضوع خواهیم پرداخت. نوایمانان مسلمان‌زاده درکی خیال‌پرورانه از مسیحیت در کلیسا دارند که نسبت به کلیسا و رهبران آن ایشان را دچار ابهام می‌کند، و این موضوع باید از ابتدای ایمان به ایشان گوشزد شود.

تاریخ پراکندگی مسلمانان در غرب

معمولا مهاجرت مسلمانان به غرب در پی اشغال استعماری صورت گرفته است. اما چند کشور این الگو را بر هم زده‌اند. آلمان، بلژیک و ایالات متحده، کارگران غیرماهر را برای کار در زیرساخت‌های صنعتی و ساختمان‌سازی خود پذیرا شده‌اند. این مسلمانان ابتدا در محله‌های معینی اسکان یافتند و اغلب به عنوان کارگران مهمان تلقی می‌شدند، و کسی انتظار نداشت که مقیم و شهروند کشور میزبان شوند. تلاش‌های مستمری برای بشارت به این مسلمانان انجام گرفته اما تعداد بسیار اندکی

مسیح را پذیرفته‌اند.

اولین مسلمانان مهاجر بین سال‌های ۱۸۷۵ و ۱۹۱۲ وارد ایالات متحده شدند. قوانین مهاجرت آمریکا در اوایل دهۀ ۱۹۲۰ سیستم‌های سهمیه‌بندی را تصویب کرد و پس از آن تعداد مسلمانانی که مجوز ورود به کشور را می‌گرفتند به طور چشمگیری محدود شد. بسیاری از این مسلمانان با جمعیت عمومی کشور در هم آمیخته‌اند. در سال ۱۹۶۵، لیندن جانسون، رئیس جمهوری وقت، قانون مهاجرتی‌ای را امضا کرد که راه را برای افزایش چشمگیر مهاجران غیراروپایی به کشور گشود، که اکثرا از خاورمیانه و آسیا بودند و بیش از نیمی از آنها را مسلمانان تشکیل می‌دادند.[۴۸] مهاجرت اولیۀ ایرانیان پیش از انقلاب اسلامی ۱۹۷۹، اکثرا شامل متخصصان و بازرگانانی می‌شد که برای ادامۀ تحصیل به غرب می‌آمدند و در همان کشورهای غربی اقامت می‌گزیدند.[۴۹] اما پس از انقلاب ایران، اغلب این مهاجران را پناهندگان و تبعیدشدگان تشکیل می‌دادند.[۵۰] مهاجرت عمده از ایران پس از به دست گرفتن حکومت توسط بنیادگرایان اسلامی صورت گرفت. طاهری خاطر نشان می‌کند که خمینی‌گرایی، یا آنچه به خُمینیسم شناخته می‌شود، «بیش از پنج میلیون ایرانی را به تبعید فرستاده و چهار میلیون نفر دیگر را در داخل کشور جابجا کرده است. بنا به اظهار بانک جهانی، خمینی‌گرایی موجب«بزرگترین فرار مغزها در تاریخ» شده است.»[۵۱]

بهجتی‌ثابت و چمبرز (Chambers) توضیح بیشتری داده و می‌گویند که دلیل مهاجرات ایرانیان در دهۀ ۱۹۸۰، زندگی تحت شرایط غیرقابل تحمل، آزار دینی و سیاسی، تحت فشار زیاد و ناخواسته بوده است. این شرایط به نوعی موجب سخت شدن تطابق و یکپارچگی با جامعۀ جدید می‌شود. اما، اغلب ایرانیان مقیم کانادا از شهرهای بزرگ و از خانواده‌های سطح بالا یا طبقۀ متوسط اجتماع می‌آیند که به طور نسبی با تحصیل و ارزش‌های غربی آشنایی دارند.[۵۲] بسیاری از ایرانیان در ایالات متحده به دلایل اجتماعی، سیاسی، یا دینی مهاجرت کرده‌اند؛ بنابراین، شباهتی به بسیاری از مهاجران ندارند که به دنبال فرصت‌های اقتصادی هستند. این ایرانیان خود را از جامعه دور نگاه نمی‌دارند و در تجارت و تحصیل سرآمد هستند.

برخلاف نظریۀ تبعیدشدگان، که ایشان را از زمینه‌های تحصیلی و شغلی طبقۀ پایین تعریف می‌کند، «تبعید شدگان ایرانی در میان سایر پناهندگان متأخر، سرآمد

هستند.»[۵۳] ایرانیان می‌خواهند از لحاظ اقتصادی در وضعیت نسبتا خوبی قرار گیرند و شیفته و درگیر سرزمین مادری‌شان هستند، درست همانگونه که در تولیدات رسانه‌ای‌شان که به ایران فرستاده می‌شود، نیز به چشم می‌خورد. این موضوع درست برعکس سایر گروه‌های قومی است که برنامه‌های تولید شده را از کشور مبدأشان دریافت می‌کنند. این درگیری را می‌توان در داخل کلیساهایی که برنامه‌های تولیدی خود را به ایران می‌فرستند نیز مشاهده نمود.

تحقیق بزرگمهر نشان می‌دهد که مشخصات کاروکسب ایرانیان با هنجارهای موجود در ادبیات مهاجرت همخوانی ندارد. برخلاف سایر پناهندگان یا تبعید شدگان جدید، مانند کره‌ای‌ها که اکثرا کارآفرینی در میان مهاجران را پیشه می‌کنند، ایرانیان اغلب کارآفرینان و متخصصانی مستقل هستند.[۵۴] به گفتهٔ دیگر، کارآفرینان ایرانی برای موفقیت وابسته به جامعهٔ قومی خود نیستند. این امر از نظر مین (Min) و بزرگمهر به این دلیل چشمگیر است که «مهاجران کره‌ای نسبت به کل مهاجران ایرانی، بیشتر در محله‌های کره‌ای‌نشین اقامت می‌کنند و درگیری نزدیک‌تری با شبکه‌های قومی‌شان دارند.»[۵۵] مین و بزرگمهر در خاتمه اظهار می‌دارند:

تمرکز مهاجران کره‌ای بر چند نوع واسطه‌گری خاص، موجب همبستگی قومی بالایی در میان‌شان شده است، زیرا اغلب با مشتریان و تامین‌کنندگان اصلی دچار کشمکش‌های کاری می‌شوند. در مقابل، کارآفرینان ایرانی که بر کارهای تخصصی و اداری در محله‌های سفیدپوست (غیرایرانی) تمرکز دارند، دچار کشمکش‌ها و خصومت‌های شغلی نمی‌گردند.[۵۶]

به نظر نمی‌رسد که انطباق با محیط برای ایرانیان مشکل عمده‌ای باشد. ایرانیان کمتر از کره‌ای‌ها خودشان را از سفیدپوستان محلی جدا می‌کنند، هرچند به راحتی هم جذب محیط نمی‌شوند[۵۷] و تفاوت چشمگیری در نوع سازماندهی مشاهده می‌شود. جامعهٔ کره‌ای‌ها بیش از ۱۵۰ انجمن فارغ‌التحصیلان دانشگاهی در لس‌آنجلس دارد، در حالی که تعداد انجمن‌های فارغ‌التحصیلان ایرانی بسیار اندک و غیرفعال است. یک تذکر مهم به نهادهای کلیسایی برای کار داوطلبانه اینکه: «ایرانیان تجربهٔ بسیار ناچیزی از کار درنهادهای داوطلب‌محور در ایران داشته‌اند، و این بی‌تجربگی را با خود به ایالات متحده آورده‌اند.»[۵۸]

یک و نیم نسل ایرانیان در غربت، در حیطهٔ انطباق با محیط، مشکلاتی قابل بررسی دارند.

مشکل مورد نظر اغلب مربوط به احترام نگذاشتن دانشجویان به قوانین و مقررات دانشکده است. ایرانیان در برابر ماموریتِ تلویحیِ آموزشیِ دانشکده مقاومت می‌کنند، مثلا جای خود را در اطاعت و سرسپردگی به فرهنگ آمریکایی نمی‌یابند، و با ثابت قدمی پیوستگی‌شان را به ایران حفظ می‌کنند. آنان متوصل به روش‌های مختلفی از مقاومت می‌شوند تا بر آنچه در نظر ایشان وسواس دانشکده درمورد قانون و مقررات است، غلبه کنند. در مقابل، از نظر معلمین و استادان نیز این عمل آنان، به عنوان دور زدن قوانین تلقی می‌شود.[۵۹]

بیش از یک چهارم ایرانیان آمریکایی دارای مدرک کارشناسی ارشد یا دکترا هستند که بالاترین سطح تحصیلی در میان شصت و هفت گروه قومی مورد مطالعه بوده است.[۶۰] ایرانیان حساسیت زیادی روی طبقهٔ اجتماعی دارند، و لذا تمایزات میان طبقات اجتماعی-اقتصادی در هویت ایرانیان، چه در ایران و چه در اقصا نقاط جهان، حائز اهمیت است.

خصوصیات مسلمانان پراکنده شده در غرب

تعداد کتاب‌ها و مقالاتی که دربارهٔ جامعهٔ در غربت ایرانیان نگاشته شده، رو به رشد است. در این اسناد، خصوصیات این جامعه را می‌توان در حوزهٔ سلامت جسمی و فکری یافت، که نقشی اساسی در درک ریشه‌های ناهماهنگی میان جامعهٔ مسیحیان ایران دارد. ایرانیان در غربت چند مشخصهٔ اساسی ملی و فرهنگی دارند. «صرفنظر از عناصر مربوط به تفاوت‌های منطقه‌ای، قومی، دینی، و طبقهٔ اجتماعی ایرانیان، همگی ایشان چند خصوصیت فرهنگی مشابه دارند.»[۶۱] ایرانیان در غربت پیش از انقلاب، مهاجر بودند، زیرا به دلایل اقتصادی یا تحصیلی کشورشان را ترک کردند. ایرانیان در غرب پس از انقلاب، تبعیدی یا پناهندهٔ سیاسی بودند، زیرا از ترس آزار دیدن مهاجرت کرده‌اند، هرچند «کلا به همهٔ ایرانیان پناهندگی اعطا نشده است.»[۶۲] تبعیدشدگان و پناهندگان ایرانی از پایین آمدن شدید سطح و وضعیت اشتغال‌شان رنج.می‌برند، اما نسبت به سایر مهاجران، از شغل موجود و درآمدشان ابراز نارضایتی

کمتری می‌کنند.[۶۳] گذشته از سازگاری با وضعیت اجتماعی و اقتصادی که مهاجران با آن روبرو هستند، تبعید شدگان با مشکلات فرهنگی و روانی نیز روبرو می‌شوند. گود،گود (Good, Good)، و مرادی در مطالعه‌شان دربارۀ افسردگی اظهار می‌دارند: «بی‌قراری- یعنی غم، اندوه و نومیدی- احساسی که بار معنایی نمادینی دارد، در صفات و شخصیت ایرانیان به طور برجسته دیده می‌شود.»[۶۴] آنها این احساس را در شعر، موعظه، و نوشته‌های غیردینی، اعم از اشعار کلاسیک و رمان‌های امروزی که سرشار از اندوه و نومیدی هستند، مشاهده می‌کنند.

تقریبا همۀ ایرانیان در این احساس اندوه و نومیدی سهیم‌اند، همانطور که در ادبیات غیردینی، شعر، و هنر ایشان به چشم می‌خورد. اعیاد و هنرهای ایرانی که هویت فرهنگی ایشان را تشکیل می‌دهند، به دنیا نه به چشم اصول عقاید دینی، بلکه به دیدۀ رنج بشری می‌نگرد.

ادبیات غیردینی که باموضوعات فرهنگی سروکار دارد، در صحبت‌های مراجعه‌کنندگان ایرانی برجسته‌اند- اندوه وسواس‌گونه (پاتولوژیک)، احساس به دام افتادن در روابط سرکوبگر اجتماعی، آرزوی حفظ عزت نفس به وسیلۀ بدجلوه دادن شرایط اجتماعی، و نومیدی از فاصلۀ موجود میان شخصیت درونی ایده‌آل فرد و عملکردهای اجتماعی بیرونی وی وجود دارد. این مسائل به طور خاص برای ایرانیان مهاجر ناگوار است.[۶۵]

گود، گود، و مرادی از چهار حوزۀ نمادین برای تشریح ایرانیان افسرده استفاده می‌کنند، که معمولا آنها را ناراحت (ناآرام، غمگین یا افسرده) به شمار می‌آورد.[۶۶]

۱. غم‌وغصه- که‌به‌عنوان بی‌قراری و بیماری افسردگی تعریف می‌شود
۲. عصبانیت- به حالتی گفته می‌شود که در آن شخص تحریک‌پذیر، آشفته، تندمزاج و عصبی باشد و کنترل خود را در روابط اجتماعی از دست بدهد.
۳. تزلزل و بدگمانی- این نوع تزلزل و بی‌اعتمادی اغلب غلوآمیز است و بر ترس‌ها، یا گمان به خیانت تمرکز دارد و مربوط به روابط خانوادگی و زناشویی می‌شود.
۴. حساسیت- اغلب عوامل استرس‌زا در محیط را با تجربیات دوران کودکی و شخصیت فردی مربوط می‌سازد و برای تفسیر علت و

معلولی بی‌قراری و افسردگی مورد استفاده قرار می‌گیرد.

مطالعهٔ آنان نشان می‌دهد که اندوه، حساسیت، و بدگمانی، علائم مشخصهٔ افسردگی ایرانیان هستند.[۶۸]

مصیبت و مرارت، بخشی از تجربهٔ مشترک مردم خاورمیانه و شمال آفریقاست که از بالاترین میزان افسردگی در دنیا رنج می‌برند. نرخ رشد اقتصادی خاورمیانه و شمال آفریقا در سال ۲۰۱۳ آنقدر پایین بود که برای ایجاد فرصت‌های شغلی در جمعیت روزافزون این کشورها کفایت نمی‌کرد. بیکاری در این کشورها همچنان بالاترین جایگاه را در جهان حفظ کرده است.[۷۰]

کسانی که وقایع همراه با ضایعهٔ روانی را، همانطور که در خاورمیانه رایج است تجربه کرده‌اند، احتمالا با اختلال استرس پس از سانحه (PTSD) به غربت می‌آیند. مدارک شفاهی، با همهٔ محدودیت‌های قابل‌درک‌شان، نشان می‌دهند که کلیساهای دارای ایمانداران مسلمان‌زاده ممکن است به واسطهٔ این ایمانداران، شاهد عواقب رفتاری و اجتماعی پی. تی. اس. دی و سایر اختلالات همراه آن شوند. اگر چنین باشد، آنگاه کلیسا باید منابعی برای کمک به افراد دچار چالش‌های فکری و احساسی تامین کند تا این افراد بهتر بتوانند با زندگی روبرو شوند و نه تنها حیات روحانی غنی‌تری بیابند، بلکه کلیسا و خانوادهٔ سالم‌تر داشته باشند که خدا را جلال دهد.

پی. تی. اس. دی. معمولا به دنبال یک واقعهٔ ضایعه‌آمیز در فردی به وجود می‌آید که ترس، درماندگی، یا وحشت شدید را تجربه کرده است. برخی از انواع وقایعی که بیشتر اتفاق می‌افتند عبارتند از تعرض یا تجاوز جنسی، زدوخورد، آدم‌دزدی، گروگان‌گیری، یا هر تجربه‌ای که طی آن فرد دچار وضعیتی شود که به احتمال زیاد منجر به مرگ یا آسیب جدی وی گردد. شاهد زجر کشیدن یک شخص دیگری بودن نیز می‌تواند باعث این اختلال شود.[۷۱]

دکتر متیو استون (Matthew Stone)، روانشناس بالینی، که با خاورمیانه‌ای‌ها سروکار داشته است، درمان‌های تخصصی زیر را پیشنهاد می‌کند:

درمان مواجههٔ طولانی مدت اختلال استرس پس از سانحه (PTSD)، درمان زمان حال محور PTSD، امنیت جویی برای شخص مبتلا به اختلال استرس ناشی از حادثه و اختلال مصرف مواد، پردازش درمانی شناختی برای پی. تی. اس. دی. این درمان‌ها را می‌توان به زیرگروه‌های درمان مواجهه و درمان زمان حال محور تقسیم کرد. بسیاری از کلیساها غیر از ارجاع دادن افراد به مشاوران متخصص، با نشان دادن شادی در خداوند و موعظه دربارهٔ محبت خدا و سایر رویکردهایی که در فصل ۹ به عنوان برنامهٔ دوازده قدم، برگرفته از برنامهٔ ترک اعتیاد اشاره شده است، به آنها در کمک به رفع مشکلات فکری یاری می‌دهند.

شواهد موجود مؤید این نتیجه‌گیری هستند که سلامت فکری نقش مهمی در چگونگی برخورد خاورمیانه‌ای‌ها با جامعهٔ مسیحی ایفا می‌کند. حالت منفی‌گرایی و افسردگی، طرز برخورد فرد را با دیگران شکل می‌دهد.[۷۲] مصاحبه‌شوندگان اظهار می‌داشتند که شادی موجود در پرستش مسیحی، محبتی که میان اعضای کلیسا دیده‌اند، و پیام‌های مثبت کلیسا آنان را مجذوب مسیحیت کرده است.

شناخت دورهٔ پس از ایمان

هرچند کتاب حاضر متمرکز بر تجربهٔ پس از ایمان ایمانداران مسلمان‌زاده است، ارائهٔ بینشی کلی دربارهٔ تجربیات پس از ایمان و سپس نگاهی عمیق به کلیساهای ایمانداران مسلمان‌زاده، اهمیت دارد. کرافت (Kraft) در پژوهش خود دریافت که بزرگترین کشمکش‌های پیش روی ایمانداران مسلمان‌زاده، نه فرایند تصمیم‌گیری، بلکه نتیجهٔ ایمان جدیدشان است.[۷۳] او زندگی پس از ایمان به مسیح را در این دسته از ایمانداران از دید انتظارات جامعه می‌نگرد. آبرو و شرم و حیا، ارزش‌های بنیادی هستند.

مخصوصا در فرهنگ جمعی، که افراد فامیل و جامعه مهم‌تر از استقلال شخصی و ابراز عقاید شخصی هر فرد است، آبرو معیار هدایت‌گر افراد جامعه می‌شود. جامعهٔ مبتنی بر آبرو و حیا، جامعه‌ای است که در آن تصمیمات و رفتار هر فرد از این چشم دیده می‌شود که هر یک از اعمال او چه انعکاسی بر شخص خودش، افراد فامیلش و جامعهٔ وی خواهد داشت.[۷۴]

رفتارها توسط اجتماع به واسطهٔ شرم و آبرو تنظیم می‌شود. ضرورت انجام پژوهش

غنی بر آداب و رسوم نژادهای بشری[۷۵] در آن است که پرده از دستورالعمل‌های ناگفته‌ای بر می‌دارد، که فقط خودی‌ها می‌دانند یا انتظار می‌رود که بدانند.[۷۶] کرافت دربارهٔ پیچیدگی نقش شرم-اجتناب در روند مصاحبه با الکساندر اینطور استدلال می‌کند:[۷۷]

کسی که در یک جامعهٔ مبتنی بر آبرو/شرم زندگی می‌کند، هر کاری برای اجتناب از شرم انجام می‌دهد، مثلا انجام هیچ کار اشتباهی را قبول ندارد، یا آن شرم را به گردن دیگران می‌اندازد. گذشته از هر چیز، افشای یک عمل اشتباه باعث جدایی می‌شود و همین موضوع آن را نادرست می‌کند.[۷۸]

لیتِل (Little) در سال ۲۰۰۹ در تحقیقی که بر شاگردسازی ایمانداران مسلمان‌زاده انجام داده، اظهار می‌کند که بعضی از این ایمانداران پیش از اینکه ناپدید شوند یا به ایمان اسلامی بازگردند، در زندگی مسیحی‌شان ایستا و راکد می‌شوند. این بازگشت فراتر از اختلال در فرایند تصمیم‌گیری است که هِسِلگرِیو (Hesselgrave) مطرح می‌کند [۷۹]، و واکنشی به آزار دیدن یا فشار خانوادگی، انتظارات کمال‌طلب از جماعت مسیحی، و کشمکش‌های بین‌فردی است.

تحقیق لیتِل بر موانع عمدهٔ رشد و بلوغ در زندگی ایمانداران مسلمان‌زاده تمرکز دارد. او چهل و یک مانع اصلی متفاوت را از میان شصت پاسخ‌گر دریافت کرد و جواب‌ها را به پنج دسته طبقه‌بندی کرد: (۱) خانواده و جامعه، (۲) ایدئولوژی و الاهیات اسلامی، (۳) اجتماع (به غیر از خانواده و جامعه)، (۴) روانشناختی، و (۵) روحانی (معنوی). دوازده مانع اصلی در راه رشد و بلوغ ایمانداران مسلمان‌زاده که در تحقیق لیتل به دست آمده عبارتند از:

۱. فشارهای خانوادهٔ مسلمان، کنترل خانوادگی، و غیره، خصوصا در دوران تجرد.
۲. خصومت، عدم پذیرش، و/یا طرد شدن از سوی اجتماع محلی مسلمان.
۳. آسیب‌پذیری به دلیل جوان بودن، طبقهٔ پایین اجتماعی، وضعیت بد اقتصادی.
۴. ترس از هر نوع: مشکل، رنج، آزار و ستمگری.

۵. بی‌اعتمادی میان گروه‌های ایمانداران مسلمان‌زاده، و عدم سرسپردگی به یک گروه.
۶. چالش‌های خانواده‌های ایمانداران مسلمان‌زاده: بزرگ کردن فرزندان، تحصیل، ازدواج.
۷. طبیعت روحانی باور شیان (Hsue–Shen Xian): دعا، ایمان، به جای اعمال دینی.
۸. اطمینان نداشتن ایمانداران مسلمان‌زاده، پیچیدگی‌های موروثی، احساس درد، احساس قربانی بودن.
۹. بندشیطانی اسلام،بندهای شیطانی ونهانی،تنفر،خشم،شهوت،وغیره.
۱۰. عدم پذیرش ایمانداران مسلمان‌زاده توسط مسیحیان بومی و کلیسا و اجتماعات آنان.
۱۱. عشق به پول در قلب بسیاری از مشکلات نهفته است. ایمانداران مسلمان‌زاده باید هدیه دادن را بیاموزند.
۱۲. زندگی تحت نظر پلیس امنیتی که در آن تغییر دین از لحاظ قانونی امکان‌پذیر نیست.[۸۰]

زندگی در غربت می‌تواند سطح کیفی زندگی و موفقیت را بالا ببرد، اما ممکن است بر میزان اضطراب و بدگمانی نیز بیفزاید.[۸۱] علاوه بر این، نوایمانان درون چارچوب تازه‌ای از ارزش‌ها پرتاب می‌شوند که شباهتی به ارزش‌های اجتماعی آنها ندارد، و ارزش‌های کاملا مسیحی هم نیستند. این سردرگمی بر روابط میان ایمانداران مسلمان‌زاده و میسیونری که با آنها کار می‌کند، تاثیر می‌گذارد. کرافت خاطرنشان می‌کند که انتظارات ایمانداران مسلمان‌زاده از مسیحیان خارجی معمولا بسیار خیال‌پردازانه است و به طور کلی معیارهای غیرقابل دسترسی دارند که ریشهٔ بی‌نظمی می‌گردد.[۸۲] منازعات جماعت‌های مهاجر لایهٔ دیگری بر پیچیدگی جماعت ایماندار مسلمان‌زاده در غربت می‌افزاید. در خاتمه، واکنش‌های پیچیدهٔ ایمانداران مسلمان‌زاده به خاطر زمینهٔ کلی آنهاست. بعضی از این واکنش‌ها فرهنگی‌اند، و بعضی عمیقا ریشه در چشم‌انداز وابسته به روانشناسی ایشان از

جهان اطراف‌شان دارد. دین، موقعیت اجتماعی و رنج عمیقی که نه تنها افراد بلکه کل این جماعت از آن گذشته‌اند، همذات‌پنداری آنها را شکل داده و به جهان‌بینی آنها رنگ می‌بخشد. در فصول آتی کلیسایی را توصیف می‌کنیم که این ایمانداران مسلمان‌زاده تشکیل می‌دهند.

فصل سوم

تجربهٔ کلیسا

دربارهٔ ایمان آوردن مسلمانان به مسیح، شهادت‌های آنان و راهبردهای تاسیس کلیسا در میان ایشان، کتاب‌ها و مقالات زیادی نوشته شده است. تمرکز اصلی آن بوده است که چگونه می‌توان انجیل مسیح را به مسلمانان بشارت داد و آنها را در مشارکت‌های مسیحی جمع کرد، اما مطالب کمی دربارهٔ اینکه در این مشارکت‌ها واقعا چه اتفاقاتی می‌افتد، وجود دارد. فرض بر این است که وقتی افراد در مسیح خلقتی تازه می‌یابند، در مشارکت‌ها، کلیساهای خانگی، یا کلیساهای رسمی جمع می‌شوند، و مشارکت‌های مزبور درست مانند سایر کلیساهای جهان رشد کرده و تبدیل به جمع بالغی از بدن مسیح می‌گردند. به این نوایمانان همهٔ ابزار لازم در کتاب‌مقدس و هدایت روح‌القدس داده می‌شود. علاوه بر آن، گروه‌های معینی با ارائهٔ تفسیرهای کتاب‌مقدس، فیلم‌های داستانی مسیحی، آیات کتاب‌مقدس، سرودهای پرستشی، و ترجمهٔ کتاب‌های مسیحی، به شاگردسازی نوایمانان کمک می‌کنند.[۸۳] با این وجود، تامین ابزار لازم تنها بخشی از این معادله است. کسانی که به مسیح ایمان می‌آورند، میراث فرهنگی، الگوهای رفتاری، و ارزش‌هایی که منحصرا توسط دین، فرهنگ و

خانواده‌شان شکل گرفته با خود به مشارکت‌های جدیدشان می‌آورند. بیایید به بررسی تجربهٔ ایمانداران مسلمان‌زاده از کلیسا بپردازیم.

ابتدا سوال‌هایی دربارهٔ کلیسا مطرح ساختم که پارامترهای بحث را معین کند و سپس سوال‌های مشخص‌تری برای دریافت اطلاعات خاص مربوط به ناهماهنگی مطرح شد. این سوالات اطلاعات اساسی دربارهٔ اولین برداشت ایمانداران مسلمان‌زاده از کلیسا، درک جاری ایشان در مورد کلیسا، و نقاط قوت و ضعف کلی کلیسا به دست دادند.

اولین برداشت از کلیسا

سوالی که مطرح شد این بود: اولین برداشت شما از کلیسا چه بود؟ معلوم شد که محبت و همدردی میان افراد که ایمانداران مسلمان‌زاده در کلیسا یافته‌اند، تاثیری ماندگار بر آنها گذاشته، و از همان ابتدا باعث شده تا دوباره در جلسات کلیسا شرکت کنند. جواب شاخص چنین بود: «کلیسا محلی است که در آن افراد با وجود اینکه من مسیحی نبودم، به من محبت نشان دادند. آنقدر جو خوبی در کلیسا حکمفرما بود که می‌خواستم دوباره به آنجا برگردم».[۸۴]

اولین برداشت از کلیسا نشانگر آن است که چه چیزهایی بر ایمانداران مسلمان‌زاده تاثیر گذاشته است. محبت، مهربانی، و توجهی که در کلیسا به آنها ابراز شده عناصری بوده‌اند که بیش از هرچیز، بسیاری از مسلمانان را به مسیح جذب کرده زیرا آنان از فرهنگی می‌آیند که مهمان‌نوازی و روابط اهمیت بی‌اندازه زیادی دارد. صلح و آرامش یک مکان مقدس بر کسانی که با پریشانی‌های مربوط به پناه‌جویی و پناهندگی می‌آیند، تاثیر می‌گذارد. برای مسلمانانی که یک عمر به آنها گفته شده نباید عرف دینی را زیر سوال ببرند، بلکه باید بی‌چون و چرا از آنچه به ایشان گفته می‌شود اطاعت کنند، کلیسا به عنوان مکانی که آنها می‌توانند جواب سوالاتی را بگیرند که اجازهٔ پرسیدن‌شان را نداشته‌اند، تاثیر اولیهٔ مهمی گذاشته است. بعضی از آنها که هیچگونه آشنایی قبلی با کلیسا نداشتند، ابتدا در پی آن بودند که از کلیسا برای رسیدن به مقاصدشان استفاده کنند اما به طور غیرمنتظره‌ای مسیح را یافته‌اند. حتی تجربیات منفی نیز نمی‌تواند حق‌جویان را از خدایی که در حین ارتباط یافتن‌شان با مسیح تجربه کرده‌اند، دور سازد.

شناخت جاری از کلیسا

در طول پرسش‌های انجام شده، در نظر داشتم بدانم آیا تفاوتی میان برداشت اول و شناخت جاری ایشان از کلیسا وجود دارد یا خیر. سوال بعدی این بود: امروز کلیسا چه معنایی برای شما دارد؟ اکثر جواب‌ها بیانی احساسی و خانوادگی از کلیسا را دربر داشت. «کلیسا مثل خانوادهٔ من و امن‌ترین مکان برای من است.». «کلیسا یک ساختمان نیست، بلکه بدن مسیح است. من به آنها تعلق دارم و آنها به من. این خانواده از پیوند خونی به من نزدیک‌تر است». «کلیسا بدن مسیح است؛ ما در واقع یک خانوادهٔ متحد در یک بدن هستیم. کلیسا در مرکزیت ایمان من قرار دارد». کلیسا به عنوان یک خانواده مکانی است برای دریافت محبت و مشورت گرفتن. «کلیسا یعنی خانواده». «به طور ساده، یک خانواده؛ یعنی خانوادهٔ خداست».

سایرین کلیسا را به عنوان مکانی توصیف کردند که حق‌جویان به آنجا می‌آیند تا حقیقت را بیابند، خدا را پیدا کنند و چیزی که پوچی زندگی‌شان را پر سازد. «کلیسا کارکردی دوگانه دارد: مکانی برای کسانی که خداوند را می‌شناسند و محلی برای کسانی که به دنبال حقیقت هستند».

کلیسا به عنوان پناهگاه و مکان آرامش توصیف می‌شد. «احساس می‌کنم کلیسا صرفا یک مکان معمولی نیست، خدا در آنجاست و مکان صلح و آرامش است. ما مردم، کلیساییم. مسیح سر، و ما بدن هستیم.». «کلیسا جایی است که می‌توانم استرس و تنش هفتگی را تخلیه کنم، آرامش روحانی بیابم و بیاموزم». حتی در طول هفته هم منتظر روز جلسهٔ کلیسایی هستم». توصیف‌های پویاتر و پرمعناتری نیز می‌شد. «کلیسا بدن مسیح و یک ارگانیسم یا بدن زنده است، نه یک ساختمان. کلیسا را افراد تشکیل می‌دهند». «به کلیسا می‌آییم و عیسی را می‌بینیم». «کلیسا آزمایشگاهی است که در آن عملکرد ایمان را مشاهده می‌کنیم». دیگری می‌گفت: کلیسا به طور ساده یعنی حضور قابل‌لمس عیسی بر زمین. شما بدن او هستید، یعنی این... من قویا معتقدم که عیسی در کلیسایش است و کلیسایش در اوست. عیسی گفت: «اگر مرا دیده‌اید پدر مرا نیز دیده‌اید.» فکر می‌کنم کلیسا باید همین را بگوید، هدف این است که اگر شما مرا دیده‌اید، عیسی را نیز دیده‌اید.

واضح است که کلیسا در زندگی ایماندار با زمینهٔ اسلامی نقش مهمی بازی

می‌کند. معمول‌ترین تعریفی که می‌شد توصیف کلیسا با اصطلاحات خانوادگی بود، با احساس پیوند و هویتی که خانوادهٔ خدا دارند. پرستش، مشارکت با افراد هم‌فکر و تعلیم کلام خدا عنصری اساسی در شناخت کلیساست. علاوه بر این، جماعت مسیحی و کلیسا پناهگاه آرامش‌بخشی در دنیای پرخصومت هستند. شناخت کلیسا فراتر از افراد می‌رود، و در جماعت بزرگتر، مهاجران نقش یک معبر و میزبان و پایگاه را برای پذیرش پناهندگانی دارد که ناچار به ترک فامیل، فرهنگ و کشوری شده‌اندکه به آن عشق می‌ورزند.

تاریخ رشد کلیسا

هر کلیسایی تاریخچهٔ خود را دارد، پس سوالات بعدی چشم‌اندازی از چگونگی رشد و توسعهٔ این کلیساهای نوبنیاد و نتایج موجود در آنها را به دست می‌دهد. سوال مربوط به رشد کلیسا اینطور مطرح شد: «کلیسای شما چطور رشد کرد؟ آیا جدایی در آن بود؟ آیا تعداد حاضران در نوسان بود؟ آیا افراد می‌آمدند و بعد کلیسا را ترک می‌کردند؟ آیا کلیسا رشد می‌کرد و سپس تعداد حاضران یکنواخت می‌ماند؟» اما اکثر مصاحبه‌شوندگان به جای ارائهٔ تاریخچهٔ رشد کلیسا، داستان‌هایی از شقاق و جدایی در کلیسا را روایت می‌کردند.[۸۵] این بخش در معرفی بسیاری از موضوعات مربوط به دلایل رشد کلیسا، جدایی‌ها، یا تغییر شبان مؤثر بود. بعدا به طور جداگانه در بخش‌های مربوطه، به این موضوعات خواهیم پرداخت. هرچند مصاحبه‌شوندگان احساس می‌کردند داستان کشمکش‌های کلیسایی آنها برای خودشان یا در کشورشان منحصربه فرد بوده، اما در واقع، داستان‌های آنها مشابهت داشتند.

جواب شاخص شامل رشد پیش از واقعه‌ای بحرانی بود که منجر به کوچکتر شدن گروه گشته بود. «ما حدود ۷۰–۱۰۰ نفر بودیم. اما حالا تعدادمان زیاد نیست.» تعداد شرکت کنندگان در جلسات کلیسایی حدود ده تا بیست نفر بود. در مواقع خاص، مانند جشن نوروز، آنها گاهی بیش از ۱۰۰ شرکت‌کننده داشتند. شخصی تاریخچهٔ کلیسای‌شان را اینطور تشریح کرد:

«ما با پنج زوج و خود من شروع کردیم.[۸۶] تعداد شرکت کنندگان جلسات‌مان بسیار کم و زیاد می‌شد. قسمت اعظم اعضای کلیسای‌مان پناهندگان– شاید ۹۰ درصد

پناهندگان تازه از راه رسیده، بودند. زندگی برای تعداد زیادی از اعضای کلیسای‌مان به خاطر ازدواج‌های از هم پاشیده، تک والدی، مسائل مربوط به تربیت فرزندان در فرهنگ جدید، و خو گرفتن با زندگی در آمریکا به سختی می‌گذشت. درگیر بودن با آنهمه پناهنده برای کلیسای کوچک ما بار سنگینی بود؛ اغلب اوقات باید به نیازهای‌شان در میان بحران رسیدگی می‌کردیم. بیشترین تعداد شرکت کنندگان‌مان هفتاد و کمترین‌شان دوازده نفر در طول پنج سال بود.[۸۷] به طور کلی میانگین تعداد شرکت‌کنندگان در آن پنج سال به حدود بیست و پنج تا سی بزرگسال می‌رسید.»[۸۸]

نومیدی موجود در رشد کلیسا به خاطر آن بود که در مقابل سرمایه‌گذاری وقت و همهٔ تلاش‌های صورت گرفته برای کمک به مردم در بحران‌های زندگی‌شان، سود کمی عاید شده بود. یک کلیسا در انگلستان بیش از ۸۰۰–۹۰۰ نامه به دولت برای مدارک رسمی پناهندگان نوشته بود. «ولی حدود ۷۰۰ نفر از ایشان بعد از گرفتن کاغذهای مورد نیازشان ناپدید شدند».

شاید رویای رشد کلیسا در سر افراد باشد، اما ناپایداری زندگی پناهندگان، آن را متزلزل می‌کند. به طور کلی، این کلیساها مانند کلیسایی در یک شهر انگلیس با تعداد شرکت‌کنندگان بین ده تا پانزده نفر هستند. آنها به دنبال همکاری با کلیسای انگلیسی رفتند با این فکر که یک کلیسای ایمانداران مسلمان‌زاده از آن میان بیرون بیاید. اما گروه اصلی استوار نبود. «خیلی از آنها جوانند، خانواده‌ها کم هستند. اکثرا مردان جوانند». بعد وقتی این مردان جوان مدارک لازم را از دولت می‌گیرند، کلیسا و آن منطقه را ترک می‌کنند. اکنون، «فقط گروه کوچکی از افراد اولیه هنوز به کلیسا می‌آیند».[۸۹]

ناپایداری مردان جوان تنها مانعی نیست که این کلیساهای در تلاش برای رشد و نمو یک کلیسای سالم، باید بر آن غالب شوند. کلیسایی که تحت رهبری یک کلیسای آمریکایی بزرگ بود، امید زیادی به رشد داشت. یک گروه کوچک از ایران با دیدگاه الاهیاتی خاصی به این مشارکت وارد شدند و سرانجام آنجا را ترک کردند و کلیسایی در یک ایالت دیگر تاسیس کردند. سپس گروه دیگری از ایران آمدند و «نتوانستند با دیگران کنار بیایند، پس جدایی به وجود آمد». توضیحی که برای کنار نیامدن آن افراد ارائه شد، کنترل بیش از اندازهٔ شبان بود. او دیگران را وارد گود نمی‌کرد. نتیجه ایجاد دو جدایی دیگر بود و سپس شبان کلیسا نومید شد و به کشور

دیگری رفت تا کلیسایی در آنجا تاسیس کند. تعداد اعضای جاری آن کلیسا حدود پنجاه تا هفتاد نفر است و در شب کریسمس به ۱۵۰ نفر هم می‌رسد.

بعضی از رهبران کلیسا، در رویارویی با ناپایداری مهاجران و پناهندگان به این نتیجه رسیده‌اند که الگوی رشد در خدمت آنان مواجه با پستی و بلندی‌هاست، اما خودشان به عنوان نیروی پایدار جماعت باقی می‌مانند. شخصی نتیجه‌گیری بالا را چنین بیان کرد:

«به نظرم یک کلیسای زنده مواجه با پستی و بلندی‌هاست. بعضی از اعضای وفادار، به جلسات می‌آیند، موعظه را می‌شنوند و به خانه می‌روند؛ همین. واقعا تفاوت چندانی در پنج یا شش سال گذشته که من شاهدش بوده‌ام، ایجاد نشده است.[۹۰] ما بعضی از افراد را از دست دادیم و پذیرای افراد جدیدی (مهاجران، پناهندگان) بوده‌ایم. تلاش من به عنوان یک خادم خدا کمک به آنهاست. معتقدم که یک کلیسای زنده، کلیسایی همراه با پستی و بلندی است.».

کلیساهایی که تاسیس می‌شوندضرورتا سالم نیستند، خصوصا وقتی توسط افراد رنجیده و ناراضی تاسیسشوند. شخصی دیدگاه تاریخی خود را اینطور ابراز کرد:

«فکر می‌کنم در اواخر دههٔ ۱۹۸۰ کلیسایی در آنجا شروع شد و بعد تقسیم به دو کلیسا، و بعد از آن تقسیم به سه و سپس تقسیم به چهار کلیسا شد. بعد دو کلیسای دیگر از جای دیگری شروع شدند، پس شش کلیسا و بعد از جدایی دیگری هفت کلیسا شدند. همین اواخر به هشت کلیسا تقسیم شدند. این کلیسای اخیر، متشکل از آقایی است که با دو تا پنج نفر دیگر در خانه‌اش جلسه دارند. پس همهٔ کلیساهای منطقهٔ ما از یک کلیسا شروع شدند. رنجش زیادی در این کلیساها وجود دارد و متاسفانه هیچکس نمی‌خواست نسبت به دیگران پاسخگو باشد. افراد می‌آیند، کمی می‌مانند اما اگر این کلیسا را دوست نداشته باشند به کلیسای بعدی می‌روند. بعد ناگهان همانطور که اخیرا اتفاق افتاد، پنج زن در یک کلیسا تصمیم گرفتند کلیسای جدیدی را شروع کنند.»[۹۱]

میانگین تعداد اعضای کلیسای ایمانداران مسلمان‌زاده در غربت حدودا بین پانزده

تا پنجاه نفر است. هر کلیسا تجربهٔ تقسیم و جدایی، و خروج عمدهٔ اعضا را پس از یک تا پنج سال بعد از تاسیس داشته است. بخشی از فراز و فرودهای تعداد شرکت‌کنندگان در اثر وضعیت ناپایدار پناهندگان، شرکت غیر مسیحیانی که جویای خدا نیستند در گردهمایی‌های ایرانیان، و تلاطمات مربوط به مسائل بین فردی می‌شود. بعضی از این مشکلات نیز مربوط به رهبری، و یا مشکلات میان اعضای کلیساست. بعضی کلیساها از لحاظ تعداد شرکت‌کنندگان باثباتند، و حتی اندکی از آنها توانسته‌اند تعداد بیشتر از صد عضو خود را نگاه دارند. اعضای ناراضی حس می‌کنند می‌توانند عملکردی بهتر از آنچه در یک کلیسا دیده‌اند، داشته باشند. پس جدا می‌شوند و یک جلسهٔ مطالعهٔ کتاب‌مقدس در منزل‌شان شروع می‌کنند. کلیساهای جدید از این دست مشکلاتی که در کلیساهای قدیمی وجود دارد، معاف نیستند و طولی نمی‌کشد که با تقسیم و جدایی روبرو می‌شوند.

بزرگترین نقاط قوت کلیساها

پس از شنیدن برخی از کشمکش‌های موجود در این کلیساها، در نظر داشتم بدانم از نظر ایشان بزرگترین نقاط قوت کلیساهای ایرانی کدامند.[۹۲] این پرسش همزمان در بردارندهٔ دو هدف بود: اول، دادن فرصتی به ایمانداران مسلمان‌زاده برای شرح بزرگترین نقاط قوت کلیسای‌شان؛ دوم، اولویت‌بندی نقاط قوت عمده به وسیلهٔ ایشان و تعیین مهم‌ترین جنبه‌های کلیسای آنان در غربت.

نقاط قوت انعکاسی از قوت‌های موجود در فرهنگ خاورمیانه، شامل مهمان‌نوازی، سخاوت و بیان احساسات‌شان همراه با مزیت‌های کلیساهای کوچکتر است. «آنها همدیگر را دوست دارند، و می‌خواهند به دیگران کمک کنند.» «یکی از بزرگترین نقاط قوت در کلیساهای کوچک این است که افراد به هم نزدیک هستند، برای هم دعا می‌کنند، و با هم دوست می‌شوند. صمیمیت‌شان زیاد است. این مزیت کلیسای کوچک محسوب می‌شود». «مهمان‌نوازی و توانایی ایجاد دوستی‌های محکم و صمیمانه مردم را به مشارکت جذب می‌کرد». «آنها تشنهٔ خدا هستند. این تشنگی را من جای دیگری ندیده‌ام. آنها با اشتیاق زیاد عشق‌شان را با کلام و زبان بدن ابراز می‌کنند. ایرانیان افراد بسیار خاصی هستند».

افراد زیادی به اشتیاق و تعصبی که برای ایمان‌شان دارند به عنوان یکی از بزرگترین نقاط قوت‌شان اشاره می‌کردند. «نکتهٔ مهم غیرتی است که آنها برای خدا دارند– آنها عاشق خداوند هستند». «یکی از بزرگترین نقاط قوت، اشتیاقی است که کلیسای ایرانیان دارد، غیرت آنها، شهادت‌های‌شان، تازگی تجربه‌ای که از خدا دارند. این یک نقطهٔ قوت عظیم است». سه نفر دیگر اینطور می‌گفتند:

هر یک از مسیحیان نسل اول چیزی دارند که نسل دومی‌ها فاقدش هستند– ما برای خداوند غیرت داریم چون می‌دانیم خداوند برای‌مان در زندگی کاری کرده است، و آن را تجربه کرده‌ایم. این نقطهٔ قوت ماست. ما در بشارت و درمیان گذاشتن تجربه‌مان با دیگران هم قدرتمندیم.

از لحاظ روحانی، به نظر من آنچه کلیسا را قوی می‌کند، وجود محبت حقیقی مسیح در آنجاست. فکر می‌کنم ایمانداران ایرانی توانا هستند. وقتی این مشکلات را حل کنیم، می‌توانیم حقیقتا جماعتی با محبت و جذاب شویم که مردم احساس کنند به گرمی پذیرفته می‌شوند، جایی برای شفا، و پذیرش. آنها توانایی این را دارند.

کلیساهای ایمانداران مسلمان‌زاده پتانسیل زیادی دارند که کلیسای قوی و خوبی بشوند، البته اگر شاگردسازی شوند، تعلیم یابند و به طور مناسب پرورش پیدا کنند. به نظر من نقاط قوت آنها محبت، مهربانی و مهمان‌نوازی آنهاست، که در بعضی کلیساهای مسیحی شمال آمریکا نمی‌توانید ببینید. ایمانداران مسلمان‌زاده اگر لازم باشد برای‌تان هزار قدم برمی‌دارند. اما باید به آنها آموخت تا این کار را در حیطهٔ وجههٔ کلیسا انجام دهند.

محور بزرگترین نقاط قوت کلیسای ایمانداران مسلمان‌زاده اشتیاق، مهمان‌نوازی و مشارکت میان آنهاست. از لحاظ روحانی، ایرانیان با این جهان‌بینی قدم پیش می‌گذارند که ماوراءالطبیعه واقعیت دارد، پس انتظارشان این است که وقتی خدا را می‌خوانند، او قدرتش را ظاهر کند. مهمان‌نوازی یکی از بزرگترین ارزش‌ها در فرهنگ خاورمیانه است که خود را در کلیسا نیز نشان می‌دهد. وفاداری و صداقت نسبت به سایر ایمانداران مسلمان‌زاده در کلیسا موقعی دیده می‌شود که افراد یا رهبران کلیسا حاضرند برای کمک به شخصی قدم پیش بگذارند و وقت و هزینه‌ای که صرف می‌کنند برای‌شان اهمیتی ندارد. مشارکت یک نقطهٔ قوی در جماعت ایمانداران

مسلمان‌زاده است که در آن جلسات کلیسا طولانی‌اند و شرکت‌کنندگان پس از اتمام جلسه، مدت زیادی برای صحبت و مشارکت درنگ می‌کنند. شوق و اشتیاق‌شان برای ملاقات همدیگر در طول هفته و سرزدن به خانه‌های همدیگر، جنبه‌ای است که کلیسای ایمانداران مسلمان‌زاده را خوش‌آیند می‌کند و در بشارت آنها به جماعت آسیب‌دیده بسیار مؤثر است.

بزرگترین نقاط ضعف کلیساها

پس از آن پرسشی در جهت خلاف مطرح کردم، بزرگترین نقاط ضعف کلیساهای ایمانداران مسلمان‌زاده چیست؟[۹۳] بسیاری از آنها گفتند که اکثر موارد ضعف را قبلا در مصاحبه بررسی کرده‌ایم. هدف از پرسیدن این سوال دو موضوع بود: اول، تحقیق حاضر برای رونمایی ریشه‌های ناهماهنگی در کلیسای ایمانداران مسلمان‌زاده در غربت است، ولی آنقدر شکایت‌ها زیاد بود که به سختی می‌شد کاستی‌های اصلی را معین کرد. این سوال به ایمانداران مسلمان‌زاده فرصت داد تا درمورد نقاط ضعف کلیسای‌شان به تفصیل صحبت کنند. دوم، این سوال به مصاحبه‌شوندگان فرصت داد تا مهم‌ترین نقاط ضعف را اولویت‌بندی کنند و بدین وسیله در تعیین مهم‌ترین جنبه‌ها در کلیسا کمک کنند.

عدم تعلیم و تربیت مناسب رهبری کلیسا نگرانی عمده‌ای بود که ابراز می‌شد. «ما هم مثل هر نسل اولی دیگر، حکمت و تعلیم درستی نداریم. از عقل سلیم استفاده می‌کنیم ولی به مدرسه نرفته‌ایم. ضعف ما عدم معرفت است». «ضعف ما در این است که رهبران‌مان نمی‌دانند چطور اعضا را وارد خدمت کنند. آنها به اعضا فرصت همکاری نمی‌دهند، یا حتی نمی‌دانند کجا باید ایشان را شرکت دهند چون مدیریت ندارند». دو نفر دیگر اولویت‌های‌شان را اینطور بیان کردند:

جنبۀ منفی ما نداشتن تعلیم قوی است. اکثر تعالیم و موعظات بیشتر احساسی هستند تا تعلیم نظام‌مند قوی. تقلای آنها رساندن اعضا از نقطۀ الف به نقطۀ ب در شاگردی و راهبرد کلیساست. من هیچگونه راهبرد یا دید روشنی برای کلیسا ندیده‌ام. اهداف و قدم‌های لازم برای رسیدن به آن نقطه چیست؟ هیچکدام وابسته به روح‌القدس نیست. اغلب کلیساهایی که دیده‌ام اینطور هستند. ما به تعلیم و آموزش

بیشتر نیازمندیم.

نقطه ضعف این است که همه می‌خواهند رئیس و رهبر باشند یا حرف آخر را بزنند. مشکل اینجاست. متاسفانه این موضوع از رهبران و شبانان با تجربهٔ کلیسا نشأت می‌گیرد. ناراحت‌کننده است. من در کلیسای ایرانیان بیشتر ضعف می‌بینم تا قوت. معمولا شخص خوش‌بینی هستم، اما نه در این مورد.

نبودن هیچ‌گونه خاطرهٔ جمعی از ایمان مسیحی به عنوان یک نقطه ضعف بزرگ قلمداد می‌شود. «کلیسای ایمانداران مسلمان‌زاده حتی به دورهٔ رشد و جوانی هم نرسیده است. رشد عددی دارد، اما هنوز به دورهٔ بلوغ و جوانی نرسیده. کلیساهای محلی بالغ زیادی با زمینهٔ بهتر وجود دارند. اما نه کلیسای ایمانداران مسلمان‌زاده». خانمی بیان می‌کرد که به نظر می‌رسد رفتار آنها تحت تسلط اسلام است:

نقاط ضعف زیادی وجود دارد چون ما از زمینهٔ اسلام می‌آییم. هرچند مسیحی شده‌ایم، اما هنوز زمینهٔ اسلام را در خودمان داریم. مثلا هنوز گاهی خرافاتی هستیم. هرچند مسیحی شده‌ایم ولی با شک و تردیدهایی مثل این دست و پنجه نرم می‌کنیم که: خدا کجاست؟ همهٔ این مشکلات از کجا می‌آید؟ چرا این مشکلات برای من اتفاق افتاد؟ وقتی در گیرودار یک مشکل هستید، مسیحیان زیادی را نمی‌بینید که در ایمان‌شان محکم باشند. از این گذشته، ما مشوقان خوبی نیستیم. ضعف دیگرمان نپذیرفتن انتقاد است چون فکر می‌کنیم حق همیشه با ماست. وقتی پای کلیسا و تاریخمان پیش می‌آید، همچنان به گذشته چسبیده‌ایم.

رابطهٔ فردی میان اعضای کلیسا به عنوان یکی از بزرگترین نقاط ضعف کلیسای ایمانداران مسلمان‌زاده قلمداد می‌شود. «بزرگترین نقطه ضعف آنها ناتوانی در بخشش همدیگر، برای کارهایی است که در قبال هم کرده‌اند. همین حالا این نکته به نظرم می‌رسد». «نقطه ضعف ما حساس بودن، غیبت و بی‌اعتمادی است. اینها اصلی‌ترین مسائلی است که درباره‌اش صحبت کردیم». اولویت‌بندی دو نفر دیگر به این شرح آمده:

بزرگترین ضعف‌های مشخص ما روابط و جماعت‌مان است. ما به عنوان یک

گروه خوب عمل نمی‌کنیم. این موضوع فقط مسئله‌ای منحصر به جمع مسیحی نیست چون فکر نمی‌کنم مساجد و دولت‌های ما بهتر از این باشند. ما در اجتماعمان به عنوان یک گروه، عملکرد خوبی نداریم. معنی اجتماع از جمله توافق و مسامحه، یا بده و بِستان‌های لازم در روابط بین فردی را نمی‌فهمیم. به نظر من اینها دو مورد اول در فهرست ضعف‌ها هستند.

خاورمیانه‌ای‌ها نسبت به آنچه مردم فکر می‌کنند یا آنچه دیگران می‌گویند، خیلی نگرانند. اغلب کلیسا کمی شبیه کلوب (اجتماعی) و تا اندازه‌ای گروه‌بندی می‌شود، مخصوصا وقتی بخواهیم دربارهٔ افراد جوان‌تر صحبت کنیم. موضوعاتی مثل تنش‌ها، قضاوت، غیبت و غیره همیشه وجود دارند. اینها نقاط ضعف کلیسای ایمانداران مسلمان‌زاده را تشکیل می‌دهند.

عمده‌ترین این نقطه‌ضعف‌ها نباید ما را متعجب سازد چون می‌دانیم کلیسای ایمانداران مسلمان‌زاده نسبتا جوان و بی‌تجربه است. همان‌طور که در بالا دیدیم، نبود رهبری، تعلیم و بلوغ در کلیسا؛ و مسائل مربوط به روابط بین فردی از هنجارهای رایج در کلیسایی است که اکثریت آن را نوایمانان مسیحی تشکیل می‌دهند. به رهبری اشاره شد چون رهبران به عنوان افرادی قلمداد می‌شوند که باید کلیسا را در مسیر درست هدایت کنند. عدم تعلیم و تربیت با رهبری مرتبط است. نیاز به بلوغ به دلیل آمدن از زمینه‌ای است که درک بسیار کمی از کلیسا و زندگی مسیحی دارد و همین امر موجب سردرگمی می‌شود. علاوه بر این، مسلمانانی که به مسیح ایمان می‌آورند، ارزش‌های فرهنگی یا اصطلاحا «کوله‌باری» از زندگی پیشین بدون مسیح خود را به همراه می‌آورند، و به همین خاطر روابط بین فردی‌شان پیچیده و آسیب‌پذیر است.

دلایل ترک کلیسا

یکی از تجربیات مشترکی که همه درباره‌اش صحبت می‌کردند، میزان تغییر و تحولات ناشی از ترک کلیسا بود. دلایل زیادی ارائه شد که چرا مخاطب ما یا کسی که او می‌شناخت کلیسا را ترک کرده است. در نظر داشتم ببینم آیا الگوی رفتاری یا شرایط خاصی منجر به خروج از کلیسا می‌شود؟ پاسخ‌های مختلف را به نُه دستهٔ متفاوت تقسیم‌بندی کردم.

بعضی از دلایل جغرافیایی بود: «همیشه به خاطر جابجایی‌هایم بود». «خانهٔ جدیدم سه ساعت تا کلیسا فاصله داشت. دلیلی نداشت که تمام مدت این راه را طی کنم». «آن آقا و همسرش دکتر بودند، و به خاطر شغل‌شان جابجا شدند».

یکی از عوامل معمول، وضعیت ناپایدار مهاجران خاورمیانه‌ای از لحاظ شرایط نامعلوم زندگی‌شان است. سازمان دولتی به بعضی از آنها می‌گوید که باید در کجا ساکن شوند. «متوجه شدم که همهٔ آن افراد بعد از یکی دو سال، ویزای‌شان را دریافت می‌کردند و به شهرهای دیگر می‌رفتند. طبیعت زندگی آنها در این کشور اینطور است. نمی‌توانند محل زندگی‌شان را انتخاب کنند».

بعضی از ایمانداران مسلمان‌زاده کلیسا را به عنوان جماعتی می‌نگرند که باید به آنها در انتقال‌شان به کشوری جدید یاری دهد، ولی همین که مستقر می‌شوند، کلیسا را ترک می‌کنند. «آنها بعد از رسیدن به خواسته‌های‌شان، ناپدید شدند. می‌توانم بگویم اکثرا در کلیسا می‌مانند. اما بعد از چند ماه یا چند سال، ناپدید می‌شوند». «آنها بعد از گرفتن گرین کارت‌شان، دیگر نیامدند». «مخصوصا در کلیسای انگلیس تعداد زیادی از ایمانداران مسلمان‌زاده را دیدم که به محض گرفتن اوراق اقامت، کلیسا را ترک کردند».

مهاجران، پناهندگان، و کسانی که تازه از راه می‌رسند، به کلیسا می‌آیند، به نیازهای‌شان که رسیدگی شد، کلیسا را ترک می‌کنند. به همین دلیل من عمیقا به ایمانداران مسلمان‌زاده‌ای که به کلیسا می‌آیند مشکوکم که مبادا فقط «مسیحیان گرین کارتی»باشند، که می‌خواهند مشکلات‌شان حل شود و بعد بروند.

بعضی از ایرانیان، کلیسای فارسی زبان را ترک می‌کنند تا بیشتر با فرهنگ کشور میزبان همگام شوند. «آنها از افرادی (ایرانیانی) که همیشه مشغول سوال کردنند، خسته می‌شوند و می‌روند. اما بعضی‌ها می‌گویند: نه، ما نمی‌خواهیم در فرهنگ ایرانی باقی بمانیم چون حالا در غرب هستیم».

دلیل ترک کلیسا توسط بعضی ایمانداران مسلمان‌زاده، ماهیت کلیسایی بود که در آن شرکت می‌کردند. «دلیل اصلی همانطور که شما گفتید، رفتارها و اذیت‌ها بود. آنها به جایی می‌رسند که با خود می‌گویند شاید این تعلیم حقیقی کتاب‌مقدس، رفتار مسیحی یا کلیسای واقعی نیست». «افرادی را می‌شناسم که کلیسای ایمانداران

مسلمان‌زاده را ترک کردند و دیگر به هیچ کلیسای فارسی‌زبانی نمی‌روند. آنها به همهٔ کلیساهای ایرانی رفته‌اند... و نهایتا در جلسات یک کلیسای انگلیسی شرکت می‌کنند». به سوال کردن ادامه دادم تا بدانم آیا این افراد در کلیسای انگلیسی‌زبان راضی هستند یا نه. «بله». «به سختی می‌توانم با دوستانم در جماعتی ماندگار باشم. همسن‌هایم بزرگ شدند و همگی پخش شدند و به کلیساهای محلی رفتند. فقط من و پسر دیگری مانده‌ایم که حول و حوش بیست ساله هستیم».

دلایل دیگر ترک کلیسا مربوط به تجربیات منفی می‌شود. «من به خاطر بدرفتاری مردم هموطنم آن کلیسا را ترک کردم». همین خانم، پس از امتحان کلیساهای مختلف، یک کلیسای غیرایرانی پیدا کرد که «عالی بود و همانجا ماندم». «تنش‌ها و مشکلات آنها در روابطشان با دختران و پسران دیگر در کلیسا خیلی زیاد است. مردم اغلب کلیسا را در آن سن ترک می‌کنند». سوالات دیگری پرسیدم تا بدانم کسانی که کلیسایی را ترک کرده‌اند، نوایمان بوده‌اند یا ایمانداران قدیمی.

ترکیبی از آنها؛ ایمانداران بالغ احساس می‌کردند زمان زیادی از ایمان‌شان می‌گذرد اما جایی برای به کار بردن عطایای‌شان ندارند. مسیحیان جدیدتر حس می‌کردند کسی به آنها گوش نمی‌دهد. ترکیبی از آنها کلیسا را ترک کردند و واقعا تلخ بود. بعضی به کلیساهای دیگر رفتند، بعضی دیگر به کلیسا نرفتند و تعدادی هم به کلیساهای آمریکایی رفتند.

دلایلی که برای ترک کلیسا توسط ایمانداران مسلمان‌زاده ارائه می‌شود، متفاوت است. (۱) دلایل جغرافیایی از این نظر که کلیسا بسیار دور است. (۲) ماهیت گذرای پناهندگان موجب شرایط زندگی ناپایدار می‌شود و بر تعداد شرکت کنندگان کلیسا اثر می‌گذارد. (۳) بسیاری از خاورمیانه‌ای‌ها کلیسا را به عنوان یک جماعت قومی می‌نگرند که می‌تواند درست مانند یک مرکز فرهنگی در انتقال‌شان به آنها کمک کند. همین که به نیازهای‌شان رسیدگی شد، کلیسا را ترک می‌کنند. (۴) کسانی هستند که به دلیل همگام شدن بهتر با فرهنگ کشور میزبان، کلیسای همزبان‌شان را ترک می‌کنند. (۵) مسائل شخصی با رهبری یا اعضای کلیسا موجب رفتن بعضی از افراد می‌شود. (۶) در سایر موارد، اختلال در عملکرد خود کلیسا، مانند تعلیم ضعیف کتاب‌مقدس یا اذیت افراد، دلیل اصلی است. (۷) تجربیات منفی، مانند بدرفتاری،

پخش شدن جوانان، یا جدال‌ها موجب ترک کلیسا می‌شود. (۸) تنش میان تازه از راه رسیده‌ها و کسانی که سال‌ها دور از وطن زندگی کرده‌اند. (۹) گاهی هم تعیین دلیل ترک افراد امکان ندارد. کسانی که کلیسا را ترک می‌کنند از همهٔ اقشار موجود در کلیسا هستند، ازکسانی که هنوز به مسیح ایمان ندارند، تا نوایمانان، و تا ایمانداران بالغ. متاسفانه، بعضی با چنان تلخی می‌روند که به کلیسا آسیب می‌زنند. بدترین حالت وقتی است که همهٔ اعضا کلیسا را ترک می‌کنند. چشم‌اندازی مثبت از این میزان تغییر و تحولات آن است که افراد فرصت‌های زیادی برای شنیدن انجیل می‌یابند.

تفاوت‌های میان کلیساهای بومی با کلیسای ایمانداران مسلمان‌زاده

تجربهٔ تعدادی از کسانی که در کلیسای غیرایرانی شرکت می‌کنند، در اینجا آورده شده است. از مصاحبه شوندگان خواستم تا مقایسه‌ای میان کلیسای بومی(انگلیسی، کانادایی، و آمریکایی) و کلیسای ایرانی انجام دهند، و تلاشم این بود که خصوصیات منحصربه فرد کلیسای ایمانداران مسلمان‌زادهٔ ایرانی را مشخص کنم. این مقایسه در درک بهتر پویایی و همچنین منشأ ناهماهنگی کلیسای ایرانیان یاری‌گر است. اغلب برای روشن شدن بیشتر خصوصیاتی که در همهٔ فرهنگ‌ها وجود دارد فشار بیشتری می‌آوردم و می‌پرسیدم این مشخصات معین از چه نظر در تجربهٔ ایرانیان منحصربه فرد است. از کسانی خواسته شد تا این مقایسه را انجام دهند که در هر دو نوع کلیسا شرکت کرده بودند و لذا تعداد پاسخ دهندگان کمتر بود.[۹۴]

اغلب جواب‌های داده شده به عمق روحانی در دو جماعت اشاره داشتند. «رفتن به کلیسای ایرانی، برای من به معنی خدمت کردن است. از آنجایی که از کلیساهای کانادایی تغذیه می‌شوم برای تعلیم گرفتن به آنجا نمی‌روم». «من بیشتر در کلیسای آمریکایی تغذیه می‌شدم تا در کلیسای ایرانی، پس بیشتر برای مشارکت به کلیسای ایرانی می‌رفتم، اما همچنان برای تعلیم کلام به کلیسای آمریکایی هم می‌رفتم». «از لحاظ روحانی، کلیسای انگلیسی زبان بسیار قوی بود». «من در یک کشور غربی مسیحی شدم، زبان و الفاظ انگیسی انعکاس عمیق‌تری در قلبم دارد تا الفاظ فارسی». «بسیاری از شبانان آمریکایی بالغ‌تر از شبانان ایرانی هستند». «اول، در کلیسای انگلیسی غذای روحانی دریافت می‌کنم. دوم، کلیسای انگلیسی آدم‌های

بالغه... به آنجا می‌روی، غذای روحانی می‌گیری و به خانه می‌روی. آنجا محیط جدال و کشمکش نیست». خانمی به مظاهر بلوغ در این دو مشارکت اشاره کرد:

در کلیسای آمریکایی به تجربه دیده‌ام که تعداد کسانی که کلیسا را ترک می‌کنند در اقلیت هستند. مثلا یک، دو یا سه فرد دیوانه. اما در کلیسای ایرانی، فقط به خاطر یک اتفاق همهٔ اعضا ناگهان کلیسا را ترک می‌کنند. این موضوع برای من به معنی عدم بلوغ در بخشش مسیحی و روند انضباط مسیحی در کلیساست و همچنین واکنشی که افراد نسبت به آن نشان می‌دهند.

البته همه نسبت به فرهنگ میزبان نظر مثبتی ندارند مانند آقایی که می‌گفت:

من هنوز به پشت پرده و پشت صحنهٔ کلیسای آمریکایی نفوذ نکرده‌ام. هرگز در رهبری کلیسای آمریکایی شرکت نداشته‌ام. هنوز از زیرساخت‌ها و مجادلات پشت صحنه که کلیساها و سازمان‌های آمریکایی با آنها درگیرند، چیزی نمی‌دانم.

«کلیسای شمال آمریکا دیوارهایی دور خود دارد. هرگز نمی‌توان به داخل آنها نفوذ کرد. اما به سادگی می‌توان آنطرف دیوار کلیسای ایرانیان را دید. آنها به تو اجازهٔ نزدیک شدن می‌دهند. به همین دلیل است که آزرده می‌شوند.»

گاهی اوقات شبانان، کلیساها و افرادی در فرهنگ میزبان که حداکثر ممکن است تجربهٔ بسیار کمی از فرهنگ‌های دیگر داشته باشند، به دنبال آنند که به یک ایرانی در تاسیس کلیسا کمک کنند. غربی‌ها به ندرت دارای تجربهٔ فرهنگ‌های دیگر و مهارت لازم برای ارزیابی مناسب اتفاقاتی هستند که در کلیساهای قومی می‌افتد. «بسیاری از خادمان غربی در کلیسای انگلیسی نمی‌توانند تشخیص دهند که یک ایرانی راست می‌گوید یا نه. غیرمسیحیان ایرانی ممکن است در یک جلسهٔ کلیسایی شروع به گریه کنند و غربی‌ها را به این اشتباه بیندازند که آنها ایمان آورده‌اند.»

من از شنیدن این خبر که یک ایرانی عیسی را به قلبش پذیرفته هیجان‌زده نمی‌شوم. این موضوع در من ذره‌ای ذوق و شوق ایجاد نمی‌کند. نسبت به انگیزه‌های هر ایرانی که به کلیسا می‌آید، عمیقا مشکوک شده‌ام. وقتی در زندگی مسیحی رشد و بالندگی می‌بینم، وقتی نور منتشر می‌شود، وقتی بعد از یک دورهٔ زمانی، بلوغ جدیدی در جماعت به چشم می‌خورد، هیجان‌زده می‌شوم. اینها مرا هیجان‌زده می‌کنند.

تفاوت‌های قابل‌توجهی بین کلیسای ایرانی و کلیسای بومی وجود دارد. برداشت

بسیاری از ایرانیان این است که کلیسای بومی، مخصوصا در زمینهٔ موعظه، تعلیم کتاب‌مقدس، و رهبری شبانی، بلوغ روحانی بیشتری دارد. تعداد جوان‌ترها در کلیسای ایرانی بیشترند در حالیکه جمعیت سالمندتری در کلیساهای بومی انگلیسی زبان شرکت می‌کنند. جنبه‌های فرهنگی کلیسای بومی گیج‌کننده هستند، مخصوصا هنگامی که زندگی سیاسی و اجتماعی با زندگی کلیسایی در هم می‌آمیزند. به نظر می‌رسد که کلیسای آمریکایی دیوارهای غیرقابل نفوذی به دور خود دارد که غیرخودی‌ها را به داخل راه نمی‌دهد، در حالیکه ایرانیان بسیار مهمان‌نواز و پذیرا هستند. ولی کلیساهای بومی و افراد آن در کمک به ایرانیان خوش نیت هستند و اغلب آن‌ها از چراغ قرمزهای فرهنگی ایرانی کاملا بی‌خبرند.

تجربهٔ کلیسایی نسل دومی‌ها

نسل دومی‌ها آیندهٔ کلیسای ایرانی هستند. هشت نفر یا ۱۶ درصد مصاحبه‌شوندگان دربارهٔ نسل دومی‌ها نظراتشان را ابراز کردند. شش تن از آن‌ها خانم، و همگی نسل دومی بودند. دو آقایی که در این نظردهی شرکت داشتند مسن‌ترند اما نگرانی‌هایشان را درمورد ادامهٔ کار کلیسای فارسی زبان با نسل دومی‌ها مطرح ساختند. اما بسیاری از نسل دومی‌ها به خاطر تجربهٔ ناهماهنگی موجود، دیگر به کلیسای فارسی‌زبان نسل اول نمی‌روند.

کلیسای انگلیسی برایم بیشتر امنیت خانه را تداعی می‌کرد. می‌توانستم خودم باشم، و تظاهر به چیزی نکنم. اعضای آن کلیسا ما را می‌شناسند و می‌دانند از کجا آمده‌ایم، هرچند سرنخی از زمینه و گذشتهٔ ما ندارند. آنجا حس راحتی و آرامش می‌کردم. پرستش و موسیقی آنجا را دوست دارم و می‌توانم بیشتر از کلیسای ایرانی با آن ارتباط برقرار کنم.

به طور کلی، احساس می‌کردم هرگز نمی‌توانم با رهبران کلیسای ایرانی درد دل کنم. آن جماعت به نوعی همه را قضاوت می‌کردند. اگر مشکلی داشتم، هرگز با آن‌ها در میان نمی‌گذاشتم و صحبتی درباره‌اش نمی‌کردم. حس می‌کردم مشورت خوب و قابل استفاده‌ای به من نخواهند داد. آن‌ها جوان‌ترها را جدی نمی‌گرفتند. هیچکدامشان با جوان‌ها ارتباطی برقرار نمی‌کردند.

بعضی از نسل دومی‌ها در هر دو کلیسای بومی و کلیسای ایرانی شرکت می‌کنند. نیازهای روحانی آنها با نسل اولی‌ها تفاوت دارد. مورد بعدی، خانم جوانی است که حس می‌کند در جماعت کلیسای بومی جا دارد، اما در کلیسای ایرانی مانند یک فرد مجزا است و ارتباطی با جمع ندارد.

من در کلیسای انگلیسی تغذیه می‌شوم. غذای روحانی که می‌گیرم اکثرا توسط واعظ نیست بلکه توسط اعضای آنجا و دوستی‌هایی است که در آن کلیسا ایجاد کرده‌ام. اما شاید در کلیسای ایرانی بیشتر وقتم صرف انتقاد از اتفاقاتی است که می‌افتد. از آنچه گفته می‌شود، از روش پرستش و از موارد مختلفی که وجود دارد، چیزی دریافت نمی‌کنم.

وقتی خواستم بیشتر توضیح دهد، او نظرش را اینطور شرح داد:

واعظ بر نکات مشخصی در موعظه‌اش تاکید می‌کند. حس می‌کردم در زمرهٔ ۱٪ کسانی هستم که آن نکات ربطی به آنها ندارد. طرز تفکر دربارهٔ موضوعات، کاملا در کلیسای ایرانی متفاوت است. اهداف آنها، اهداف زندگی‌شان، و طرز نگاه آنها به انگلیسی‌ها کلا فرق دارند.

گاهی جوان‌ها به دلیلی واقع‌گرایانه به کلیسای ایرانی نمی‌روند. «هم سن و سالی در آنجا نداشتم. احساس تنهایی می‌کردم. نمی‌دانم چه احساسی در مورد گروهی از جوان‌ها داشتند.» «حس می‌کنم نمی‌توانستم با دختران همسنّم دوستی صمیمانه برقرار کنم. تجربیات آنها کاملا برایم غریب و ناآشنا بود». «همهٔ همسن و سالانم شروع به پراکنده شدن و رفتن به کلیساهای آمریکایی کردند. فقط یک نفر از گروه سنی من در آن کلیسا باقی مانده بود».

زبان نیز برای نسل دومی‌ها یک مسئله است. «همیشه برای بیان نظراتم دچار مشکل می‌شدم چون دایرهٔ لغات فارسی‌ام محدود است. ایرانیان عاشق جک گفتن دربارهٔ برنامه‌های قدیمی تلویزیون، تعریف داستان‌ها و چیزهایی مثل این هستند و معلوم است که من نمی‌توانم همیشه منظورشان را بفهمم».

نسل دومی‌ها کاملا از کلیسای نسل اول نومید نشده‌اند. درک آنها از بعضی موضوعات بسیار عالی است و می‌تواند برای خدمت مؤثرتر کلیسای ایرانی راه گشا باشد. اما کلیسای ایرانی هنوز کاملا محکم نشده و هنوز فرهنگ مسیحی را پیدا نکرده

است- آنها فرهنگ ایرانی و اسلامی دارند. فقط می‌خواهند در فرهنگ مسیحی جایی پیدا کنند، اما این کارساز نیست. به همین دلیل دوست دارم به کلیسای انگلیسی بروم، چون بهتر است. نه به این معنی که من از ایرانیان دل کنده باشم. این مشکلات نسل اول و دوم مسیحیان است. این مشکلات برای من که یک نسل دومی هستم با درگیر شدن در کلیسا و فرهنگ انگلیسی، حل شده است. وقتی با دیگران صحبت می‌کنم، آنها به بعضی از این موضوعات اشاره می‌کنند. شاید وقتی ما پا به سن بگذاریم این مسائل حل شده باشد. اما شاید ما نتوانیم در کلیسای ایرانی بمانیم. خیلی از دوستانم در کلیسای ایرانی نمی‌مانند.

(کلیسای ایرانی) مکان خوبی برای شروع سفر روحانی آنها بود، اما بعد از مدتی دیگر برای‌شان کفایت نمی‌کرد و مشتاق چیزهای دیگری بودند. کمی بعد می‌خواستند به کلیسای مختلط‌تری بروند و جایی برای خود پیدا کنند...شاید به جلسۀ مطالعۀ کتاب‌مقدس فارسی‌زبان پنجشنبه شب‌ها بروند تا رابطه‌شان را حفظ کنند و در جلسۀ دعا شرکت کنند. اما می‌خواستند با کل بدن مسیح در پرستش شریک شوند.

سوال کردم آیا آن خانم جوان می‌خواهد به نکتۀ مهمی از تجربه‌اش در کلیسای ایرانی اشاره کند:

به نظرم آنها به چیزهایی که می‌دانند چسبیده‌اند و تلاشی برای بسط و گسترش آن نمی‌کنند. جایی می‌رسد که شما هم هرچه آنها می‌دانند، می‌دانید و نمی‌توانید مطلب دیگری یاد بگیرید. بسط و گسترش آگاهی، تحقیق دربارۀ مطالب مورد بحث و جدل خوب است تا بتوانید با مردم درباره‌شان صحبت کنید و جواب سوالات‌تان را بگیرید. مثلا در کلیساها به طور کلی، اما مخصوصا در کلیسای ایرانی «نفرت از هم‌جنس‌گرایی» به نظرم خیلی زیاد است. این مسئله‌ای است که باید حل شود. ما در جهانی زندگی می‌کنیم که این مسائل جسمی قلمداد می‌شود؛ کلیسا باید راهی برای صحبت با بچه‌ها و بزرگسالان در این مورد پیدا کند.

بعضی از اعضای کلیسای ایرانی به دنبال راهکاری برای جذب نسل جوان‌تر هستند:

ما باید برای آینده برنامه‌ریزی کنیم. باید برای نسل دومی‌ها جذاب باشیم...آنها در اینجا بزرگ شده‌اند و گیج مانده‌اند. ایرانی نیستند، انگلیسی هم نیستند. همان وسط

مانده‌اند. نسل دومی‌ها بدون رهبری خوب از دست می‌روند.

نظریات همهٔ نسل دومی‌ها منفی نیست. «به عنوان یک نسل دومی، (کلیسای ایرانی) نقطهٔ ارتباط من با ایران است...آنجا و آن جماعت را خیلی دوست دارم».

دیدگاه نسل یک و نیم یا نسل دوم برای درک نظر نسل جوان نسبت به کلیسا حائز اهمیت است. شکاف میان نسل‌های اول و دوم که دنیای آنها با هم تفاوت دارد از این نظر تشدید می‌شود که نسل اول با تاریخ ایران زندگی می‌کند و نسل دوم چشم به آینده در غرب دارد. از لحاظ روحانی، به نظر می‌رسد کلیسای ایرانی توانایی رسیدگی به نیازهای نوظهور نسل دومی‌ها را ندارد. از لحاظ اجتماعی، تعداد کمی از جوانان ایرانی به بودن در کنار دوستان ایرانی‌شان علاقه نشان می‌دهند. زبان نیز موضوع قابل توجهی است زیرا رشد شناختی در نظام آموزشی به زبان انگلیسی است، نه فارسی. نسل دومی‌ها ناهماهنگی موجود در روابط بین‌فردی را که با عدم بخشش و توبه نمود می‌یابد، چسبیدن به گذشته، و عدم توانایی در حرکت رو به جلو را بسیار نومیدکننده می‌دانند. انگیزهٔ نسل دومی‌ها از بیان نظریات‌شان انتقاد کردن نبوده، بلکه می‌خواستند در کمک به کلیسای ایرانی برای ارتباط یافتن با نسل بعدی که در غرب بزرگ می‌شوند، راهگشا باشند.

خلاصه‌ای از تجربهٔ پیش‌زمینهٔ کلیسا

اولین برداشت ایرانیان از کلیسا، اعم از کلیساهای بومی یا فارسی‌زبان، به طور کلی بسیار مثبت است. برای شرکت‌کنندگان جدید، کلیسا مکان آرامش و بسیار جذاب به نظر می‌رسد. برای بسیاری از کسانی که کلیسا را با اصطلاحات خانوادگی و وابستگی احساسی‌شان با اعضا توصیف می‌کردند،کلیسا تبدیل به جانشینی برای خانواده می‌شود. اما تاریخچهٔ این کلیسا آنقدرها هم پاک و بی‌آلایش نیست. اغلب کلیساهای فارسی زبان با تعداد شرکت‌کنندگان بین بیست و پنج تا سی نفر، کوچک باقی می‌مانند، و دست‌کم یک یا چند جدایی و تقسیم شدن را تجربه کرده‌اند که کلیسای‌شان را شکننده کرده است. محور بزرگترین نقاط قوت کلیسای ایرانیان، پرستش پراحساس آنها، مهمان‌نوازی سخاوتمندانه و مشارکت غنی‌شان است که بارها در طول هفته تکرار می‌شود.

اما بزرگترین نقاط ضعف ایشان انعکاس‌دهندهٔ تاریخچهٔ نسبتا کوتاه آنهاست. رهبری بالغ، تعلیم و بلوغ اعضا، و همچنین کشمکش‌های موجود در روابط بین فردی در میان نقاط ضعف ایشان باقی مانده است. ماهیت ناپایدار و گذرای کسانی که تازه از راه رسیده‌اند، در میزان تغییر و تحولات زیاد کلیساها انعکاس می‌یابد. عمق روحانی و بلوغ کلیسای بومی برای ایرانیانی که فراتر از رهبری کلیسای‌شان رشد کرده‌اند، جذاب است، اما تفاوت‌های فرهنگی گیج کننده‌اند. بسیاری از نسل دومی‌ها شکافی فرهنگی را تجربه می‌کنند چون بیشتر از نسل سالمندترشان که همچنان به یاد موطن خود هستند، در دنیای کشور میزبان وقت می‌گذرانند. نسل دومی‌ها بسیار مشتاقند که کلیسای فارسی‌زبان از دور بستهٔ تنش‌های احساسیِ هفتگی بیرون بیاید و بالغ شود و تبدیل به کلیسایی گردد که با دیدی وسیع‌تر از کلیسای قومی امروزی، آینده‌نگر باشد.

فصل چهارم

کوله‌بار فرهنگی

در زندگی همهٔ ما، لایه‌های مختلف و اصول و عُرف‌هایی وجود دارد که به آنها تعلق خاطر داریم. من لایه‌های مورد نظر را به پنج حیطهٔ اصلی تقسیم‌بندی می‌کنم. اول، بُعدی که منحصرا فردی است. این حیطه را خصوصیات احساسی/رفتاری/فکری و فردی نامگذاری می‌کنم که تشکیل‌دهندهٔ بخشی از واکنش‌های اصلی هر شخص است. دوم، بعد میان‌فردی که بیانگر روابط متقابل افراد با همدیگر است. سومین حیطه، بُعد فامیلی است که چگونگی تاثیر ازدواج، روابط خانوادگی، و روابط فامیلی را بر هر فرد و نیز بر تجربهٔ کلیسا نشان می‌دهد. چهارمین حیطه، بررسی قدرت است زیرا که در کلیساها و زندگی ما کاملا تنیده شده است. در آخر، دین را مورد بررسی قرار می‌دهیم که نه تنها تشکیل‌دهندهٔ آموزه‌ها و اعتقادات فرد یا کلیساست، بلکه با قدرتمندی تمام، ارزش‌ها، سنت‌ها و فرهنگ مردم را شکل می‌دهد.

بعد فردی، شامل تحلیل روانشناسانهٔ ایمانداران مسلمان‌زاده نمی‌شود. در عوض، بیش از هر چیز به دنبال بررسی، تشریح و جستجوی ماهیت کشمکش‌ها و مجادلات، و نیز آزمودن عواملی بوده‌ام که منجر به تنش‌های میان کلیسای نوبنیاد مسیحیان

ایرانی می‌گردد. بنابراین، می‌خواستم بدانم چه مقدار از واکنش‌های موجود در متن کلیسا، برخاسته از صافی‌ها/واکنش‌ها/ادراک خود افراد بوده که آنها را به وسیلهٔ حسادت، صداقت، شرم و آبرو، اعتماد و ترس، قضا و قدر، و حد و مرزهایی ابراز می‌کنند که بر ایرانیان تاثیرگذار است.

قوانین/حدومرزها/آزادی

نخستین دسته از پرسش‌ها برای تعیین این موضوع بود که آیا آزادی غربی می‌تواند برای کلیسای ایرانیان در غربت مشکل‌زا باشد؟ بسیاری دربارهٔ قوانین، حد و مرزها و آزادی، و سردرگمی بعضی از ایرانیان در شناخت و زندگی جدید مسیحی‌شان صحبت می‌کردند. این بخش مبیّن مشکل وسیع‌تر قوانین و حد و مرزها به عنوان حیطه‌ای قابل بررسی در تجربهٔ کلیسای ایرانیان بود.[95]

پیش‌زمینهٔ حد و مرزها

در جوامع خاورمیانه، حد و مرزها عنصری مهم به شمار می‌آیند. برای درک بهتر واکنش ایرانیان و سایر مردم خاورمیانه در کلیسا باید دو جنبه از حد و مرزها را مورد توجه قرار داد. اول، از دید خاورمیانه‌ای‌ها هنگامی که هر فردی پایش را فراتر از حدومرزهای تعیین شده بگذارد، نه تنها خودش، بلکه جامعه، ملت و حتی دین خود را نیز دچار آشفتگی می‌کند. به گفتهٔ فاطمه مِرنیسی (Fatema Mernissi)، جامعه‌شناس مراکشی، بنیاد جوامع اسلامی از قرن هشتم به بعد بر حدود (محدودیت‌ها) یا مرزها استوار شده است. او استدلال می‌کند که در ذهن جمع‌گرای فرد مسلمان، جامعه دور مرزها، دیوارها و جدایی‌ها ساخته شده است. مرزها به منظور دفاع به وجود آمده‌اند تا جداسازی کنند و بر تفاوت‌های موجود میان جامعه مسلط گردند و همچنین سازمان‌یافتگی جامعهٔ مسلمان را حفظ نمایند.[96] اغلب اوقات این جهان‌بینی وارد کلیسای ایمانداران مسلمان‌زاده می‌شود و خود را با محدودیت‌ها و امر و نهی‌ها متجلی می‌سازد. دوم، ویلسون (Wilson) دربارهٔ خانواده‌های ناسالم، چنین می‌نویسد که افراد آموزش می‌یابند تا نسبت به تعرض به مرزهای شخصی‌شان حساسیتی نشان

ندهند. گرایش به سوی «تفکر و زندگی افراطی است، ما وابستگی بیش از حدمان را با بی‌حد و مرز بودن یا مرزهایی به بلندی قلعه نشان می‌دهیم».[۹۷] به کسانی که از کشورهایی با رژیم حکومتی بسیار ستمگر و عملکردی مانند خانواده‌های ناسالم می‌آیند، آموخته‌اند که نسبت به تعرضاتی که به مرزهای شخصی‌شان می‌شود بی‌حس بمانند و در کلیساها ایشان یا نسبت به هر حد و مرزی بیش از حد واکنش نشان می‌دهند یا مرزهایی بلند مانند قلعه به دور خود می‌سازند. ایمان به آزادی مسیحی که در آن حدود و مرزهای ظالمانه برداشته می‌شود، باعث سردرگمی می‌شود، بنا بر اظهار کرافت (Kraft): «این از دست دادن ساختارها تا اندازه‌ای منجر به ناهنجاری می‌شود».[۹۸]

به نظر می‌رسد برای ایرانیان تازه از راه رسیده تفاوت میان قوانین و کنترل در میان جماعت ایرانی روشن و واضح نیست. «در ایران، حدومرزها بر انسان تحمیل می‌شد. به خاطر فشار همیشگی‌ای که بر ما بود، آدم‌های خوبی بودیم». اکنون مسیحیان ایرانی از زیر آن کنترل و تسلط بیرون آمده‌اند، و بعضی به خاطر آزادی‌ای که تجربه می‌کنند، عیسی را به فراموشی می‌سپارند. خانمی ناراحتی‌اش را اینطور ابرازکرد: «آزادی، آزاد بودن است، نه اینکه هرکاری خواستی، انجام بدهی». او در ادامه گفت بعضی از افرادی که به کلیسای آنها می‌آیند آزادی می‌خواهند، «اما نمی‌دانند آزادی چیست».

سردرگمی درمیان قوانین و معیارهای زندگی مسیحی منجر به مسائلی مانند: بی‌بندوباری در عادات جنسی، الکل، مواد مخدر، هرزه‌نگاری، موسیقی بی‌بندوبار، و لباس پوشیدن نامناسب می‌شود. بدون قوانین روشنی در مورد احترام، طرز لباس پوشیدن، و دوستیابی به سبک غربی، مسیحیان ایماندار مسلمان‌زاده به حال خود واگذاشته می‌شوند تا هدایت احساسات و هورمون‌های‌شان را به دست گیرند. بازسازی حد و مرزهایی که باید در کلیسا رعایت کرد، موجب تنش و ناهماهنگی می‌شود. بعضی شبانان بی‌اندازه سختگیرند و مانند گشت ارشاد عمل می‌کنند.[۹۹] یکی از دلایل ترک کلیسا، این احساس است که رهبری شبان به طور نامناسبی در تعیین حدو مرزها سختگیرانه است. «اغلب اوقات موضوع مربوط به قوانین شبان بود. همه به طور محرمانه با شبان صحبت می‌کردند، و بعد شبان تصمیم می‌گرفت که چه باید کرد. به همین دلیل اغلب، وقتی تعداد اعضای کلیسا به پنجاه تا

هشتاد نفر می‌رسد، جدایی و شقاق به وجود می‌آید. هیچ قانونی غیر از تصمیمات شبان وجود ندارد».

این سردرگمی بر سر حد و مرزها را در روابط متقابل میان ایمانداران مسلمان‌زاده می‌توان یافت. نوعی ناپختگی در روابط میان افراد در کلیسا وجود دارد. بعضی‌ها وقتی به مسیح ایمان می‌آورند، باور دارند که باید همهٔ گناهان گذشته‌شان را بی‌پرده با دیگران در میان بگذارند. هیچ نوع تجربه‌ای از خردمندانه در میان گذاشتن این موضوعات با افراد قابل اعتماد یا چگونگی تعیین حد و مرزهای مناسب ندارند. افراد زیادی اظهار می‌کردند که در میان گذاشتن اطلاعات محرمانه یا در دعا یا ابراز مشکلات موجود به عنوان درخواست دعا یا در موعظات باعث تقویت شایعات و غیبت می‌شود. این امر باز می‌گردد به آموختن ایجاد حدومرزهای مناسب به جای در میان گذاشتن هر موضوعی بدون رعایت قواعد مرسوم. «ایرانیان هیچ حد و مرزی نمی‌شناسند... ما در ابراز احساسات‌مان حتی به کسانی که فقط دو بار دیده‌ایم عجله می‌کنیم. بعضی‌ها حد خودشان را نمی‌شناسند».

بخشی از این سردرگمی بر سر حد و مرزها می‌تواند به دلیل واکنش بیش از اندازهٔ غریزی به حد و مرزها باشد، چون یادآور گذشتهٔ همراه با کنترل ظالمانه‌ای است که این افراد از آن فرار کرده‌اند . «بیشتر مربوط به واکنش آنها در برخورد با شریعت‌گرایی است، که مشخصا در کلیسای قبلی‌شان که خیلی زیاد شریعت‌گرا بود، انجام می‌شد. این شریعت‌گرایی مردم را به بند می‌کشید و آنها واقعا حس می‌کردند زیر بار سنگینی گیر افتاده‌اند».

وقتی شبان به اندازهٔ کافی سختگیری نمی‌کند، نداشتن حد و مرز نیز باعث نگرانی می‌شود.[۱۰۰] نتیجهٔنداشتن حد و مرز آن است که تعدادی از اعضا که حس می‌کنند هرج و مرج برقرار شده، می‌کوشند تا نظمی به اوضاع بدهند. به طور قابل پیش‌بینی، شبان در این وضعیت «آدم خوب» قلمداد می‌شود و کسانی که می‌خواهند نظمی به اوضاع بدهند، «آدم بدها»به نظر می‌آیند. «حس می‌کردم پلیسی هستم که پشت سر هم او را می‌زنند. پس به همین دلیل، در آن کلیسا همراه با چند نفر دیگر، به عنوان آدم‌های بد به ما نگاه می‌کردند. اعضا روی خوشی به ما نشان نمی‌دادند. پنج یا شش سال در آنجا بودم». اما وقتی این افراد به کلیسای دیگری که حدو مرزهای مشخصی

دارد، می‌روند، می‌گویند: «می‌توانستم راحت بنشینم و از جلسات لذت ببرم و خدمت کنم، بدون اینکه نگران رفتار دیگران یا رفع کشمکش و مجادله‌ای باشم. لزومی به نگرانی نبود. می‌توانستم یک عضو کلیسا باشم، خدمت کنم، و تغذیه شوم». در مقابل، بعضی حس می‌کنند کلیساهای دیگر بیش از حد سختگیرند، چون به آنها اجازهٔ انجام رفتارهایی که در کلیسای قبلی‌شان به آنها عادت کرده بودند، داده نمی‌شود.

قرار دادن حد و مرزها مخصوصا برای ایمانداران مسلمان‌زاده‌ای که از شرایط زیر سلطه بودن آمده‌اند، دشوار است و یکی از مؤلفه‌های ایجاد ناهماهنگی در کلیسای این ایمانداران محسوب می‌شود. نتیجهٔ حد و مرزهای نامناسب و سختگیرانه، نوعی شریعت‌گرایی ظالمانه است که تجربهٔ ظلم و ستم گذشته را منعکس می‌سازد. صدمهٔ احساسی که ایمانداران مسلمان‌زاده در گذشته از آن رنج برده‌اند، واکنشی افراطی نسبت به هرگونه حد و مرز به وجود می‌آورد، چه آن حد و مرز سختگیرانه باشد چه بیش از حد سهل‌انگارانه. سردرگمی در قرار دادن حد و مرزهای مناسب در کلیسا می‌تواند منجر به درگیری‌های غیرقابل کنترل و تفسیر اشتباه روحانیت واقعی شود، و تنشی تأسف‌بار میان رهبری منفعل و کسی که مانند پلیس همهٔ اعضا را تحت نظر دارد، ایجاد می‌کند. کتاب محدودیت‌های سازندهٔ کلاود و تانسن (Cloud and Townsend)[۱۰۱] منبع بسیار خوبی برای توصیف حد و مرزها، حل مشکلات مربوط به آن و ایجاد حد و مرزهای سالم است. در استفاده از فهرست عناوین کتاب کلاود و تانسن: «حد و مرزها به ما کمک می‌کنند تا خوب را در داخل و بد را در بیرون نگاه داریم» (۱۹۹۲، صفحهٔ ۳۳). حد و مرزها مانند پرچین هستند، نه دیوار. باید دروازه‌ای در این پرچین‌ها برای بیرون نگاه داشتن بدی و باز کردن راه برای آمدن خوبی به داخل تعبیه شود. دروازه بسته می‌شود تا بدی بیرون بماند. حد و مرزها برای تسلط بر افراد مورد استفاده قرار نمی‌گیرند. کسانی که از فرهنگ‌های سوءاستفاده‌گر می‌آیند، اغلب نسبت به حد و مرزها دچار سردرگمی می‌شوند، مخصوصا وقتی حد و مرزهای سالم از سطح دولت تا سطح روابط شخصی مورد تخطی قرار گرفته باشد. یک جنبه از زندگی مسیحی، آموختن آن است که ما در وقت نیاز حد و مرز قرار نمی‌دهیم (مثلا در نه گفتن به کنترل، فشار، دستورات یا گاهی نیازهای دیگران که بر ما تحمیل می‌شود)، یا حد و مرزها را در جایی که نباید اعمال می‌کنیم (مثلا با نه گفتن یا

اجتناب از خوبی). وقتی از فرهنگی می‌آییم که نه گفتن شرم‌آور است، ارزیابی ایجاد حد و مرزها به طور خاص مشکل می‌شود. ما در جهانی مملو از سلطه‌گران متخاصم (که گوش‌شان به حد و مرزهای دیگران بدهکار نیست) و سلطه‌گران فریب‌کار (که می‌کوشند مردم را بیرون از حد و مرزهای‌شان بکشند) زندگی می‌کنیم. این فشارها در کلیسا و در فرهنگ به چشم می‌خورد. در فصل ۹ با تفصیل بیشتری به چگونگی برقراری حد و مرزهای سالم خواهم پرداخت.

صداقت/دروغگویی/کذب

فرهنگ ترس و بی‌اعتمادی در میان ایمانداران مسلمان‌زاده یک بیماری همه‌گیر بومی است. جواد لاریجانی، یکی از اعضای محافظه‌کار مجلس ایران گفته است: «رازداری حتی اگر مجبور به مغلطه شوید، نشانهٔ بلوغ است. این حکمتی ایرانی است. لزومی ندارد که آرمان‌گرا باشیم. همه دروغ می‌گویند. بیایید دروغ‌گویان خوبی باشیم.»[۱۰۲]

دروغگویی در جهان‌بینی گناه و بی‌گناهی همواره خطا محسوب می‌شود. در یک جامعهٔ مبتنی بر شرم، دروغگویی برای محافظت از آبروی قبیله یا ملت قابل قبول است. دروغ‌های خودخواهانه شرم‌آورند. ضرب‌المثلی عربی می‌گوید: «دوسوم شرم و بی‌آبرویی پنهان مخفی، بخشودنی است».[۱۰۳]

دروغگویی چنان در جامعهٔ ایرانی پیش‌پاافتاده قلمداد می‌شود که موجب نگرانی عمومی دائمی است.[۱۰۴] بسیاری به کاربرد تقیه، یا دورویی، که موضع اقلیت شیعه در اسلام، خصوصا در دورهٔ خلفای عباسی بود، به عنوان یک بیماری همه‌گیر جمعی اشاره می‌کنند.[۱۰۵] ضرب‌المثلی فارسی این طرز فکر را به تصویر می‌کشد: «طلا، مقصد، و آیینت را پنهان کن».[۱۰۶] فوربیس (Forbis) اظهار می‌دارد که بخش بزرگی از ادبیات ایرانیان در توصیف ارزش‌های «ناراستی و اَشکال دیگر آن از جمله: فریبکاری، تقلب، تظاهر، مکر، دورویی، رذالت، شیادی، کذب و فساد» در آثاری همچون ماجراهای حاجی بابا اصفهانی آمده است.[۱۰۷]

بَرتَل (Bar-Tal)، پروفسور اسرائیلی در تحقیق دربارهٔ آموزش و پرورش کودکان، به دو نوع واکنش ترس اشاره می‌کند که عبارتند از: نتیجهٔ ایما و اشارات، که مستقیما دلالت بر تهدید و خطر دارد، و محرک‌های شرطی که در ماهیت خود تهدیدکننده

نیستند.۱۰۸ برتل نشان می‌دهد که ترس در حافظه ذخیره می‌شود و بر تفکر تسلط می‌یابد. تجربهٔ طولانی مدت ترس موجب دست بالا گرفتن خطرات و تهدیدات می‌گردد. تحقیق او نشانگر گرایش «به پایبندی به شرایط شناخته شده و اجتناب از ریسک، شرایط نامعلوم، و وضعیت‌های جدید است؛ می‌تواند موجب انجماد شناختی شود که مانع پذیرش ایده‌های جدید می‌گردد».۱۰۹ او همچنین عنوان می‌کند که ممکن است جوامع نوعی جهت‌گیری عاطفی جمعی را در خود بپرورند. سرسختی در مجادله می‌تواند بر جهت‌گیری ترس جمعی تفوق یابد و در طول زمان در حافظهٔ جمعی نقشی ثابت پیدا کند. ترس معمولا واگیردار است.

جامعه‌ای که به واسطهٔ ترس بیش از حد حساس شده است، گرایش به تفسیر اشتباه از ایما و اشارات و اطلاعات به عنوان تهدید و خطر دارد، و در جستجوی کوچک‌ترین نشانه در این راستاست، حتی در شرایطی که آن نشانه همراه با نیات خوبی بوده باشد. ترس همچنین باعث بدگمانی شدید و مشروعیت‌زدایی از دشمن به دلیل اعمال پرگزند و تهدیدآمیز او می‌شود.۱۱۰

به نظر می‌رسد فرهنگ ترس و بی‌اعتمادی که یکی از دلایل اصلی ناهماهنگی و کشمکش به شمار می‌رود در مشارکت‌های ایرانی بسیار متداول است. پاتای (Patai)، مردم‌شناس فرهنگی یهودی‌تبار، بیان می‌کند که ناسازگاری و اختلاف در جهان عرب همواره از دوران پیش از اسلام وجود داشته است. با کوچک‌ترین اشارهٔ تحریک‌آمیزی، فحش و تهدید فوران می‌کند، و به سادگی تبدیل به خشونت فیزیکی می‌شود.

شرایط پیچیده است به خاطر این واقعیت که «وحدت» صرفا به عنوان یک آرمان بسیار انتزاعی و دور از دسترس قلمداد می‌شود، در حالیکه نزاع و کشمکش، پیشینه و شالودهٔ تاریخی خود را در فضایل باستانی اعراب از جمله در مردانگی، سلطه‌جویی، شجاعت، پهلوانی، دلاوری و انتقام‌جویی دارد که توسط شعرا بیش از سیزده قرن است که مورد ستایش و مدح قرار گرفته و در ذهن هشیار اعراب نقش بسته و زمینه را برای جنگ و نزاع مهیا کرده است- هرچند اعراب به اتحاد و برادری میان خود ایمان دارند.۱۱۱

دُنا هیکس (Donna Hicks) دانش‌پژوه، در نقل قول ازهربرت کِلمَن (Herbert

Kelman) به یکی از ابعاد درگیری‌های قومی طولانی مدت اشاره می‌کند:

تهدیدهایی که هویت را نشانه می‌گیرند، به وجود آورندۀ نوعی نگرش بُرد یا باخت از کشمکش و مجادله می‌شوند، که در آن موجودیت هر طرف، گویی به طور جدایی‌ناپذیری به ضدیت با طرف مقابل مرتبط است. تصدیق هویت طرف مقابل به عنوان تخریب خود قلمداد می‌شود، گویی به رسمیت شناختن تجارب طرف مقابل به طور بنیادی تفسیر خودی‌ها را از تاریخ، منازعات، و مسئولیتی که درقبال حقایق مشترک گذشته، حال و آینده دارند، زیر سوال می‌برد.[۱۱۲]

عناوین صداقت، دروغگویی و کذب، در پس پردۀ خود: اجتناب از ریسک، تردید و شرایط نو و بدیع را دارند. علاوه بر این، دُنا هیکس بر این نکته تاکید می‌کند که تحمل و مدارا نسبت به تردید و دودلی، روشی برای اندازه‌گیری خودمحوری است. «هرقدر کسی به باورهایش محکم‌تر بچسبد، خصوصا وقتی شواهدی مبنی بر باطل بودن آن وجود داشته باشد، درک وی از جهان خودمحورانه‌تر (مبتنی بر نگرش خود فرد) خواهد بود».[۱۱۳] ایران در محدودۀ پایین‌تر نمونه‌برداری جهانی از قاطعیت قرار دارد. «یعنی، ایرانیان در روابط اجتماعی کمتر تهاجمی و پرخاشگر هستند.»[۱۱۴] وقتی شخصی در گذشته‌اش مورد تهدیدات آسیب‌زننده‌ای قرار گرفته باشد، حساسیت‌های بیش از حدی پیدا می‌کند. هیکس معتقد است که تلاش برای تثبیت اعتقادات اساسی، باعث رکود و خاموشی در روند جذب/تطابق با محیط می‌شود. این موضوع منجر به «سخت و بسیار مقاوم شدن در برابر تغییر، از بین رفتن پیچیدگی، افزایش اطمینان ما از ارزیابی‌مان از «حق»، و از بین رفتن احساس دودلی نسبت به آنچه «می‌دانیم»می‌گردد» (هیکس ۲۰۰۱، ۱۳۷). او مکانیزم دفاعی حفاظت از خود و نابود کردن طرف مقابل را به عنوان کینه‌توزی و تهدید خشونت‌بار دیگری توصیف می‌کند. مکانیسم بقا در برابر دریافت تهدیدات آسیب‌زننده و تحقیرآمیز شامل این موارد است: (۱) بسته شدن فرآیند یادگیری؛ (۲) یقین به باورهای شخصی سخت و محکم می‌شود؛ (۳) نیاز به ملامت دیگری یا شانه خالی کردن از مسئولیت؛ (۴) عدم موفقیت در تعامل اجتماعی به واسطۀ عقب‌نشینی؛ (۵) ناتوانی در اعتماد کردن؛ و (۶) انتقام‌جویی به عنوان مکانیسم بقا.[۱۱۵]

ابولُغُد (Abu-Lughod)، مردم‌شناس، به الگوی قابل توجهی در جامعۀ بادیه‌نشین

اشاره می کند که در مواقع تلفات و ضایعات، افراد با عصبانیت، ملامت، و یا انکار نگرانی (تظاهر به بی‌خیالی) با آن مواجه می‌شوند.[۱۱۶] الگوی رفتاری ملامت دیگران عصبانیت را متمرکز می‌سازد و واکنشی است که در اوایل زندگی می‌آموزیم.[۱۱۷] ابولقد معتقد است که:

افراد با واکنش به تلفات و ضایعات با عصبانیت، ملامت یا انکار نگرانی، هم زندگی آبرومندانه‌شان را حفظ می‌کنند و هم به وسیلهٔ نمایشی اغراق‌آمیز مدعی احترامی می‌شوند که افراد آبرومند مستحق آن هستند. مردم با اینگونه واکنش‌ها تجربهٔ درماندگی، آسیب‌پذیری، منفعل بودن، یا ضعف خود را نفی می‌کنند و تصویری از قوت و استقلال بر خود می‌گیرند.[۱۱۸]

هیکس اعتقاد دارد که:

تهدیدهایی که طرفین مخاصمه تجربه می‌کنند، نه تنها به عنوان تهدید هویت آنها، یعنی مجموعهٔ باورهایی که آنها نسبت به موجودیت‌شان دارند قلمداد می‌شود، بلکه به طور گسترده‌تر تهدید روشی محسوب می‌شود که ما به وسیلهٔ آن انسجام و ثبات‌مان را حفظ می‌کنیم. بدین طریق، تهدید مورد نظر نه تنها چالشی برای باورهای ما نسبت به خودمان (هویت‌مان) است، بلکه چگونگی رسیدن‌مان به آن باورها و نیز چگونگی استفاده نهایی‌مان از آن باورها به عنوان مکانیسم‌های تثبیت‌کننده که به ما اجازهٔ عمل کردن در جهان را می‌دهد نیز به چالش می‌کشد.[۱۱۹]

سیولینو (Sciolino)، گزارشگر بین‌المللی، به طور مبسوط تشریح می‌کند که در جامعهٔ ایرانی، «دروغ، احساس ضرورت برای درهم کوبیدن نظام به نام آزادی، ناامنی ناشی از ندانستن آنکه چه وقت دولت ممکن است برای حریم خصوصی افراد مزاحمت ایجاد کند، همگی موجب خشم و عصبانیت ایشان می‌شود. احساسی که ظاهرا ابراز نمی‌شود، اما ممکن است به طور غیرقابل منتظره‌ای منفجر شود».[۱۲۰] ایرانیان پناهنده یا در تبعید از این آگاهی جمعی می‌آیند.

درگیرودار رسیدگی به موضوع روابط بین فردی در کلیسای ایمانداران مسلمان‌زاده، حین بحث دربارهٔ صداقت و اعتماد، مورد دروغگویی به طور خود به خود پیش کشیده شد. بیست و دو نفر یا ۴۴ درصد از پاسخگویان جنبه‌ای از دروغگویی را به تفصیل شرح دادند. صداقت و دروغگویی دو منشأ ناهماهنگی در کلیسای ایرانی محسوب می‌شوند. شخصی اینطور می‌گفت: «ما به هم اعتماد نداریم. من صددرصد از این

موضوع مطمئن هستم».

بسیاری به این نکته اشاره می‌کنند که در همهٔ حوزه‌های زندگی به ایرانیان دروغ گفته‌اند. دولت ایران به طور مشخص به عنوان دروغگو معرفی می‌شود، و نتیجه اینکه ایرانیان به طور کلی به هیچکس اعتماد ندارند. احساس اصلی این است که دروغگویی در تاروپود ایرانیان تنیده شده است. به گفتهٔ این آقا باید اسلام را به خاطر فرهنگ دروغگویی ملامت کرد:

کوله‌باری همراه با زمینهٔ مسلمان بودن می‌آید، که به طور خاص با موضوع عدم صداقت ارتباط دارد. عدم صداقت چیز بزرگی نیست، اگر به یک نامسلمان دروغ بگویی، حتی خوب هم هست. این کوله‌بار همراه ایماندار مسلمان‌زاده است و باید مراقبش بود.

شخص دیگری اینطور می‌گوید: «غیبت و دروغگویی جنبه‌های بدتر مسلمانان هستند». بسیاری به دروغگویی به عنوان بخشی از زمینه و فرهنگ‌شان اشاره می‌کردند.

دروغگویی در میان ایرانیان عجیب و غریب نیست، نه، ما این مشکل را پانزده قرن است که داریم. اسلام هر روز در میانهٔ زندگی‌مان بود. به همین دلیل اینطور هستیم. فکر می‌کنم وقت می‌برد تا بهتر از اینکه هستیم بشویم.

دلایل زیادی برای دروغگویی ارائه شد. دروغگویی برای بقاست. دروغگویی، تقلب، و سوءاستفاده از دیگران و ایده‌های‌شان نشانگر «زرنگی» شخص است. این طرز رفتار به خاطر فقدان راستی مذموم شناخته می‌شد.

ایجاد اعتماد می‌تواند دشوار باشد خصوصا هنگامی که دیوار اعتماد در چند سطح شکسته شده است. «مشکلاتی که با... بدگمانی نسبت به همدیگر داشتیم خیلی بزرگ بود چه از لحاظ شخصیت، چه راستی و درستی و چه انگیزه‌ها». دولت ایران با به وجود آوردن فرهنگ بی‌اعتمادی از طریق استخدام جاسوس، و حتی جاسوس‌هایی که در غربت هم به دنبال ایرانیان می‌آیند، مشکل را پیچیده‌تر هم کرده است.

مفهوم ایرانی تعارف بارها به عنوان نمونه‌ای از دروغ مزمن در جامعهٔ ایرانی مورد اشاره قرار گرفت. در مصاحبه‌ها، کوشیدم تا مفهومی مثبت به تعارف به عنوان یکی از جنبه‌های فرهنگی نزاکت و ادب ببخشم. بعضی این جنبهٔ مثبت تعارف را قبول

داشتند، مانند: «بعضی تعارف‌ها خیلی هم خوب است. بعضی از تعارف‌ها از روی ادب و نزاکت ادا می‌شوند و نیت خوبی پشت آنهاست... اما وقتی موضوع تعارف در میان است به راحتی می‌توان از خط عبور کرد». ولی اغلب ایرانیانی که با آنها صحبت می‌کردم، تعارف را با دیدگاه منفی فریب، دروغ، و ناراستی می‌نگریستند.

آرزوی بعضی از آنها این است که به محض مسیحی شدن، با الزام روح‌القدس مبنی بر اشتباه بودن دروغگویی، این رفتار را کنار بگذارند. اما نگرش واقع‌گرایانه تصدیق می‌کند که دروغگویی بخشی از زندگی قدیمی آنهاست و به آسانی دگرگون نمی‌شود. به امید اینکه به مرور شدت و وسعت دروغگویی کاهش یابد.

شخصی که نگران نسل دومی‌ها بود اینطور اخطار می‌داد: «نسل دومی‌ها... مشتاق شفافیت و صداقت هستند». او هشدار می‌دهد که اگر کلیسا شفاف و صادق نباشد، «آنها را از دست خواهیم داد؛ جنگ را می‌بازیم و آنها را از دست می‌دهیم».

ایرانیان راستگویی را در فرهنگ غرب تقدیر می‌کنند و از این واقعیت که ایرانیان عموما فاقد این نوع صداقت هستند، تأسف می‌خورند. یک خانم ایرانی ناراحتی‌اش را از این خصوصیت فرهنگی اظهار کرد که مانع روابط صادقانه می‌شود و ضعفی است که نمی‌گذارد مردم به همدیگر کمک کنند، و معتقد بود که کلیساهای غربی با روی بازتری ابراز ضعف را می‌پذیرند.

با این وجود، بعضی با تلاش فراوان، آسیب‌پذیری و شفافیت به سطحی از اعتماد دست یافته‌اند. در این کلیساها، به خاطر دستیابی به اعتماد، رشد عددی دیده می‌شود. «ایرانیان افرادی را که شفاف و صادق هستند، دوست دارند». شبانی تجربه‌اش را از روراستی با اعضای کلیسا اینطور تعریف می‌کرد: ابتدا، افراد احترام زیادی برای او قائل نبودند، اما سطح محبت به خاطر تلاش وی در شفافیت و روراستی، بالا رفت. او حس می‌کند که به مرور اعتماد مردم به او بیشتر شد، چون گفتار و رفتار یکی بود. آینده‌نگری بلندمدت در ایجاد اعتمادسازی به مردم یاری داده تا به او وفادار بمانند.

عدم اعتماد، دروغگویی و کذب، حوزه‌های عمدهٔ ایجاد ناهماهنگی در میان کلیسای ایرانی در غربت هستند. گفته می‌شود کذب و دروغ در تاروپود جامعهٔ ایرانی به دلیل تاثیر مفهوم اسلامی تقیه و مفهوم فارسی تعارف تنیده شده است. دروغگویی بخشی از ذهنیت بقاست. دروغگویی، تقلب، و سوءاستفاده از دیگران حتی هوشمندی

قلمداد می‌شود. نتیجه اینکه اعتماد از بین رفته و ایرانیان بیش از مردم خودشان، به غیرایرانیان اعتماد می‌کنند. جنبهٔ مثبت آن است که ایرانیان مشتاق صداقت هستند و بعضی از آنها به روابط صمیمانه و شفاف در کلیسا دست یافته‌اند. کار دگرگون‌کنندهٔ روح‌القدس، همراه با سرمشق روابط صادقانه و شفاف رهبران مسیحی برای ایجاد روابط مبتنی بر اعتماد در بدن مسیح، زمان می‌برد.

نگرش منفی

در طول روند مصاحبه، بیشتر برای یافتن دلایل و انگیزه‌هایی که ریشهٔ ناهماهنگی هستند، پافشاری کردم. سوال خاصی درمورد نگرش منفی نپرسیدم اما چهار تن یا ۸ درصد از مصاحبه شوندگان اظهار داشتند که نگرش ایرانیان و حتی ایرانیان پراکنده در غرب نسبت به زندگی منفی است.

یک نفر سی و دو یا سی و سه سالِ پس از انقلاب را مقصر می‌داند. او به یاد دارد که پیش از انقلاب، ایرانیان بسیار سخاوتمند و مهمان‌نواز بودند. این ادب و مهربانی عمومی به مرور کاهش یافت، زیرا مردم به خاطر نیازشان مجبور به ساعت‌ها ایستادن در صف برای خرید مایحتاج اصلی زندگی، مثل شیر، گوشت و نان شدند، و حتی شروع به نزاع و درگیری بر سر این مایحتاج کردند. «مردم چند دهه است که با این مسائل دست و پنجه نرم کرده‌اند؛ به نظر من خصوصیت بارز آنها اکنون منفی‌گرایی، ترس، سوءظن، رقابت و نزاع بر سر منابع قلیل تامین معاش‌شان است». به گفتهٔ شخص دیگری، این نگرش منفی در طول مدت تغییر کرده به طوری که کسانی که مدت بیشتری است به غرب آمده‌اند تصدیق می‌کنند آنهایی که به تازگی به غرب می‌آیند با هموطنانی قدیمی‌تر، فرق دارند. یک نفر می‌گفت: «نمی‌توانیم آنها را درک کنیم. آنها خیلی متفاوت هستند».

این نگرش منفی در کلیسا هم نفوذ کرده و مردم به دنبال انگیزه‌های اصلی هرچیز هستند. «من فکر می‌کنم ایرانیان اساسا نسبت به جهان اطرافشان بدگمان هستند، به خاطر سوءظنی که نسبت به کمبود منابع زندگی‌شان داشته‌اند، رقابت، خیانت، غیبت و غیره، سخت است که به دیگران اعتماد کنند». «آنها خیلی منفی‌گرا هستند. (فکر می‌کنند) شما این را می‌دانستید و از روی قصد با آنها مشکل دارید یا

می‌خواهید آبروی‌شان را ببرید».

این بدگمانی، ترس، و ذهنیت بقا راه را بر ارتباط می‌بندد و موجب می‌شود تا رفتار مبتنی بر سازگارترین دیدگاه پیش برود و باقی بماند. باید اطلاعات را پنهان کرد، چون به گفتهٔ یک ایرانی: «جهان ما بسیار خصومت‌بار است، اگر شفاف باشی همه از تو سوءاستفاده خواهند کرد». صداقت و آسیب‌پذیری گزینهٔ مناسبی تلقی نمی‌شود.

بعضی به سال‌ها ظلم انقلاب اسلامی ایران پس از ۱۹۷۹ اشاره می‌کنند که دیدگاه منفی به زندگی را به وجود آورده است. منفی‌بافی، ترس و سوءظن بر ارتباط تاثیر گذاشته و ایرانیان را از بازگو کردن اطلاعات و منابع به هراس انداخته است. مصاحبه‌های انجام شده نشان دادند که نخستین واکنش یک ایرانی در کلیسا نوعا همراه با بدگمانی، و جستجوی انگیزه‌های نهفته است. شرایط رو به زوال جاری در ایران این دیدگاه منفی را تشدید می‌کند و شکاف بزرگتری میان تازه از راه رسیده‌ها و کسانی که مدت بیشتری در غرب سپری کرده‌اند، به وجود می‌آورد.

شرم/آبرو/ غرور

شرم و حیا ارزشی فرهنگی است که عمیقا جوامع اسلامی و شرقی را شکل می‌دهد.[۱۲۱] شاید این موضوع بصیرتی نسبت به واکنش‌های عمومی مصاحبه‌شوندگان در مورد تعامل شخصی در کلیسای ایمانداران مسلمان‌زاده به ما بدهد. بندیکت (Benedict) چنین می‌گوید: «دو نوع فرهنگ کاملا متفاوت در سرتاسر جهان وجود دارد، فرهنگ شرم و فرهنگ تقصیر».[۲۲] رونالد مولر (Roland Muller) فرهنگ سومی را با مشخصات غالب ترس و قدرت در فرهنگ‌های همذات‌گرا معرفی می‌کند.[۱۲۲] در همهٔ جوامع این سه ارزش فرهنگی وجود دارد اما ممکن است تاکید بر یک یا دو عدد از این عناصر بیشتر باشد. فرهنگ‌های شرم حول محور شرم، آبرو و اعتبار می‌چرخد. این فرهنگ پیروی از رسوم و عقاید اجتماعی را تشویق می‌کند و در قبال رفتار خوب افراد، آنها را آشکارا مورد تایید قرار می‌دهد. «تاکید بر حفظ ظاهر و همرنگی باجلوه‌های بیرونی اجتماعی است».[۱۲۳] تخطی از این قوانین خلاف اخلاقیات اجتماعی قلمداد می‌شود و شخص به وسیلهٔ بی‌آبرویی عمومی، انزوا، و طرد شدن از گروه مرجع اجتماعی مجازات می‌شود. پروفسور پَتیسون (Pattison) از دانشگاه بیرمنگام در مقایسه‌ای، فرهنگ

تقصیر را اینطور شرح می‌دهد که در آن فرهنگ فرد دارای حس درونی خطاکاری و وجدان است. مجازات در این فرهنگ قانونی است و ارتباطی با از دست رفتن آبرو و بدنامی کلّی شخص ندارد.

دستیابی به یک درک واحد از شرم غیرممکن است. «رشته‌های زیادی، از ادبیات گرفته تا زیست‌شناسی، روانشناسی، فلسفه، و جامعه‌شناسی در شناخت مفهوم شرم یاری‌دهنده هستند. هیچ روش مشخصی برای درک شرم وجود ندارد زیرا می‌تواند در رشته‌های گوناگون و برای مردم مختلف، مفهومی متفاوت داشته باشد.»[۱۲۴]

تعریف عملی تقصیر اهمیت دارد که «اساسا یک مفهوم قانونی است؛ وقتی از قانون تخلف می‌کنید مقصر هستید...شرم اساسا یک مفهوم شخصی است».[۱۲۵] «شرم به عنوان موضوع میان شخص و جامعهٔ او تعریف می‌شود، درحالیکه تقصیر در درجهٔ اول موضوعی میان شخص و وجدانش است».[۱۲۶] فشاری که برای رفتار آبرومندانه آورده می‌شود، شرم و حیا یا تحریک روانی برای فرار یا اجتناب از قضاوت منفی دیگران است.[۱۲۷]

پَتیسون تمایزی میان شرم شدید و واکنشی که موقتی است، تاثیرات محدودی دارد و به هیچ وجه تماما منفی نیست، با شرم مزمن قائل می‌شود که در طول زمان نفوذش بسط یافته و «می‌تواند سایهٔ دائمی بر زندگی، شخصیت و فردیت شخص پهن کند». [۱۲۸] اما نتیجه‌گیری‌اش چنین است:

«همهٔ تجربیاتی که القا کنندهٔ حس ماندگار پستی، بی‌ارزشی، طردشدگی، ضعف، سرافکندگی، خواستنی‌نبودن، تخلف، بی‌حرمتی، بدنامی، عدم محبت‌پذیری و محرومیت اجتماعی هستند به احتمال زیاد شرم مزمن به وجود می‌آورند... شاید کوچکترین مخرج مشترک در همهٔ عوامل نامبرده شده در اینجا تجربهٔ افراد بشر از بی‌آبرویی، بی‌احترامی یا بی‌شخصیتی باشد».[۱۲۹]

از دید خاورمیانه‌ای‌ها آبرو باید به هر قیمتی حفظ شود، پس همه از شرم دوری می‌کنند. «آبرو حتی مهم‌تر از نفس زندگی است.»[۱۳۰]

«آبرو، ارزشی است که هر فرد از دید خودش، و همچنین از دید جامعه‌اش دارد. او ارزش خودش، یعنی ادعای غرور و سربلندی‌اش را با آن ارزیابی می‌کند، و به نوعی این ادعای تایید برتری‌اش توسط جامعه و حق سربلندی را تشخیص می‌دهد.»[۱۳۱]

در زمینهٔ خاورمیانه، زندگی حول محور آبرو و شرم می‌چرخد. آبرو، حفظ ظاهر، و شرم تاثیر عمیقی بر رفتار دارد. رقابت، حسد، و دشمنی جنبه‌های تاریک نظام ارزشی آبرو و شرم هستند.[۱۳۲]

«مثلا توسل به دروغ و دو پهلو صحبت کردن برای حفظ آبرو قابل توجیه است. اگر موضوع مربوط به حفظ آبروی شخص دیگری باشد، دروغ گفتن وظیفه محسوب می‌شود».[۱۳۳] بدترین کاری که انسان می‌تواند بکند افشای منویات باطنی‌اش با همهٔ خطاها و ضعف‌هایی است که دارد.

اما بالاتر و فراتر از رفتار شخصی، عزت نفس هر فرد وابسته به احترامی است که دیگران برای او قائلند، یعنی برخورد محترمانه‌ای که با او دارند و او حس می‌کند لایق آن برخورد هست. بنابراین، مجموعه رفتارهای هر فرد در درجهٔ اول چنان محاسبه می‌شود که ویژگی‌های شخصیتی‌اش بر دیگران تاثیرگذار باشد، به نوعی که به آنها القا کند تا رفتاری محترمانه با او پیش بگیرند.[۱۳۴]

شرم مزمن را که عواقب منفی طولانی مدتی دارد، می‌توان با چهار واکنش زیر تشریح کرد:

۱. کناره‌گیری. پَتیسون اشاره می‌کند که کناره‌گیری می‌تواند زبانی و فیزیکی یا/و روانی و درونی باشد. مکانیزم دفاعی یک نوع کناره‌گیری کردن برای حفظ امنیت است. واکنش کناره‌گیری اغلب همراه با ترس و اضطراب است که آن را افسردگی تعبیر می‌کنند. مصاحبه‌های من نشانگر این رغبت به کناره‌گیری در کشمکش و مجادله یا تصور مجادله و کشمکش است.

۲. حمله به خود. پَتیسون خاطرنشان می‌کند که واکنش مزمن «حمله به خود» در هنگام احساس شرم می‌تواند مربوط به مازوخیسم ذاتی باشد. «شخص دائمابه دنبال موقعیتی است که قربانی رنج‌دیده باشد؛ درمتن ضمیر ناخودآگاهش اینطور ثبت شده که تا وقتی در موقعیت قربانی قرار بگیری هرگز ناتوان،تنها و مطرود نمی‌شوی».[۱۳۵] او اشاره می‌نماید که روش‌های مورد استفاده در حمله به خود شامل تمسخر خود، کوچک کردن خود

در همهٔ مواقع، و عصبانیت دائمی از خود است. اگر این واکنش در میان کلیسا دیده شود، شخص باید خصومت درونی یا احساسات شرم‌زدگی از مطرود ماندن، ناتوانی، و عدم محبوبیت را کنار بگذارد وگرنه دچار پوچی خواهد شد.

۳. اجتناب. شخص خود را دارای کمبود می‌داند. راهبردهای اجتناب می‌تواند شامل خودبزرگ‌بینی و کمال‌گرایی شود که توجه را از کمبودهای شخص منحرف می‌سازد که خود دربردارندهٔ نمایش بازی و انکار است که گران تمام می‌شود. ممکن است تا حدودی در موفقیت‌های بزرگ در کار و تحصیلات نمود یابد که مخصوصا در آمریکای شمالی، در جماعت ایرانی به چشم می‌خورد. خودفریبی راهکاری دیگر است. پتیسون به نقل قول ازموریسون (Morrison) می‌گوید: «اینها...کسانی هستند که هویت‌شان دروغین است، حسی که از خودشان دارند آنقدر قلابی است که شاید متقلب به نظر بیایند.»[۱۳۶] سایر راهبردهای این واکنش عبارتند از فرار، اغلب به سوی مواد مخدر، و مراقبت از دیگران که به ایشان حس مناعت طبع می‌دهد. تنش میان هویت شبان و زندگی شخصی آنها که با هم ناهمخوانی دارد می‌تواند عاملی برای ناهماهنگی موجود در داخل کلیسا باشد.

۴. حمله به دیگران. کسانی که این نوع واکنش رفتاری را در قبال شرم مزمن دارند ناراحتی‌شان را بیرون می‌ریزند. خشم، اعم از سلطه‌جویی فعال یا منفعل و روابط مسموم. استراژی اصلی آن است که خشمی که نسبت به خود دارند روی یک گوسفند قربانی یا دیگران خالی و آنها را ملامت کنند. این راهی است برای اجتناب، مقابله، و قبول شرمی که در وجود ناراضی‌شان دارند. «در افراد شرم‌زده، خصومت، ملامت، و دشمنی با دیگران می‌تواند در هم بیامیزد. سپس ممکن است مثلا احساسات شدیدا منفی نسبت به چهره‌های مقتدر پیدا کنند».[۱۳۷] او در خاتمه می‌گوید:

این گلچین روش‌های واکنش افراد به شرم، نشان‌دهندهٔ فراگیری و گوناگونی پیامدهای این پدیده است. پیامدهای چشمگیر شرم از خنده گرفته تا نومیدی، از پنهان شدن تا بزرگ‌نمایی، همگی طرز فکر مردم دربارهٔخودشان و دیگران را به نمایش می‌گذارد. این موضوع بر رفتار ایشان نیز تاثیرگذار است. اما باید هشیار باشیم تا همهٔ واکنش‌های دفاعی و اندوهبار انسان را در همه جا به شرم مزمن مربوط نسازیم.[۱۳۸]

اغلب اوقات شرم و حیا را با اخلاقیات مربوط می‌شمارند. شرم مزمن شاید واکنش شدیدی در نظرات سایرین ایجاد کند و موجب شود شخص نسبت به تاثیر برخورد و عملکرد دیگران با خودش بی‌اندازه حساس شود.[۱۳۹] پَتیسون اظهار می‌دارد که یکی از مشکلات عمومی افراد مستعد شرم این است که در روابطشان و در وقایع به طور افراطی خود را دست‌کم یا دست‌بالا بگیرند. «شخص ممکن است به خاطر یک ناراحتی جزئی به اندازه‌ای آزرده شود که از یک اهانت بزرگ ناراحت می‌شود.»[۱۴۰] پتیسون معتقد است که در بُعد اخلاقی، شرم بیش از تقصیر، یک شرط غیراجتماعی بدوی است. حتی می‌گوید: «افراد مبتلا به شرم مزمن پیش-اجتماعی و پیش-اخلاقی هستند». [۱۴۱] اکثر ایرانیانی که با ایشان مصاحبه کردم می‌گفتند: «ایرانیان حساس‌اند.»گویی این حساسیت خود را در «واکنش‌های نمایشی»به همه چیز بروز می‌دهند؛ مثلا اگر آنها تصور کنند شخصی به طور مناسب با آنها سلام و احوال‌پرسی نکرده، می‌رنجند. یک نگاه، یک بالا بردن ابرو، یا لحن صدا همگی نشانه‌های بزرگی در ارتباطات می‌شوند و به راحتی ممکن است بد تعبیر شوند. به نظر می‌رسد که نظریهٔ شرم مزمن به حساسیت شدید نسبت به تخلف‌های انجام شده که معمولا در کلیساهای غربی مورد چشم‌پوشی قرار می‌گیرند، معنا می‌بخشد.

در روند مصاحبه به طور مشخص سوالی دربارهٔ شرم، آبرو و غرور نکردم. اما در مصاحبه‌ها بارها به این عناوین اشاره شد، مثلا در جواب به سوال‌هایی که مربوط به گناه، بخشش و مقابله می‌شد. نوزده پاسخگو یا ۳۸ درصد، به نوعی موضوع شرم، آبرو، و غرور را به میان آوردند و به نظر می‌رسید که همگی این اصطلاحات را به جای هم به کار می‌بردند. این عنصر حسی به عنوان نیروی عملیاتی عمده‌ای در جماعت ایمانداران مسلمان‌زاده محسوب می‌شود و از منابع ناهماهنگی کلیسای ایرانیان در غربت است.

مشخصهٔ فرهنگی آبرو و شرم اغلب اینطور بیان می‌شد: «ایرانیان همیشه مراقبند که همدیگر را محترم بشمارند و کسی را شرمگین نکنند. این خیلی پیچیده است». شرم اینطور تعریف می‌شود: «عدم توانایی برای رسیدن به معیاری که کسی برای شما گذاشته است».

خاورمیانه و آسیا فرهنگ‌های مبتنی بر شرم دارند. اما فرهنگ‌های غربی بر مبنای درست و غلط بودن هستند. برای ما واقعا درست یا غلط بودن اهمیتی ندارد. موضوع این نیست که دربارهٔمن درست فکر کنید یا اشتباه. موضوع مربوط به شرم و آبرو است. نباید عبارت‌های مشخصی را بگویید. اگر آنها را بگویید، من یا خانواده‌ام را شرمگین و خجالت‌زده می‌کنید و اسم من خدشه‌دار می‌شود، پس به آسانی بخشیده نمی‌شوید. نگاه من اینطور است. این موضوع فرهنگی و تاریخی است چون ما فرهنگی مبتنی بر شرم داریم. ما هرکاری برای حفظ آبروی‌مان می‌کنیم. مردم دخترشان را می‌کشند چون دوست پسر داشته، پس شرمگین و خجالت‌زده شده‌اند.

غرور به مفهوم رفتار محکم و بااراده تلقی می‌شود.

باز هم یک جدایی؟ فکر می‌کنم دوباره موضوع غرور باشد، به نظرم در همهٔ مجادلات ریشهٔ غرور در جایی وجود دارد. غرور و غیبت و عدم توانایی برای مذاکره. آمریکایی‌ها گاهی بیشتر حاضر به مذاکره هستند، اما ایرانیان هرگز کوتاه نمی‌آیند. اگر کوتاه بیایند، احساس می‌کنند شکست خورده‌اند و از آنها سوءاستفاده شده است.

فرهنگ ایرانی به خاطر ایجاد ذهنیت بقا ملامت می‌شود که نتیجه‌اش غروری است که دیگران را به حساب نمی‌آورد. گاهی وقتی افراد با گفته‌های دیگران مخالفند، آنها را متهم به غرور می‌کنند. شبانی می‌گفت مردم شکایت دارند که چرا او بیش از اندازه وقت صرف رسیدگی به نیازهای پناهندگان جدید می‌کند و وقت کافی برای رسیدگی به نیازهای اعضای کلیسا ندارد. غرور، خود را در انجام کارهای کلیسایی نشان می‌دهد. «همه می‌خواهند در کلیسا خودی نشان بدهند. فردگرایی (تک‌روی) یک مشکل عمده در کلیساست». غرور به عنوان روشی محسوب می‌شود که توسط آن افراد از آبروی‌شان دفاع می‌کنند.

حفظ آبرو یا نام نیک یک ویژگی مهم محسوب می‌شود. «نام نیک‌شان را محفوظ نگه می‌دارند. آبروی‌شان را حفظ می‌کنند. حتی از اسم کلیسا هم محافظت می‌کنند... نمی‌خواهند به خاطر تعلیم یا روش خدمت و رهبری‌شان مورد انتقاد قرار بگیرند». او در ادامه می‌گوید این محافظت در «فرهنگ ما قوی است، در نتیجه آنها اطلاعات‌شان را پنهان می‌کنند».

در بحث پیش آمده در مورد غرور/آبرو و شرم، پرسیدم آیا آسیب‌پذیری مشکل است؟«بله، درست است؛ شاید به این وسیله آبروی‌تان را از دست بدهید. قسمتی مربوط به آبرو و شرم می‌شود و قسمتی ترس از اینکه علیه خودتان به کار رود».

اگر این اطلاعات را علیه من به کار ببرید، پشت سرم حرف بزنید، اگر دیگران از نقاط منفی من یا خانواده‌ام با خبر شوند چه فکری دربارهٔ من می‌کنند؟ چه فکری خواهند کرد؟ به نظرشان چگونه شخص و چگونه ایمانداری می‌آیم؟ قسمتی از فرهنگ این است که ما دربارهٔ مشکلات‌مان صحبتی نمی‌کنیم چون ممکن است به ما بد نگاه کنند. دربارهٔ چیزهای دیگر بزرگنمایی می‌کنیم تا خودمان خوب به نظر بیاییم، چون اگر خوب به نظر بیایم، مورد احترام قرار می‌گیرم و چیزی به من می‌رسد؛ اگر نه، مرا تحقیر می‌کنند و احترامی به من نمی‌گذارند. دیگر هیچکس نیستم. .

می‌خواستم بدانم خدمت کردن در کلیسا و فرهنگی که در آن واکنش به شرم و آبرو تا این حد رواج دارد، چگونه است. شبانی اینطور درد دل کرد:

آنها باز هم حس می‌کنند آبروی‌شان رفته؛ موضوع مربوط به شرم و آبرو است. اگر کسی کاری کند که آبروی‌تان برود، واقعا می‌رنجید. اگر به عروسی یا یک مهمانی دعوت شوید و جایگاه مناسبی به شما ندهند، ناراحت می‌شوید. به من احترام نگذاشته‌اند و ارزشی برایم قائل نیستند، مرا در برابر دیگران تحقیر کردند. شرم و آبرو ارزش والایی دارد. اگربه عنوان یک شبان مردم را ناراحت کنید، می‌رنجند چون روز یکشنبه باشخصی صحبت می‌کنم و دیگری در آن میان می‌آید و سلام می‌کند. منتمرکز صحبتم هستم وسلام او را نمی‌شنوم یا جواب نمی‌دهم، از من می‌رنجد.

در کلیسای ایرانی یکی از مهم‌ترین ترکیبات احساسی، شرم، آبرو و غرور است. حفظ آبرو و نام، ارزشی است که گویی بر ارزش‌های دیگر تفوق دارد. با ذره‌بین آبرو می‌توان روابط، روش خدمت، و تعامل ایرانیان با یکدیگر را تعریف کرد. ایرانیان

اطلاعاتی به همدیگر نمی‌دهند تا آبروی‌شان را حفظ کنند. کلیساها به خاطر غرور و آبرو تقسیم می‌شوند. نقطه نظر غرور و آبرو بر روش رسیدگی به مجادلات تاثیر می‌گذارد. گوش دادن به طرف مقابل و نظریاتش در یک مجادله به عنوان از دست دادن منزلت و آبروی طرف دیگر تعبیر می‌شود. این مفهوم آبرو آنقدر فراگیر است که حتی اگر کسی حس کند بی‌آبرو شده، مجادله‌ای برپا می‌شود. شرم و حیا وارد خانواده می‌شود و به عنوان وسیله‌ای برای تنبیه بچه‌ها به کار می‌رود. فروتنی ویژگی‌ای است که اکثر ایرانیان حتی در کلیسای در غربت، از آن اجتناب می‌کنند.

فردگرایی

یکی از عناوینی که به عنوان مشکل کلیسا خود را نشان داد، عدم توانایی در کار گروهی بود. فوربیس (Forbis) اظهار می‌کند که تقابل و مجادله در ایران میان افراد است نه طبقات، یا ادیان، یا قبیله‌ها و نژادها. او معتقد است که تاریخ ایران به ما می‌آموزد : «اهمیت بقای هر انسان، در مراقبت شخص از خودش است».[۱۴۲] او اینطور نتیجه‌گیری می‌کند:

این فردگرایِ بیش از اندازه به شکل بی‌علاقگی به همکاری بروز می‌کند. ورزش‌های تیمی در ایران ضعیف است، و قهرمانی‌ها در وزنه‌برداری، کشتی، اسب‌سواری، تنیس، و اسکی به دست می‌آید. در واقع، در زبان فارسی کلمه‌ای برای «تیم»وجود نداشت، و از همان کلمهٔ انگلیسی استفاده می‌شود. جنبهٔ آسیب‌زننده‌تر فردگرایی بیش از اندازه ایجاد حسادت و کینه‌توزی، بهره‌کشی و تحریف حقیقت، رذالت و دورویی است.[۱۴۳]

فوربیس اولویت‌های ذهنی اکثر ایرانیان را به این ترتیب توصیف می‌کند: اول، خود شخص؛ دوم، خانوادهٔ او؛ سوم: ملتش.[۱۴۴] خانم قهرمانی در مقالهٔ یکی بود یکی نبود می‌گوید: «این عبارت که از اوان کودکی در ذهن ما چکش خورده شاید دلیلی است که ما تنهایی را انتخاب می‌کنیم، همیشه«یکی» و نه یک تیم... ما ایرانیان ملتی هستیم که شمارهٔ یک را دوست داریم.»[۱۴۵] در زبان فارسی کسی را که خودسر باشد، «یک‌دنده»می‌خوانند.

جوامع به‌هم پیوسته و خوب سازمان‌یافته به منظور عملکرد بهتر بر اعتماد

بین‌فردی به شدت حساب می‌کنند. جامعهٔ ایرانی به عنوان ملتی از افراد علاقمند به نفع شخصی با کمی رنگ‌مایهٔ بدگمانی توصیف می‌شود.

مُبشِر(Mobasher) چنین استدلال می‌آورد که «اجتماع ایرانیان در تبعید از آسیب هویت عمده‌ای رنج می‌برد و فاقد حس یکپارچهٔ هویت ملی است که ایرانیان را به هم متصل می‌سازد».[۱۴۶] او دیدگاه‌هایش را از نظریهٔ آسیب فرهنگی ۲۰۰۴الکساندر، ایِرمَن (Eyerman)، گایسِن (Giesen)، سِمِسلر (Semseler)، و ستامپکا (-Sztomp ka) برگرفته است. مبشر اظهار می‌دارد: «آسیب و ضربهٔ ناشی از بحران گروگان‌گیری و انقلاب ایران نیروی محرکه‌ای برای تولد و عمومیت یافتن دسته‌ای از برچسب‌های قومی شامل پارسی، پارسی آمریکایی، و ایرانی آمریکایی در میان ایرانیان ایالات متحده شد».[۱۴۷] ناسیونالیست‌های ایرانی به وابستگی‌شان به فرهنگ و میراث پارسی می‌بالند ولی از اینکه با دولت ملی ایران مرتبطند شرمگین و ناراحت هستند. بسیاری حس غرور و سرسپردگی‌شان را نسبت به سنت‌ها و هویت دینی خود از دست داده‌اند.[۱۴۸] تمایل اصلی سازمان‌دهندگان جماعت ایرانی، ترویج بزرگداشت عمومی جشن‌های فرهنگی پارسی و انتقاد یا محکوم کردن شرکت در مراسم اسلامی است. بازتاب این تعصب ضد دین و نظام حکومتی در رسانه‌های ایرانی در غرب دیده می‌شود:

برنامه‌های تلویزیون و رادیوی ایرانیان که در لس‌آنجلس تولید می‌شود عرضه‌کنندگان اصلی هویت ملی ایرانی غیراسلامی بوده‌اند...بنابراین، بحث‌های مربوط به شرایط اجتماعی و سیاسی ایران، رفتار با دگراندیشان سیاسی، و از دست دادن شأن ملی و احترام بین‌المللی تحت حکومت دولت اسلامی، ویژگی اصلی رسانه‌های ایرانی در تبعید بوده است.[۱۴۹]

آسیب فرهنگی و عملکرد غیردینی ایرانیان شاید عاملی برای «رشد تعداد مسلمانان متولد ایران شده که به مسیح ایمان می‌آورند و آشکارا ایمان اسلامی را به عنوان دینی متحجر محکوم می‌کنند که با اصول امروزی و پیشرفت ناسازگار است».[۱۵۰]

در سوالات به طور مشخص چیزی در مورد یک طرز نگرش مستقل و خودمحور وجود نداشت. اما چهار مصاحبه‌شونده یا ۸ درصد از آنان گفتند که خودمحوری یکی از خصوصیات ایرانیان و دلیل مجادله و کشمکش در کلیساست. نظریهٔ شرم این نگرش خودمحورانه را به عنوان یکی از واکنش‌های اصلی معرفی می‌کند، پس

گنجاندن این بخش حائز اهمیت است. در طی بحث دربارهٔ مجادله در کلیسا، بعضی از مصاحبه‌شوندگان ناتوانی ایرانیان در همکاری با هم را تشریح کردند، و من در ادامه پرسیدم آیا همکاری برای ایرانیان مشکل است؟ «ما همگی یک کوله‌بار و یک بیماری مشابه داریم...همه چیز به من مربوط می‌شود، اینکه من از چه کسی هستم». «همه می‌خواهند در کلیسا خودی نشان بدهند. تک‌روی در کلیسا یک مشکل است».

فکر می‌کنم این موضوع بیشتر بر می‌گردد به فرهنگ. ایرانیان در ورزش‌های یک‌نفره مثل کشتی و وزنه‌برداری خیلی خوب هستند، اما در ورزش‌های تیمی که باید همکاری کنند مانند فوتبال و والیبال خیلی بدند چون نمی‌توانند با هم کار کنند... اما همکاری، سهمی در فرهنگ ما ندارد. همیشه من مهم هستم؛ چه می‌توانم برای خودم بکنم تا موفق شوم؟ این فرهنگ به کلیسا هم وارد شده است. اتحاد زیادی وجود ندارد. آنها نمی‌گویند من خودم را به خاطر کلیسا یا تیممان فروتن می‌کنم.

نگرش فردی یا مستقل، که از ایران به ارمغان آمده درون کلیسای ایرانیان در غربت دیده می‌شود. میل باطنی خودمحوری و عدم وجود خاطرهٔ جمعی فرهنگی از همکاری، یکی از عوامل گرایش به تقسیم و جدایی کلیساست. کلیسا برای اعضا تبدیل به مکانی برای خودنمایی می‌شود. فردگرایی(تک‌روی) به عنوان بخشی از کوله‌بار فرهنگی مطرح می‌شود که از ایران می‌آید.

حساسیت

موضوع حساس بودن و اینکه ایرانیان چه آسان رنجیده می‌شوند در سرتاسر مصاحبه‌ها سر برمی‌آورد، هرچند که سوالات مشخصا مربوط به این موضوع نبودند. اما در حین پرسش‌های مربوط به ارتباطات، سازگاری با همدیگر، انتقاد، بخشش، غیبت و مجادله موضوع حساس بودن به میان می‌آمد. هفده نفر یا ۳۴ درصد از پاسخگویان به طور مبسوط دربارهٔ حساس بودن بیش از حد و زودرنجی ایرانیان صحبت کردند. به نظر می‌رسد حساس بودن، واکنش اصلی در جامعهٔ شرم و آبرو است. این موضوع به طور مخصوص قابل بررسی خواهد بود، زیرا نتیجهٔ زودرنجی این است که مردم کلیسا را ترک می‌کنند. وقتی سوال کردم آیا ایرانیان زودرنج هستند، جواب‌ها متفاوت بود. «می‌توانید با آنها صحبت کنید و موعظه کنید، اما خواهند گفت حتما دربارهٔ زندگی من اطلاعاتی دارید و

موعظه‌تان فقط خطاب به من بوده است. دربارهٔ هر موضوعی که حرف بزنید، می‌رنجند».

حساس بودن در جامعهٔ ایرانیان پیچیده است و عوامل زیادی در آن سهیم هستند. همهٔ ما به عنوان مسلمانان سابق، این کوله‌بار ناامنی را با خود می‌کشیم و به مسیح ایمان می‌آوریم. به همین دلیل یک شَبه این کوله‌بار ناامنی را بر زمین نمی‌گذاریم. مانند یک کوه یخ است. باید مدتی بگذرد، دعا کنیم، فیض خدا شامل حال‌مان شود، تعلیم خوب بیابیم...هرقدر آنها در موارد اساسی و دربارهٔ آینده بیشتر متزلزل و ناامن باشند، در مورد ایمان‌شان هم ناامن‌تر خواهند بود. فکر می‌کنم این موضوع بر آنها تاثیر خیلی خیلی زیادی دارد.

می‌خواستم بدانم حساس بودن یا زودرنجی ایرانیان چه تفاوتی با سایر فرهنگ‌ها دارد و پاسخی که معمولا دریافت می‌کردم این بود: «اگر شما با ایرانیان صحبت کنید، متوجه می‌شوید که فشار اجتماعی طاقت‌فرسایی برای مقبولیت یافتن تحمل می‌کنند. چطور چای تعارف می‌کنید، چطور با مردم احوال‌پرسی یا خداحافظی می‌کنید. همیشه این ترس وجود دارد که مبادا مورد قبول دیگران نباشی».

بعضی حتی به این موضوع اشاره کردند که زبان فارسی دارای اصطلاحاتی برای حساس بودن است. «حتی به عنوان یک زبان، فارسی یک زبان مستقیم نیست. اصطلاحات و استعارات زیادی دارد که پنهان هستند». «اگر سوار اتومبیل باشیم و شما روی صندلی عقب بنشینید، می‌گویند، ببخشید که پشتم به شماست».

پرسیدم خانم‌ها بیشتر حساس‌اند یا آقایان. هم خانم‌ها و هم آقایان در جواب گفتند به نظر خانم‌ها بیشتر حساس هستند. در یک کلیسا، چندخانم با لباس نامناسبی در جلسه شرکت کرده بودند؛ موعظه بر اساس رومیان ۱۳ و ۱۴ دربارهٔ عفت و لغزش ندادن برادر ضعیف‌تر بود. «چند نفر از آنها رنجیدند و کلیسا را ترک کردند و دیگر هم برنگشتند». پرسیدم آیا ممکن است خانم‌های مسن‌تر هم خیلی حساس باشند. «بله، مخصوصا نسل مسن‌تر. اما بعضی از جوان‌ترها هم مخصوصا اگر طوری تربیت شده باشند که رسمی رفتار کنند، زود می‌رنجند».

پرسیدم این حساس بودن چطور خود را نشان می‌دهد. «موافق نبودن با یک نفر در محیط ایرانی مثل این می‌ماند که به شخصیت آن فرد حمله کنید. اگر بگویید من مخالف هستم آنها می‌رنجند...برای‌شان خیلی سخت است که با کسی مخالف باشند

و همچنان با هم دوست بمانند». «اگر شبان کلیسا بخواهد به آنها بگوید کاری که می‌کنند اشتباه است، می‌رنجند و کلیسا را ترک می‌کنند».

پرسیدم آیا کلیسا دربارهٔ موضوع حساسیت بیش از حد، موعظه یا تعلیمی ارائه می‌دهد؟ پاسخ این بود:

این یکی از عنوان‌هایی است که بارها در طول سال چه در موعظه‌ها و چه به طور غیرمستقیم دربارهٔ‌چگونگی خلاصی از حساس بودن صحبت می‌کنیم. به همین دلیل است که کلیسای ما نسبتا سالم‌تر مانده، چون تمام مدت اینها را مطرح می‌کنیم و از مردم می‌خواهیم تا برای رشد کردن، با هشیاری این مسائل را کنار بگذارند.

حساس بودن بخشی از تجربهٔ کلیسای ایرانی در غربت است. درک ماهیت حساسیت‌های عاطفی دشوار است چون حساس بودن سطوح متعددی دارد. بعضی معتقدند که کوله‌بار صدمات و ناامنی‌های گذشته نیروی محرکهٔ حساس بودن است. مشاهدهٔ بی‌احترامی یا نادیده گرفته شدن موجب آزردگی احساسات می‌شود. زبان فارسی بازتاب دهندهٔ این حساسیت بیش از حد است و گرایش به اغراق دارد. تمایل ایرانیان به ارتباطات غیرمستقیم به معنی آن است که احساسات ابراز نمی‌شود و مردم باید حساسیت‌های ابراز نشده را تشخیص دهند و تسهیلاتی برای آنها بیندیشند. خانم‌هایی که احساس کنند به آنها توجه نمی‌شود، می‌رنجند و کلیسا را ترک می‌کنند. موافق نبودن به منزلهٔ حملهٔ شخصی تلقی می‌شود. شبانانی که نسبت به این حساسیت‌ها آگاهی دارند و وقت قابل ملاحظه‌ای برای پرداختن به آن صرف می‌کنند، شاهد رشد افراد در این زمینه هستند. برای نسل اول وقت می‌برد تا فیض و شفا را تجربه کنند و حساسیت‌های بیش از اندازه‌شان را کنار بگذارند.

رفع تقصیر

انتظار داشتم داستان‌های بیشتری دربارهٔ رفع تقصیر در سوالات مربوط به مجادله بشنوم. فقط هفده نفر یا ۳۴ درصد به طور مشخص دربارهٔ انداختن تقصیر به گردن دیگران صحبت کردند. در سرتاسر سوالات مختلف تقریبا در هر دسته‌بندی، اکثرا تقصیر اصلی رفتارها به گردن اسلام یا طرز تربیت در نظام اسلامی انداخته می‌شود. در تحقیق حاضر بررسی خاص حوزهٔ رفع تقصیر دشوار است، بنابراین در همین جا

به آن اشاره می‌کنم. ادعای عمومی کلی این است: «راستش را بگویم، من اسلام را مقصر می‌دانم» مقصر برای رنجی که ایرانیان در حال حاضر می‌بینند.

عدم تحمل

خصوصیتی که در مصاحبه‌ها خود را نشان می‌داد، ارادهٔ بسیار قوی و ظاهرا عدم توانایی برای انعطاف نشان دادن در برابر سایر عقاید بود که آن را در اینجا عدم تحمل می‌خوانم. هرچند فقط به پنج نفر یا ۱۰ درصد پاسخگویان در این دسته‌بندی اشاره شده است، به این صفت رفتاری در بخش بلوغ ایماندار و کلیسا به طور مبسوط خواهیم پرداخت. در بخش مربوط به دلایل ترک کلیسا، عدم تحمل یکی از تعابیر حساس بودن بیش از اندازه و ناتوانی برای گذشت کردن از یک رنجش است. خصوصیات ایمان سمّی که در فصل پنج تشریح شده به طور خاص به عدم تحمل، سخت‌گیری، احساس برتری، و قضاوت دیگران اشاره دارد، پس در آنجا نیز به این موضوع خواهیم پرداخت.

«او شخصیت بسیار قوی‌ای داشت... در خدمت خیلی فعال و پرشور بود. اما خیلی هم سرسخت بود. تندی می‌کرد، و در ارتباط با مردم برخورد خشنی داشت». اغلب آنقدر مشکلات بزرگ می‌شوند که نمی‌توان راهی برای برخورد با آنها یافت. «بله، و ناتوانی در کار با مردم. اگر ۱۰۰ درصد موافق نباشی، هیچگونه مدارا و بلوغی وجود ندارد. کلیساها براساس کارهای داوطلبانه می‌چرخد، پس اگر مزدی به آنها داده نشود، وقتی ناراضی شوند کلیسا را ترک می‌کنند». روش ایرانی اینطور تشریح می‌شود: «رک‌گویی، گستاخی، این تفکر که روش ما بهتر از همه است. دو ایرانی را کنار هم بگذارید، و سه نقطه نظر متفاوت خواهید داشت. ما از دیگران بهتریم. اما هر فرهنگی اینطور است، ما فقط بهتر از آنهاییم».

پرسیدم چطور این عدم تحمل بر کلیسا تاثیر می‌گذارد. توضیحی که در مورد دلیل کم شدن تعداد اعضا دادند این بود: «ما اتحاد نداریم. هرکسی فکر خودش را دارد و نمی‌خواهد به دیگران گوش بدهد. باید کاستی‌های‌مان را بپذیریم».

عدم تحمل و سرسختی از خصوصیات ایرانیان است. این استقلال شدید را در صورتی که همراه با آمادگی برای کار با دیگران باشد، می‌توان به یک سرمایهٔ مثبت

تبدیل کرد. کلیسای ایرانیان در غربت، به عدم تحمل با دید منفی نگاه می‌کند، گویی افراد ایده‌های جدید را نمی‌پذیرند و مشکل غرور دارند. این سرسختی به عنوان یکی از دلایل ترک کلیسا عنوان می‌شود. با رشد و بلوغ کلیسا، باید عدم تحمل کم شود و توانایی کار با همدیگر افزایش یابد.

بلوغ ایماندار و کلیسا

سوالات من به منظور کنکاش دربارهٔ موضوع بلوغ نبود، اما این مطلب بارها در بحث مطرح شد. برای درک بهتر انگیزه‌ها در داستان‌هایی که تعریف می‌شد، از دلایل آنها پرسیدیم. دوازده نفر یا ۲۴ درصد پاسخگویان فکر می‌کردند که عدم بلوغ، دلیل بسیاری از رفتارهای منفی است که در کلیساها دیده می‌شود. آنها می‌گفتند که ایماندارانی که از زمینهٔ اسلام می‌آیند تقریبا هیچ خاطرهٔ جمعی از کلیسا و طرز رفتار یک مسیحی ندارند. دربارهٔ این موضوع آنقدر صحبت شد که به خودی خود نشانگر نوعی بلوغ در شرح این رفتارها بود.

رفتاری که ایرانیان در کلیسا دارند به نظر بعضی بچه‌گانه بود. «حساس بودن یک ضعف و بچه‌گانه است. اگر در هویت و ایمان‌تان قوی باشید، حتی وقتی مردم دربارهٔ شما منفی‌گویی می‌کنند، همانطور که نسبت به عیسی می‌کردند، شما نمی‌رنجید. این نشانگر میزان رشد شماست.».

یکی از بخش‌های عمدهٔ خدمت شبانی در جماعت ایرانی این است که مردم را به هم نزدیک‌تر کنید. درست همان کاری که با بچه‌های‌تان می‌کنید، تا به خوبی با هم بازی کنند، با هم مهربان باشند، به هم حرف‌های بد نزنند. من یک سری موعظه دربارهٔ این موضوع تهیه کردم، جدی می‌گویم! این دیدگاه من درمورد کلیسای ایرانی است. اینها اصول شبانی نیست، اصول پدر بودن است. باید با این آقای چهل، پنجاه ساله بنشینم و بگویم: «با هم خوب بازی کنید و حرف‌های بد نزنید. چرا این کار را کردی؟ چرا او را هل دادی؟»

بلوغ رهبری مخصوصا در مورد شبان کلیسا، نیز یکی از نگرانی‌هاست. اینکه شخصی شبان است یا آرزوی شبانی دارد، لزوما به این معنا نیست که واکنش‌هایش همراه با بلوغ و حکمت است. «اما رهبران ایرانی، همین دیروز مسیحی شده‌اند، و

امروز می‌خواهند رهبر باشند؛ آنها احتیاج به تغذیه از کلام خدا دارند».

هر کلیسای در حال رشد حتما با بلوغ نوایمانان سروکار دارد. اما، بازنمود خاص این عدم بلوغ نشانگر خصوصیات فرهنگی افراد است. «نمی‌خواهند از گفته‌های شبان اطاعت کنند». در کلیسایی به شوخی می‌گفتند در پاکت خوشامدگویی باید یک میکروفون هم بگذاریم. «عشق و علاقه‌ای که برای رفتن پشت میکروفون وجود دارد تا شهادت بدهی، سرود بخوانی، پیغام خدا را موعظه کنی، یا رهبری پرستش را به عهده بگیری، موجب بسیاری از مجادلات و کشمکش‌هاست. همه تشنهٔ دیده شدن هستند، اینکه بالا بگذارندشان، صاحب اختیار یا رهبر باشند». تشنگی برای مورد توجه بودن باعث می‌شود ایرانیان بدون هیچ احتیاط و فکر قبلی، شهادت زندگی‌شان را ضبط کنند و آن را هر جا گوش شنوایی می‌یابند اعلام کنند.

کلیسای ایرانیان در غربت از افرادی تشکیل می‌شود که تقریبا تجربه‌ای از کلیسا ندارند. بسیاری نو ایمان هستند. رفتار میان اعضا و خادمین و اعضا گاهی بچه‌گانه است، مخصوصا وقتی پای حساس بودن بیش از اندازه‌شان در میان باشد. اغلب فاصلهٔ کوتاهی را برای رهبر یا شبان شدن باید پیمود، و فرصتی برای کسب حکمت و بلوغ نیست. واکنش‌های تند و شدید زندگی باعث می‌شود مردم برنجند، کلیسا را ترک کنند و بکوشند دیگران را نیز با خود ببرند؛ یا بدون فکر صحبت کنند. شور و حرارت و اشتیاق لجام‌گسیختهٔ آنان برای ایمان جدیدشان، باعث اتخاذ بعضی تصمیمات عجولانه و تمایل به بازگویی تجربه‌ای خودیافتهٔ آنها با هر کسی می‌شود که گوش بدهد، و این امر اغلب بدون در نظر گرفتن جایگاه ایشان در حیات کلیسای‌شان صورت می‌گیرد.

خلاصه‌ای از مؤلفهٔ احساسی

در این بخش، به متغیرهای احساسی/رفتاری/ شناختی و فردی پرداختیم. برقراری حد و مرزهای مناسب و متعادل موضوعی است که کلیسای ایرانیان در غربت با آن در کشمکش است. کلیسا از یک سو با شریعت‌گرایی خرد کننده، و از سوی دیگر با بی‌بندوباری مقابله می‌کند که بازتابی از سردرگمی این کلیسا در مورد آزادی‌ای است که در مسیح یافته است. تعلیم اسلامی تقیّه و فرهنگ ایرانی تعارف منجر به نوعی

بی‌اعتمادی در جماعت مسیحی ایرانی شده است. دستیابی به روابط باز و شفاف مبتنی بر اعتماد، عامل مهمی برای رشد در کلیسای ایرانیان محسوب می‌شود. سوءظن همراه با ذره‌بین فرهنگی آبرو/شرم و حساس بودن بیش از اندازه، کوشش‌های صمیمانهٔ خادمین را در هم می‌شکند. این رفتارهای احساسی نشانگر عدم بلوغ و تازگی نسبی جماعت مسیحی است که در آن بسیاری از اعضا و رهبران نوایمان هستند. رشد فزایندهٔ کلیسای ایرانیان مستلزم رهبری شبانان است، اما نمی‌گذارد روند بلوغ در آنها شکل گیرد. واکنش پرشور و اشتیاق به ایمان جدید به مسیح، کلیسایی نوپا را به وجود آورده که از کوله‌بار پیچیده‌ای که اعضایش با خود به مسیحیت آورده‌اند و از چگونگی رسیدگی به نیازهای یک جامعهٔ در حال رشد، غافل مانده است.

فصل پنجم

بازی جوانمردانه؟

وقتی به کلیسا می‌نگریم، طرز تعامل مردم با همدیگر بُعد مهمی است که باید مورد توجه قرار گیرد. ما روش‌های فرهنگی تعامل با دیگران را همراه خود می‌آوریم و کلیساهای ایمانداران مسلمان‌زاده نیز به همین طریق در معاشرت و ارتباط با همدیگر شکل می‌گیرند. بعضی از روش‌های فرهنگی قوی وجود دارند که بسیار مفید هستند. وقتی افرادی که از یک تجربهٔ فرهنگی می‌آیند با هم ملاقات می‌کنند، نکات آشنایی وجود دارد که باعث می‌شود احساس راحتی کنند، نکاتی که در کلیساهای غربی پیدا نمی‌شود. این نکات می‌تواند استقبال گرم، خوش و بش معمول، روش ارتباطی مردم، پرستش پرشور آنها، یا لذت بردن از وجود همدیگر بدون هیچ دستورکار خاصی باشد. از سوی دیگر، هر فرهنگی دارای بعضی نقاط کور است که همواره واکنش‌های منفی به بار می‌آورد و باعث نومیدی مردم می‌شود. وقتی کسی به مسیح ایمان می‌آورد، به طور خودکار از این روش‌های تثبیت شدهٔ ارتباطی با دیگران رهایی نمی‌یابد و روش‌های جدید رفتاری بر مبنای تعلیم کتاب‌مقدس ملکهٔ ذهنش نمی‌شود. زمان می‌برد تا بالغ شویم و بعضی از رفتارها را ترک کنیم. بعضی از آنها در نسل اول از بین

نمی‌روند اما در نسل‌های بعدی نهایتا محو می‌شوند.

بخش بزرگی از زندگی مسیحی در اجتماع می‌گذرد. اما در این حوزه، به نظر می‌رسد که ما انسان‌های سقوط کرده دچار بیشترین مشکلات می‌شویم. این موضوع ابعاد چندجانبه‌ای دارد و باید مکانیسم‌های حرکتی آن را بیشتر تشریح کنیم که البته فرهنگ‌ها با هم متفاوتند. روابط اجتماعی شامل متغیرهایی در ارتباطات، قربانی کردن، انتقاد، انتقام و بخشش، «حفظ ظاهر»، و حل مجادلات یا مدیریت مجادلات می‌شود. عنصر بین‌فردی به عنوان حوزهٔ اصلی ضعف در داخل کلیسا محسوب می‌شود. «رنجیدن و روابط بین‌فردی، اولین و مهم‌ترین مسئله هستند». «من می‌گویم ۱۰۰٪ مسائل مربوط به روابط می‌شود».

فرهنگ‌های خاورمیانه، فرهنگ‌های وابسته به بافت (context dependent) هستند، یعنی روابط عامل مهمی در هر نهاد و عرف است.[۱۵۱] الگوهای کسب و کار در خاورمیانه مبنی بر روابط هستند؛ «هدف همه کسب طولانی مدت مقام، موقعیت اجتماعی، جایگاه، روابط و احترام است».[۱۵۲] خانواده و نقش‌های آن در شبکه‌های اجتماعی عوامل مهمی در کسب و کار هستند، و به نظر می‌رسد این موضوع در کلیسای نوپا نیز وجود دارد. کرافت (Kraft) و لیتل (Little) هر دو به اهمیت روابط و درهم شکستن روابط هنگامی که شاگرد جدید راه خود را به سوی زندگی مسیحی باز می‌کند، اشاره می‌کنند. وقتی دیگر الگوهای فرهنگی روابط فامیلی در جماعت ایمانداران مسلمان‌زادهٔ پراکنده در سرتاسر جهان وجود ندارد، الگوهای روابط فرهنگی طبیعی و قابل‌قبول دچار بی‌نظمی می‌شود.

ارتباط

ارتباط در هر فرهنگی اهمیت دارد و در چگونگی روابط مردم و تعامل شخصی آنها ضروری است. ارتباط در فرهنگ‌های وابسته به بافت با انتظارات بالایی همراه است. ادوارد هال (Edward Hall)، مردم‌شناس، دربارهٔ چگونگی دریافت و درک پیام‌ها در فرهنگ‌های وابسته به بافت توضیح می‌دهد.

در ارتباط یا پیام با بافت عمیق (high-context)، اکثر اطلاعات یا در حرکات فیزیکی وجود دارند یا در شخص درونی شده‌اند، و در بخش رمزگذاری شده، صریح و

انتقال پیام، اطلاعات بسیار کمی موجود است. ارتباط با بافت سطحی(low-context) درست برعکس است، یعنی عمدهٔ اطلاعات در رمزگذاری صریح و روشنی قرار دارند.[۱۵۳]

به طور روزانه، هر فردی در فرهنگ با بافت عمیق باید اطلاعات مفقوده خود را به روز کند. هال این فرآیند را به دو فرآیند متفاوت و درعین حال مربوط به هم تقسیم می کند: داخل موجود زنده و خارج از آن.[۱۵۴] بنابراین، موجود در درون تجربیات گذشته را می‌خواند و در بیرون در حال خواندن وضعیت یا موقعیتی است که ماجرا در آن اتفاق می‌افتد.[۱۵۵]

فرهنگ‌های با بافت عمیق میان خودی‌ها و غیرخودی‌ها تمایز بیشتری قائل می‌شوند تا فرهنگ‌های با بافت سطحی. کسانی که در نظام‌های با بافت عمیق بزرگ شده‌اند نسبت به پرورش‌یافتگان در نظام‌های با بافت سطحی، انتظار بیشتری از دیگران دارند. وقتی فردی در فرهنگ با بافت عمیق دربارهٔ چیزی که از ذهنش می‌گذرد با مخاطب خود صحبت می‌کند، انتظار دارد طرف مقابل بدون اینکه وارد جزئیات شود، بداند که دلیل نگرانی وی چیست. نتیجه اینکه او از جوانب مختلف دربارهٔ آن موضوع صحبت می‌کند تا همهٔ تکه‌های معما را در جای‌شان قرار دهد به غیر از یک تکهٔ اساسی. جاگذاری مناسب آن تکه، یا سنگ سر زاویه، برعهدهٔ مخاطب اوست. اگر خود شخص آن تکه را در جای مناسب قرار دهد، گویی فردیت خودش را زیر سوال برده و به آن توهین کرده است.[۱۵۶]

ایران فرهنگی با بافت عمیق است که در آن استفاده از زبان، تبدیل به نوعی هنر شده است. همانطور که قبلا تشریح کردیم، کلمهٔ تعارف که مختص زبان فارسی است، یک جنبهٔ مثبت و یک جنبهٔ منفی دارد. از جنبهٔ مثبت، تعارف روشی مؤدبانه برای ارتباط کلامی و غیرکلامی است. تعارف ریشه‌های عمیقی در سنت‌های ایرانیان برای رفتاری حتی صمیمانه‌تر از خانواده با مهمانان دارد تا میزبانی عالی باشید. هنر تعارف تبدیل به یک مراسم یا یک بازی شده که هر دو شرکت کننده از آن آگاهی دارند.

تعارف در روابط و تعاملات بین‌فردی ایرانیان، مفهومی بسیار مهم دارد. بیمَن (Beeman) (۱۹۸۶) تاکید دارد که ماهیت فراگیر و ظریف تعارف از نظر او اینطور تعریف می‌شود: «تعارف درک فعال و تشریفاتی از برداشت تفاضلی ارشدیت و فرودستی در تعاملات و روابط است. انجام آن در زندگی هر ایرانی، هر روزه، با هزاران روش

متفاوت، تاکید و حفظ یکپارچگی نقش‌های تعریف شدهٔ فرهنگی را به دنبال دارد.»[۱۵۷]

تعارف را می‌توان به عنوان یک رقص کلامی میان پیشکش‌کننده و پذیرندهٔ آن تعبیر کرد که تا وقتی یکی با دیگری همراه و موافق شود، ادامه می‌یابد. انسان هرگز نمی‌فهمد نیت اصلی هریک از طرفین چیست و نمی‌تواند مطمئن باشد که آیا آنها واقعا می‌خواهند چیزی را پیشکش کنند/بپذیرند یا خیر.

در مفهوم ایرانی، تعارف مربوط به مدیریت روابط اجتماعی با منشی مودبانه است. شاید جذاب و براساس نیک‌خواهی متقابل باشد، شاید هم از سر بدخواهی، و به عنوان یک سلاح اجتماعی یا سیاسی مورد استفاده قرار گیرد تا گیرنده را گیج کند و به زیان او تمام شود. در هنگام تعارف هرگز نمی‌گوییم: همین است که هست. زندگی بدون اخبار بد، بسیار دلپذیرتر به نظر می‌آید.[۱۵۸]

تعارف ارتباطات را پیچیده می‌کند، اما گفتن بی‌مخابای حقیقیت مخصوصا وقتی شرم‌آور باشد نیز همین پیامد را دارد.

ارتباط در جامعهٔ خاورمیانه بافتی عمیق و پیچیده دارد. ایرانیانی که در فرهنگ با بافت عمیق بزرگ شده‌اند، چشمان‌شان فراتر از کلمات به دنبال اطلاعات داده نشده‌ای است که به وسیلهٔ تجربیات گذشته‌شان و خواندن زمینهٔ صحبت، آنها را درون‌یابی می‌کنند. تعارف، که شامل ارتباط کلامی و غیرکلامی می‌شود، باید مورد توجه قرار گیرد حتی وقتی که منظور طرف مقابل فهمیده نشود. دروغ گفتن و سرپوش گذاشتن تبدیل به عُرف شده و باعث دورویی می‌شود. نظام جاری کشور موجب از دست رفتن بخش بزرگی از هویت ایرانی شده و به عنوان نظامی شرم‌آور به آن می‌نگرند. بنابراین، ایرانیان در غربت از یک بحران عمدهٔ هویت و عدم احساس وحدت هویتی رنج می‌برند. حس بقا، ملتی خودخواه، فردگرا و کمی بدگمان را به وجود آورده است.

این سوابق و اطلاعات، زمینه‌ای از شیوهٔ درک ارتباطات توسط ایمانداران مسلمان‌زاده را به دست می‌دهند. شانزده نفر یا ۳۲ درصد از مصاحبه‌شوندگان به ارتباط، به عنوان منشأ ناهماهنگی در کلیساهای‌شان اشاره کردند. ارتباط عنصری چندجانبه، و فصل مشترک جوانب زیادی از چگونگی تعاملات میان ایرانیان محسوب می‌شود. صحبتم را با این عبارت شروع کردم: «هر فرهنگی دارای روش‌های ارتباط است و اکثر افراد در این زمینه دچار مشکل می‌شوند.» سپس پرسیدم ایرانیان تا چه

اندازه در مهارت‌های ارتباطی‌شان موفق هستند.

«به نظر من، این مشکل اصلی ماست. ما نمی‌دانیم چطور ارتباط برقرار کنیم». «موضوع ارتباط بسیار مهم و حساس است. باید خیلی مراقب باشید».

ما ایرانیان نمی‌دانیم چطور ارتباط برقرار کنیم. سرمان داد زده‌اند، پس می‌خواهیم سر دیگران داد بزنیم. اگر با من مخالفت کنید، من هم با شما مخالفت می‌کنم. ما دشمن همدیگر هستیم، پس نمی‌توانیم با هم کار کنیم. پس اصولا مهارت حل مشکلات در این میان وجود ندارد، فقط من، من، و خودم هستیم؛ سه گانهٔ: درون خودم، در من، برای من. و چون هرچه می‌گویم شما نمی‌کنید، پس با هم می‌جنگیم.

«ما به آسانی می‌رنجیم، ولی گوش دادن را نیاموخته‌ایم، به همین دلیل دائما دیگران را می‌رنجانیم».

اغلب احساس می‌کنم که ایرانیان ارتباط برقرار نمی‌کنند. همه چیز را در خودشان می‌ریزند، بعد بر سر همدیگر هوار می‌کشند. در محیط کار می‌بینم که آمریکایی‌ها اگر چیزی را دربارهٔ کسی نمی‌پسندند، آن را با شخص مورد نظر روبرو درمیان می‌گذارند. ولی ایرانیان در خودشان می‌ریزند، و بعد بر سر تو هوار می‌کشند.

مسئله این است که مردم همیشه منظور همدیگر را بد تعبیر می‌کنند. اکثر اوقات این موضوع به خاطر مسائل خود ماست. ما دچار حسادت و عیوب شخصیتی بسیار زیادی هستیم که در حقیقت نشان از جهان‌بینی‌مان دارد (عینکی که با آن دنیا را می‌بینیم). موضوع فقط فرهنگ ما نیست. موضوع گناه خود ما، شرایط خودمان، تجربیاتی که در زندگی داشته‌ایم و ترس‌ها و اضطراب‌های‌مان است. فکر می‌کنم آن خانم به خاطر مشکلاتش موضوع را تعبیر می‌کرد. از نظر من اشکالی ندارد. مشکل این است که چطور کلام خدا را در روابط و ارتباطات‌مان به کار می‌بندیم.

می‌خواستم بدانم ارتباطات در سطح جمعی میان کلیساها چگونه است و آیا این ارتباطات نیز باعث ناهماهنگی می‌شوند یا خیر.

در حقیقت ارتباطی وجود ندارد. در همهٔ کلیساها بوده‌ام و با رهبران زیادی کار کرده‌ام، ارتباط زیادی وجود ندارد. یکی از شکایت‌های اصلی در مورد شبانان و رهبران این است که آنها با هم ارتباطی ندارند. حتی میان رهبران نیز ارتباط چندانی نیست. در هر کلیسایی که در آن بوده‌ام، یا کلیساهایی که دوستانم در آن عضویت دارند،

تصمیمی گرفته می‌شود، بعد اعضا خبرش را می‌شنوند. پس ارتباطی وجود ندارد؛ همه چیز مربوط به هیئت مدیره است. همهٔ کلیساها اینطور هستند.

به من می‌گفتند وقتی ارتباط در زمینهٔ ایرانی مطرح باشد، موضوع مهم حفظ رابطه است، نه رنجاندن دیگران. «اگر با دو سه نفر از دوستان‌تان با هم جمع شوید، آنها هرگز صحبتی در مخالفت با شما نمی‌کنند». برای روشن شدن موضوع، پرسیدم آیا اگر حق با کسی نباشد، باز هم موافقت می‌کنند؟«بله، حتی اگر درست هم نگویند.».

صحبت به طرز ارتباط مردم کشیده شد که آن را نوعی ارتباط غیرمستقیم توصیف کردند و به مفهوم تعارف نیز اشاره شد. اگر کسی برنجد، موضوع اینطور پیش می‌رود:

من فکر می‌کنم ارتباط جوانب مختلفی دارد و به صورت کلامی و غیرکلامی است. آنچه مردم شخصابه شما می‌گویند ممکن است بسیار سرشار از مهربانی، گشاده‌رویی و مهمان‌نوازی باشد، اما پشت سرتان اینطور نیستند. پس به وضوح یک مسئلهٔ ارتباطی و عدم صداقت در ارتباطات در این میان وجود دارد. افکارتان را در ارتباطاتان به زبان نمی‌آورید چون ابراز آنچه واقعا در فکرتان می‌گذارد خشن‌تر و بی‌ادبانه‌تر از بی‌صداقتی خواهد بود.

مردم ناچار بودند تا می‌آموختند که چگونه ورای ادب و نزاکت نگاه کنند و نشانه‌های غیرکلامی را تفسیر کنند. به نظر من تمام جزئیات آنچه را که کسی می‌گوید یا انجام می‌دهد زیر نظر دارند. ایرانی‌ها می‌گویند: «چپ چپ به من نگاه کرد»، یعنی از گوشهٔ چشمش به من زُل زده بود. فکر می‌کنم به همین دلیل است که آنها عادت کرده‌اند و بار آمده‌اند تا جزئیات گفتار و کردار هر شخص را تحلیل کنند تا بفهمند آن شخص واقعا چه احساسی نسبت به ایشان دارد. به نظرم همین نقل قول بالا نشان‌دهندهٔ تحلیل بیش از اندازهٔ ظاهر افراد است.شما نمی‌توانید مردم را به خاطر رفتار ظاهری‌شان قضاوت کنید.

برای روشن کردن موضوع پرسیدم: «اگر مردم نتوانند با دیگران ارتباط برقرار کنند، آیا می‌کوشند تا طرز فکر ایشان را حدس بزنند؟»جواب این بود: «بله، ما تمام وقت همین کار را می‌کنیم. چرا آن شخص آنطور حس می‌کرد؟ چرا آن شخص با من اینطور رفتار کرد؟ چه اشکالی وجود دارد؟ همیشه از خودتان می‌پرسید، مشکل چیست، مگر من چه اشتباهی کرده‌ام؟ بنابراین دربارهٔ همه چیز در حال حدس و گمانه‌زنی هستید».

اما برای نسل جدید ایرانیان امیدی هست. «ولی این نسل جدید، که اینجا بزرگ شده‌اند، بیشتر باز و شفاف هستند. اگر چیزی ما را ناراحت کند، آن را مدت زیادی در خودمان نگه نمی‌داریم و به زبان می‌آوریم».

ارتباطات حوزه‌ای است که در کندوکاو باریک‌بینی‌های موجود در منش ایرانیان، نیاز به حکمت فراوان دارد. سرچشمه‌ای که از طریق آن ارتباطات تعبیر و تفسیر می‌شوند اطلاعاتش را از تجربیات گذشته می‌گیرد و وارد روابط می‌کند. نشانه‌های غیرکلامی زیادی به هنگام ارتباط ظاهری و ابراز نزاکت ایرانی مورد توجه قرار می‌گیرند، و این کار منجر به تحلیل بیش از اندازهٔ هر نوع ارتباط غیرکلامی می‌شود. نتیجه، سوءتفاهم و احساسات جریحه‌دار شده است. ناتوانی در ارتباط صمیمانه خصوصا از سوی رهبران کلیسا، باعث رنجش اعضا می‌شود. دانستن شیوه‌های درمیان گذاشتن اطلاعات محرمانه در محیط مسیحی متفاوت است، از اعلام یک سره که سوروساتی برای غیبت می‌شود، تاعدم اعلام آن.

روابط

برای درک بهتر روابط بین فردی، اَشکال مختلف روابط در میان کلیسا را بررسی کردم. سی و دو پاسخگو یا ۶۴ درصد گفتند به نوعی تنش‌ها به دلیل سوءتفاهم یا عدم ارتباط هستند. سه مورد اصلی عبارت بودند از: روابط میان اعضا، روابط میان اعضا و خادمان کلیسا، و روابط میان خادمان کلیسا.

روابط از نگاه عمومی

عدم پذیرش، بخشی از روابط میان فردی است. «بله، اگر مدتی در ایران زندگی کنید، دائما شما را به زمین می‌کوبند. می‌خواهید مورد احترام قرار گیرید و شما را با دیگران برابر بشمارند». عدم پذیرش در هنگام ابراز عقاید و افکار به چشم می‌خورد. شخصی می‌گفت در غرب مردم می‌توانند با افکار کسی مخالفت کنند، بدون اینکه او را مورد عدم پذیرش قرار دهند. «ما (ایرانیان) این مخالفت را به منزلهٔ عدم پذیرش آن شخص تلقی می‌کنیم. به محض اینکه شما ایده‌ها، طرز فکر، و نوشتهٔ مرا مورد

انتقاد قرار دهید، مرا رد می‌کنید و نمی‌پذیرید. موضوع شخصی می‌شود». روابط میان فردی فضای اصلی مجادله و کشمکش در هر جامعهٔ ایمانی است.

میان اعضا

یازده نفر یا ۲۲ درصد از مصاحبه‌شوندگان دربارهٔ مشکلات روابط میان اعضای کلیسا صحبت کردند. «یک مشکل اصلی دیگری که ایرانیان دارند، این است که ما نمی‌نشینیم تا مشکلات را با گفتگو حل کنیم».

بزرگترین چالش، روابط میان‌فردی بود که بین افراد اتفاق می‌افتاد. به یاد ندارم کسی به دلیل یک مسئلهٔ الاهیاتی یا بحث یا اختلاف الاهیاتی ناراحت شده باشد. همیشه موضوع روابط بین‌فردی بود، اینکه مردم چه عکس‌العمل یا برخوردی در برابر هم داشتند. مشکلات آنها با منِ شبانِ کلیسا نبود، بلکه با همدیگر مشکل داشتند. تعداد بسیار کمی به خاطر من کلیسا را ترک کردند؛ اما اغلب دلیل ترک کلیسا کنار نیامدن اعضا با همدیگر بود.

مردم می‌آیند چون فکر می‌کنند اینجا (کلیسا) مکان امنی است، فکر می‌کنند اینجا تنها جایی است که می‌توانند با خدا و با همدیگر رابطه ایجاد کنند. مشکل این است که ما همدیگر را درک نمی کنیم؛ و بدون این درک، همدیگر را نمی‌پذیریم، و در نتیجه محبتی نسبت به هم نداریم. اگر همدیگر را دوست داشته باشیم، همین موضوع ما را از هم جدا می کند. به نظرم به خاطر فرهنگ‌مان است.

روابط میان فردی، بین اعضای کلیسا نقطهٔ اصلی ناهماهنگی‌هاست. بعضی معتقدند که جماعت کلیسا اینقدر با هم نزدیک می‌شوند که بینشان تنش‌هایی به وجود می‌آید. راه آمدن با یکدیگر می‌تواند به شدت در هنگام ناراحتی تغییر کند. تاثیر ماهیت متزلزل روابط بر ایرانیان این بوده که به منظور حفظ جان یا صیانت نفس‌شان، اطلاعات خود را مخفی کنند. مجادله میان افراد به نظر در روابط ایشان با یکدیگر، به صورت یک عرف همیشگی درآمده است. بخشش و آشتی حوزه‌های مهمی هستند که باید در پرتو این تنش‌ها مورد توجه قرار گیرند.

میان اعضا و خادمان کلیسا

سیزده پاسخگو یا ۲۶ درصد، بیان کردند که ارتباط میان شبان و اعضا، آیینه‌ای از مشکلات مشابه است که بین اعضا وجود دارد. «بسیاری از جدایی‌ها بر سر نقش شبان و طرز رفتار شبان با اعضای کلیسا بود».

شاید ایرانیان به خاطر تعارف خیلی زودرنج باشند. بعضی کلیسا را به این دلیل ترک می‌کنند که آنها (شبانان) کنترل‌شان می‌کنند، می‌خواهند هرطور دوست دارند عمل کنند و می‌گویند: «خدا به ما گفت این کار را بکنیم؛ هدایت شدیم تا این طور عمل کنیم.» شبان می‌گوید باید به روش خاصی خدمت کند، و بعد مردم می‌رنجند و کلیسا را ترک می‌کنند. نمی‌خواهند همکاری کنند یا با دیگری راه بیایند. نمی‌خواهند به طور گروهی و با یک فکر وارد عمل شوند.

انتظارات موجود از خادمان کلیسا بسیار بالاست. «آنها به رهبری به چشم والدین‌شان نگاه می‌کنند. پس وقتی به نیازشان رسیدگی نمی‌شود، گویی پدرشان به آنها بی‌محلی کرده است». «کلیسای ایرانی بالا و پایین دارد؛ مشکل به خاطر این است که ما روابط خوبی با همدیگر، با شبانان، با رهبران و سایر ایمانداران نداریم».

ختم کلام اینکه فکر می‌کنم مشکل این بود که مردم او (شبان) را بیش از اندازه بالا بردند...به نظرم حقش نبود او را اینقدر بالا ببرند...فکر می‌کنم آنها کسی را زیر سوال بردند که معتمدشان بود و از هر نظر سرمشق آنها برای راهنمایی و حکمت محسوب می‌شد و هرگز انتظار نداشتند چنین تصمیمی بگیرد. فکر می‌کنم شخص او و اعتقادی را که به وی داشتند زیر سوال بردند.

روابط میان اعضا و شبان مخصوصا وقتی پرتنش می‌شود که به نظر برسد شبان سلطه‌گر است. شخصی به وضعیتی اشاره کرد که باعث شد چهل تا چهل و پنج نفر کلیسا را ترک کنند. در جلسهٔ مطالعهٔ کتاب‌مقدس، یکی از اعضا دربارهٔ موضوعی که متوجه نمی‌شد از شبان سوالی پرسید. «یکی از اعضا از شبان خواست به سوال خاصی پاسخ بدهد، ولی او این کار را نکرد؛ آن عضو پافشاری کرد و پیش روی دیگران دوباره سوالش را از شبان پرسید. شبان یا نمی‌خواست جواب بدهد یا نمی‌دانست، پس از جلسه عضو مزبور را به دفترش خواند و از او خواست دیگر به کلیسا نرود».

برای شبانان، رهبری کلیسایی که تصمیمات آنها را سیاه و سفید می‌بینند، بسیار

دشوار است. «مسئله این است، شما یا طرف مرا می‌گیرید یا با من مخالفت می‌کنید. من به عنوان یک شبان همیشه بازنده بودم چون هر طرفی را که می‌گرفتم، می‌باختم. بعضی از افراد از جای‌شان بلند می‌شدند و می‌رفتند». «شبان به من اجازهٔ (تعلیم) نمی‌داد؛ می‌خواست مرا کنترل کند».

براساس مصاحبه‌های انجام شده، روابط میان اعضا و خادمین کلیسا اشکال دارد. در فصل رهبری شبان به طور مبسوط به این موضوع می‌پردازیم. انتظارات زیاد از رهبری کلیسا، رابطهٔ ناهماهنگی را به وجود می‌آورد. مرکز این تنش، عدم تمایل شبان برای راه آمدن و کار کردن با اعضاست، یا ارادهٔ اعضا برای به کرسی نشاندن خواسته‌های خود نسبت به رهبری کلیسا. عدم اعتماد میان رهبران و اعضا یکی از ریشه‌های اصلی ناهماهنگی است.

بین خادمین

نُه نفر یا ۱۸ درصد در مورد حسادت یا بدگمانی میان شبانان صحبت کردند. مشکل میان خادمان کلیسا به عنوان یکی از ریشه‌های جدایی و یکی از موضوعات نگران کننده در بدن جامع‌تر مسیح محسوب می‌شود. در هر سه منطقهٔ مورد تحقیق، رهبران کلیدی کنفرانس‌هایی برای اتحاد و تعلیم جماعت بزرگتر مسیحیان ایرانی ترتیب داده‌اند. اما حسادت و ناامنی موجود میان شبانان مانع شرکت گستردهٔ ایشان در کنفرانس‌های مزبور می‌شود. شبانی اقرار می‌کند که شبانان به همدیگر اعتماد ندارند. «چرا ما پشت سر همدیگر صحبت می‌کنیم؟ به نظرم مشکل نبودن روابط خوب میان ما شبانان است، نه میان اعضای کلیساها». «یکی از نکات منفی این است که بسیاری از آنها دوست ندارند دور هم جمع شوند و از همدیگر بیاموزند. آنها فردگرا هستند؛ به هم اعتماد ندارند. اما در میان گذاشتن مشکلات‌شان با هم باعث می‌شود حکمت بسیار زیادی پیدا کنند». خانمی با نومیدی می‌گفت:

کلیساهای ایرانی هیچ ارتباطی با هم ندارند، و کمی با هم در رقابتند؛ همگی می‌گویند باید اینطور یا آنطور باشیم، انگشت اشاره‌شان به سوی سایر رهبران است؛ آنها کلیسا را مثل مسیح اداره نمی‌کنند. همهٔ ما عضو یک خانواده هستیم. اما اگر بخواهید به کلیساهای دیگر سر بزنید، آنها دوست ندارند...آنها نمی‌خواهند به

کلیساهای دیگر بروید. این سلطه‌گری است.

یک آقای کانادایی این راه حل را پیشنهاد کرد:

به نظرم خوب است که با چند برادر جلسه‌ای داشته باشیم... همهٔ ایرانیان را دعوت کنیم. منظور قضاوت همدیگر نیست، فقط می‌خواهیم دربارهٔ آینده صحبت کنیم. نه دربارهٔ گذشته، چون گذشته، گذشته است. آرزو و رویای من این است که همهٔ کلیساهای ایرانی... متفق‌القول به هم اعتماد کنند، و رابطهٔ خوبی با هم به وجود آورند، تا مردم بیشتری به ما اعتماد کنند. اعتماد در کلیسا در هم شکسته، و اعتماد در خارج از کلیسا نیز همین وضعیت را دارد.

عدم اعتماد میان خادمان باعث جدایی می‌شود. در کلیساهایی که چند شبان دارند (همگی با دو شغل)، ناامنی‌های مربوط به از دست دادن قدرت یا حسادت‌ها منجر به جدایی در میان کلیسای در غربت می‌گردد. اعضای کلیسا مجبورند جانب یک نفر را بگیرند، و همین باعث سرگردانی بیشتر می‌شود. ادارهٔ مستقل کلیساها برای جماعت و خادمان مفید نیست. شبانان به هم برای شراکت در مقابله با کشمکش‌های موجود در خدمت، مثلا در حین جلسات خادمین و کنفرانس‌های شبانی نیاز دارند.

ریشه‌های مجادله

مهم‌ترین نکته برای درک تنش‌های موجود در مشارکت‌های مسیحی ایرانیان، درک مجادله است. تعریف کاربردی مجادله عبارت است از:

فرآیندی که با درک تفاوت‌ها توسط یک فرد یا گروه آغاز می‌شود و میان دو فرد یا گروه درمورد علایق و منابع، اعتقادات، ارزش‌ها یا پرداختن به اموری که برای‌شان مهم است، مخالفت ایجاد می‌شود.[۱۵۹]

ابونیمِر (Abu-Nimer)، از متخصصان حل مجادله بر اهمیت حفظ و نگهداری احترام طرفین در مدیریت مجادله تاکید می‌کند.[۱۶۰] هرچند حوزهٔ حل مجادله از تلقیح مجادله/خشم برمی‌خیزد، اما ابونیمر شرح می‌دهد که تشدید مجادله می‌تواند به سرعت تمامی جماعت را فرا بگیرد، خصوصا هنگامی که مجادلات در مورد منابع خاص (مانند مطالعهٔ انجام شده بر پول، بدهی، یا زمین) و ارزش‌هایی مانند آبرو، شرم، اعتبار، موقعیت اجتماعی، و اعتقادات دینی باشد.[۱۶۱] نِیری (Neyrey)، به نقل قول از

جورج فاسترِ (George Foster)، منابع خاص را اینطور توصیف می‌کند: «دارایی، زمین، خوشبختی، احترام و مانند آنها».[۱۶۲] در این برداشت، مادیات این جهان به عنوان یک بازی برد و باخت قلمداد می‌شود. «دستیابی یک فرد یا خانواده به یک مزیت، به عنوان باخت دیگران تلقی می‌شود، و کسی که بر اساس مدح و ستایش جهان غرب «پیشرفتی» کسب می‌کند، به عنوان تهدیدی برای ثبات کل جامعه به حساب می‌آید».[۱۶۳]

یک عارضهٔ عمده، اجتناب از حل مسائل اساسی است که ارزش‌ها/انگیزه‌های اصلی هماهنگی، اجتناب از مجادله، و حفظ نظم را منعکس می‌سازند.[۱۶۴] شناسایی فرضیات و روش‌های اصلی حل مجادله و کشف هرگونه الگوی موثر در راه حل‌های کتاب‌مقدسی که مناسب فرهنگ باشند، حائز اهمیت است.

اجتناب از مجادله یکی از ابعاد فرهنگ‌های با بافت عمیق است. فریدمَن (Friedman)، چی (Chi)، و لویی (Lui) بیان می‌کنند که باید به انگیزه‌های افراد در اجتناب از مجادله توجه نماییم.[۱۶۵] نظریهٔ انتظار سه حوزه‌ای را که می‌توانند عامل انگیزهٔ اجتناب از مجادله باشند، مورد توجه قرار می‌دهد. اول، مواجههٔ مستقیم به روابط آسیب می‌رساند، و این تاثیر انتظار است. دوم، حفظ روابط خوب شاید بعدها سودمند باشد، که تاثیر ابزاری است. سوم، حفظ روابط خوب ارزشی ذاتی محسوب می‌شود، که تاثیر ارزشی است.[۱۶۶]

دانشمند رفتارشناس، دودرو (De Dreu)، به پیچیدگی مجادله اشاره می‌کند که می‌تواند ترکیبی از منابع، اطلاعات، و ارزش‌ها باشد و اینکه اغلب اوقات محتوای مجادله تغییر می‌کند و دگرگون می‌شود. مهم‌ترین جنبهٔ مجادله، عملکرد طرفین مجادله و چگونگی واکنش نشان دادن و مدیریت مجادله توسط ایشان است. راهبردهای برخورد با مجادله عبارتند از تشریک مساعی، رقابت، یا کناره‌گیری از وضعیت.[۱۶۷]

طبق اظهار دودرو، سه عملکرد در مجادله وجود دارد. اول، می‌تواند محرک کلیدی برای تغییر باشد، چون بدون مجادله تغییری به وجود نمی‌آید. دوم، مجادله می‌تواند به تعیین حدود کمک کند و روشن سازد که فلان شخص یا بهمان چیز متعلق به کجاست. سوم، مجادله منجر به افت سلامت و ضایعهٔ طولانی مدت می‌شود.[۱۶۸]

مولِر (Muller) عنوان می‌کند که در فرهنگ‌های مبتنی بر شرم، مردم از دیگران

انتقاد می‌کنند و آنها را زیر سوال می‌برند تا از مغرور شدن بیش از اندازهٔ آنها در هنگام هر موفقیتی جلوگیری کنند. او می‌گوید: «اعراب اغلب به محض اینکه احساس کنند رهبران و شبانان‌شان بیش از حد جاه‌طلب و مغرور شده‌اند، فورا به انتقاد از آنها می‌پردازند. آنها را گاهی در نظر عموم زیر سوال می‌برند و شرمنده می‌سازند، که اغلب باعث می‌شود آنها ترک خدمت کنند».[۱۶۹]

مردم خاورمیانه، چنان برداشت منفی و خطرناکی از مجادله دارند که گویی باید از آن دوری نمود زیرا موجب تباهی و بی‌نظمی می‌شود.[۱۷۰] بی‌اعتمادی میان هموطنان حل مجادله را پیچیده می‌کند، که نشان‌دهندهٔ جوامع با سلطه‌گری بالاست.

یک ترس ماندگار در ایرانیان جای گرفته که نمی‌توان به کسی جز خویشاوندان اعتماد کرد. و برای فرار از دشمنی، مجادله، تحریف حقیقت، و ستم ذاتی نظام سیاسی موجود که هرگز دست از استبداد به اشکال مختلف برنداشته، ایرانیان فقط می‌توانند به فامیل‌شان پناه ببرند. بدین ترتیب، پدر یا بزرگ خانواده همواره برای دستیابی به بقای گروه در محیطی که مشخصهٔ آن ناامنی است، خانواده را در مسیر دفاع از خود هدایت کرده، مایحتاج مادی آن را تامین نموده، از منافعش دفاع کرده، به مدیریت امور آن پرداخته، و طالب اطاعت آن بوده است.[۱۷۱]

به اعتقاد من داشتن دید منفی نسبت به مجادله و اجتناب از مجادله، یکی از عناصر اصلی درهم شکستگی روابط موجود میان کلیسایی است که ایمانداران مسلمان‌زاده تشکیل می‌دهند.

مجادله بخشی از تجربهٔ بشر است؛ کلیسا از این قاعده مستثنا نیست. من به دنبال درک ماهیت مجادلات، عواقب، و تلاش‌هایی که برای حل مشکلات انجام می‌شد، بودم. بیست و هفت نفر یا ۵۴ درصد از پاسخ‌دهندگان تحقیق حاضر دربارهٔ بعضی از جنبه‌های مجادله توضیح دادند.

دوازده نفر یا ۲۴ درصد اظهار داشتند که مجادله، یکی از مشکلات کلیسای ایرانی است. پرسیدم ایرانیان چگونه با مجادله در داخل کلیسا برخورد می‌کنند؟«روش حفظ اعضای موجود این است که مشکلات را از ایشان مخفی کنند. آنها را زیر فرش جارو می‌کنند تا به مردم صدمه‌ای نرسد. بنابراین تعداد اعضا گویای رشد کلیساست، در حالی که در داخل آن غوغایی برپاست». «شخصی نزد دیگری می‌رود و می‌گوید

فلانی چنین و چنان کرده است. آنها خشمگین می‌شوند و با هم تبانی می‌کنند. جماعت کلیسایی از هم می‌پاشد. از کسی می‌خواهند پادرمیانی کند. ما این کار را انجام داده‌ایم، اما اتفاقی نیفتاده است».

مسئله اینجاست که آنها تصمیم می‌گیرند شما با آنهایید یا علیه‌شان هستید. حتی وقتی سه نفر از ما می‌نشینیم و صحبت می‌کنیم، اگر شما طرف شخص مقابل را بگیرید، تبدیل به کسی می‌شوید که نمی‌خواهد بپذیرد شاید حق با طرف دیگر است. اصلا اینطور نیست که بگویید: «او درست می‌گوید»، و شخص دیگر توبه کند. توبه کردن به منزلهٔ ارتکاب گناهی شرم‌آور است چون در آن صورت می‌پذیرید که در وهلهٔ اول اشتباه می‌کردید.

شبانان هم درگیر مجادلات هستند و در برخورد با مجادله مشکل دارند. شخصی نومیدی‌اش را اینطور بازگو کرد: «شبانان با مشکلات مقابله نمی‌کنند؛ آنها نمی‌خواهند چیزی دربارهٔ مشکلات بشنوند چون فکر می‌کنند همه چیز را می‌دانند».

گاهی شبانان در حین بحران، کسی را ندارند که امین و معتمدشان باشد. مجادله ممکن است مربوط به زندگی زناشویی شبان تا ایجاد جدایی در کلیسا باشد. «آنها به کسی حساب پس نمی‌دهند. هیچ شاخهٔ ایمانی مشخص یا پاسخگویی وجود ندارد. اگر شبان و مشایخ با هم کنار بیایند، امیدی هست. اما اگر میان‌شان کشمکشی وجود داشته باشد، نمی‌دانند باید به چه کسی مراجعه کنند».

به نظرم آنها حتی در گروه کوچک رهبری‌شان از پس مجادلات برنمی‌آیند، پس چطور می‌توانند در کلیسا به مجادلات میان اعضا رسیدگی کنند؟ به خاطر مجادلهٔ میان گروه رهبری بود که بسیاری از اعضا کلیسا را ترک کردند. بنابراین اگر نتوانید به آن رسیدگی کنید، نباید انتظار داشته باشید که بیش از این جلو بروید.

وقتی مجادله در می‌گیرد، بعضی از ایرانیان اگر خاطرهٔ جمعی هم از رسیدگی به آن داشته باشند، خاطره‌ای بسیار ناچیز است.

آنچه مختص ایرانیان است و بدتر، غیبت کردن بیشتر به جای حل مجادلات است. آنها برای درک همدیگر، با هم ارتباط برقرار نمی‌کنند. این همان سفید یا سیاه بودن مختص خاورمیانه است، شما یا دوست من هستید یا دشمنم. مذاکره‌ای برای درک بهتر همدیگر و صحبت با هم و رسیدن به یک زمینهٔ مشترک صورت نمی‌گیرد.

این جزو فرهنگ ما نیست. توافق و مصالحه قسمتی از فرهنگ ایرانی یا خاورمیانه‌ای نیست. شما یا می‌بَرید یا می‌بازید. یا حق با شماست یا کاملا در اشتباهید. این کار را بدتر می‌کند. همهٔ فرهنگ‌ها این (مجادله) را دارند، اما چیزی که مجادلات را در کلیساهای ایرانی بدتر می‌کند... این است که مسئله‌ای به وجود می‌آید و راهکاری برای حل آن ندارید. مسئله همانجا باقی می‌ماند و بزرگ می‌شود.

برای درک بهتر این موضوع که چرا به نظر می‌سد در میان کلیسای فارسی‌زبان اینهمه مجادله وجود دارد، از مصاحبه‌شوندگان خواستم مقایسه‌ای بین کلیسای انگلیسی‌زبان و کلیسای فارسی‌زبان انجام دهند.

ولی اگر به یک کلیسای فارسی‌زبان دیگر بروید، شما کوله‌بار خودتان را می‌برید و دیگران هم کوله‌بارهای خودشان را همراه دارند، و بعد دعوا سر این می‌شود که کوله‌بارتان را کجا بگذارید. اما اینجا (در کانادا)، در این کلیسای عظیم، کوله‌بارتان را می‌برید، ولی کسی آن را نمی‌گیرد و اصلا توجهی به آن نمی‌کند. فقط به آنجا می‌روید، پرستش می‌کنید، پس از تشکر، آنجا را ترک می‌کنید و به خانه می‌روید. مثل یک رستوران خوب است، غذای خوب می‌خورید و بعد آنجا را ترک می‌کنید. رابطه‌ای وجود ندارد.

مجادله بخشی از تجربیات کلیسای ایرانی است. روش فرهنگی رسیدگی به مجادله، پنهان کردن آن یا حمله به متخلف است؛ واکنشی معمول در فرهنگ آبرو و شرم. بر اساس مصاحبه‌های انجام شده، به نظر می‌رسد که شبانان در رسیدگی به مجادله عملکرد خوبی ندارند، که شاید بخشی از آن مربوط به نداشتن آموزش‌های لازم یا عدم تمایل یا ناتوانی در برخورد با مجادله باشد. یافتن زمینهٔ مشترک در رسیدگی به مجادله، هنگامی که آن را با ذهنیت یا همه یا هیچ می‌نگریم، تقریبا غیرممکن است.

حل مجادله

درک مجادله تنها بخشی از معادله است. نکتهٔ مهم، خواندن نوشته‌های مستند دیگران در مورد حل مجادله برای درک بهتر اتفاقی است که جریان دارد. حل مجادله چندین لایه دارد و باید صمیمانه و به طور عمیق، لایه‌های زیرین میراث عاطفی ترس، انزجار، غم، و عدم اعتماد را که ناشی از ده‌ها سال جنگ و چرخه‌های بی‌پایان قربانی شدن و خونخواهی است، مورد کند و کاو قرار داد.[۱۷۲] مجادله از باورهای متفاوت مربوط به

سوابق، مسائل، ارزش‌ها، علایق و روابط برمی‌خیزد. بعضی از مسائلی که مستلزم بحث بیشتر است، مربوط به اهمیت نسب پدری، قومیت، ارتباط هویت، ماهیت همبستگی قومی و طایفه‌ای، نقش کلیدی روابط ارباب-رعیتی، اعتقادات دینی و سنت‌ها، و آبرو و شرم می‌گردد. روش‌هایی که اغلب در مجادله مورد استفاده قرار می‌گیرد، عبارتند از: دوری کردن، عاق کردن، و حتی کشتن برای ابقای آبروی خانوادگی در اجتماع. اول، موضوع اساسی در حل مجادله، درک حقانیت طرف «دیگر» است. دوم، دریافتن تعدد و وفور دیدگاه‌ها و ارادهٔ زندگی کردن با دیدگاه‌های ناهمگون است. باید فرای احساس قربانی شدن با گذشتن از بی‌اعتمادی، نومیدی و یأس، حرکت دیگری وجود داشته باشد.[۱۷۳] البته گفتن آن بسیار سخت‌تر از عملی کردنش است. من فقط در تلاش برای قانع کردن مردم جهت واکنش تند نشان ندادن به همدیگر و گوش سپردن به گفته‌ها و ناگفته‌ها، مدت زیادی را صرف کردم. ژرژ ایرانی (George Irani)، متخصص علوم سیاسی، قدم دیگری برای شفا ارائه می‌کند، که از همه مهم‌تر است.[۱۷۴]

سوم، نظریه‌های حل مجادله به سه شاخص ایجاد صلح اشاره می‌کنند. آنها عبارتند از «سَر، قلب، و دست...، که به شناخت، عاطفه، و رفتار مربوط می‌شوند».[۱۷۵] ابونیمِر شاخص چهارمی را با عنوان دروازهٔ روحانی [۱۷۶] اضافه می‌کند که شامل دعاها و انجام مراسم است. مقایسهٔ ابونیمر، میان فرضیات برخورد خاورمیانه‌ای‌ها و غربی‌ها با حل مجادله، بیش از هر چیز به ما یاری می‌دهد.

فرضیات غربی‌ها	فرضیات خاورمیانه‌ای‌ها
مجادله امری مثبت است.	مجادله امری منفی و خطرناک است.
مجادله عادی است.	باید از مجادله اجتناب کرد.
مجادله می‌تواند رشد و خلاقیت به بار بیاورد.	مجادله باعث تخریب و بی‌نظمی می‌شود.
چهارچوب‌های همکاری و همیاری، مؤلفه‌های اصلی حل مجادله هستند.	همبستگی گروهی (خانواده، طایفه، دین، فرقه، یا هویت‌های جمعی دیگر) اصلی‌ترین و مهم‌ترین هویتی است که باید در طول فرآیندهای مدیریت مجادله از آن حفاظت و نگهداری کرد.

رویارویی با مجادله یک راهکار ضروری و توصیه شده است.	عملکردهای بی‌اختیار و احساساتی، مشخصهٔ فرآیندهای مدیریت مجادله در خاورمیانه است، مخصوصا در رابطه با تعامل میان طرفین مجادله. چنین رفتاری نه تنها جزوی لاینفک از میانجی‌گری و راهکارهای مذاکره محسوب می‌شود، بلکه به طورکلی یکی از مشخصه‌های قوی جامعهٔ عرب است.
از آنجایی که همه چیز مبتنی بر استدلال منطقی است، هر مجادله‌ای را می‌توان با یک برنامه منطقی حل و فصل کرد. همهٔ الگوهای حل مجادلهٔ غربی، شامل چهار الی دوازده مرحلهٔ مداخله هستند.	هنجارها و ارزش‌های اجتماعی بر قالب‌های قانونی ارجحیت دارد و قوانین اصلی ایجاد تعهد را تشکیل می‌دهند. بنابراین، توافق‌نامه‌های کتبی (یا امضای آنها) بخشی از این فرآیند نیست. در عوض، طرفین و طرف سوم برای دستیابی و اجرای توافق بر ارزش‌ها و هنجارهای اجتماعی و فرهنگی تکیه دارند.
مصلحت، موقعیت، نیازها، و خواسته‌های هر فرد، اساس فرآیندهای حل مجادله هستند.	دستورالعمل‌های آبرو، شرم، و اعتبار مؤلفه‌های اصلی هستند که طرفین، میانجی‌ها، و حل کنندگان مجادله باید در هرگونه فرآیند حل و فصل مجادله مورد استفاده قرار دهند.
نگارش نتیجهٔ توافق، مؤلفهٔ اصلی فرآیند حل مجادله است.	اتحاد، هدف غایی و مشترک گروه‌هاست. اتحاد به معنی توافق بر سر طرزفکرها، اصول، و عملکردهاست.
رعایت تشریفات و روند قانونی، بخش مهمی از فرآیندهای حل مجادله است.	حل مجادله و میانجی‌گری بر مبنای روش‌ها و ساختار سلسله‌مراتبی و تمرکز قدرت است (ریش‌سفیدان، مردان، و صاحب‌منصبان قدرتمند).
طرفین مجادله و میانجی‌های غربی اغلب از منابع مادی برای توصیف و برقراری فرآیند حل مجادله استفاده می‌کنند.	فرآیندها و نتایج بیشتر بر اساس رابطه‌گرایی است تا وظیفه‌گرایی. تاکید محکمی بر رابطهٔ میان طرفین با همدیگر و سایر اعضای جامعه گذاشته می‌شود. نگرانی عمدهٔ طرفین مربوط به موقعیتی است که در رابطهٔ با همدیگر دارند.
عملکردهای طرفین و میانجی‌ها در فرآیندهای حل مجادله وظیفه‌گرایانه است. دستیابی به وظیفهٔ قابل اجرا و تمرکز بر مسائل قابل مذاکره (جنبه‌های مادی مشاجره) عنصر مهمی در مراحل به توافق رسیدن است.	میانجی‌گری بیش از هر چیز وابسته و مربوط به استفاده از حکمیت و واسطه‌گری به عنوان مؤلفه‌های اصلی خط مشی خاورمیانه‌ای‌ها در حل مجادله است.

جدول ۵. ۱: روش‌های حل مجادله (ابونیمِر ۲۰۰۱، ۲۹-۳۱).

ایرانی نکته‌های مفیدی را در مورد حل مجادله ارائه می‌دهد:

۱. حل مجادلۀ غربی مربوط می‌شود به روابط مشخص، برنامه‌ریزی شده، و نهادینه. مجادلۀ خاورمیانه‌ای اغلب مربوط به روابط بدون برنامه‌ریزی، غیررسمی، و اتفاقی است. سازماندهی در حل مجادله سودمند است.

۲. فرهنگ گفتگو معمولا به وسیلۀ صحبت همزمان افراد نشان داده می‌شود. به افراد کمک کنید تا به جای ابراز نظرات‌شان، به سمت رسیدن به یک راه حل حرکت کنند.

۳. در مناظره‌های شدید، ساکت ماندن گاهی به عنوان رضایت فروتنانه یا موافقت تعبیر می‌شود. افراد را به حرف بیاورید، خصوصا کارمندان غربی را که ساکت می‌مانند.

۴. میانجی‌ها یا طرف سوم، نقش کلیدی در مشاجرات دارند. به آنها طوری نگریسته می‌شود که گویی همۀ جواب‌ها و راه‌حل‌ها را در آستین دارند. اگر آنها جواب‌ها و راه‌حل‌ها را تامین نکنند، از احترام‌شان کاسته می‌شود و مشروعیت‌شان را از دست می‌دهند.[۱۷۷]

در فرهنگ ایرانی-خاورمیانه‌ای، حل مسئله و حل مجادله معمولا در طی مراحل و بر اساس الگوی خاصی انجام می‌شود. از هیچ کوششی برای محرمانه نگه‌داشتن مشکل دریغ نمی‌شود. اگر طرفین درگیر (مثلا: زوجین، فامیل‌های سببی، شرکای کاری) احتمالا به دلیل احساسات شدید افراد درگیر، نتوانند مجادله را حل کنند، از یک فرد سوم خواسته می‌شود تا بی‌طرفانه پادرمیانی کند. این شخص مورد اعتماد و احترام طرفین است، و معمولا از میان مردان ریش‌سفید خوشنام و معتمد جامعه انتخاب می‌شود. اگر آشتی صورت گیرد، برمبنای «ببخش و فراموش کن» خواهد بود و چه مسئله حل شده باشد یا نه، دیگر هرگز به آن اشاره‌ای نمی‌شود.[۱۷۸]

حل مجادله هدف غایی میانجی‌گری غربی است، در حالیکه کنترل یا تقلیل شدت مجادله، هدف وساطت در خاورمیانه محسوب می‌شود. چندین مانع در برابر حل مجادله وجود دارد. قاعدتا اعتقادات طرفین قوی است و هنگامی که یک طرف معتقد باشد که طرف دیگر به بیراهه رفته و نیازمند اصلاح است، کار زیادی نمی‌توان انجام

داد. بی‌اعتمادی و بدگمانی به غیرخودی‌ها، خصوصا به روش‌های غربی، یک اصل و قاعده محسوب می‌شود. به رسمیت شناختن مشروعیت باورها و علاقه‌های مختلف که فرض اصلی حل مجادله است، به عنوان یک ضعف تعبیر می‌گردد.

مسائلی که فرآیند حل مجادله را پیچیده می‌کنند از این دست است که فرد دارای ارزش و اعتباری مانند فرهنگ‌های غربی نیست. «هر فرد در تاروپود گروه، قبیله یا بافت خانوادگی‌اش تنیده شده است. دین همچنان نقشی اساسی در زندگی فردی و جمعی دارد».[۱۷۹] وفاداری به خانواده‌ای که با استفاده از قدرت و تسلط خود، نام خانوادگی را حفظ می‌کند مانعی برای یافتن راه حل مجادله است. فساد گسترده، حفظ آبرو به هر قیمت، و ساختار سلسله‌مراتبی و پدرسالاری که به یک معنا بالاتر از احساس وظیفه در برابر قانون است، موجب محدودیت برقراری عدالت می‌گردد. سعید (Said) و فانک (Funk)، اظهار می‌دارند که اگر بخواهیم به آرمان‌های جامعه در جهان اسلام برسیم، باید شأن و احترام فردی را بیش از حفظ خوشنامی خانواده یا گروه، حفظ جلوهٔ عمومی و اجتناب از بی‌آبرویی به هر قیمت، مورد تاکید قرار دهیم.[۱۸۰]

وایزلی و وایزلی (Wisely and Wisely) به این نکته اشاره می‌کنند که بخشش و آشتی به واسطهٔ فیلترهای فرهنگی، شرطی می‌شوند. در روند بخشش، باید فیلترهای پیش‌زمینه‌ای مورد بررسی قرار گیرند. این فیلترها عبارتند از:

۱. تجربیات گذشته و حاضر
۲. باورهای مربوط به امور ممکن و غیرممکن
۳. شرطی‌سازی محیطی
۴. طرز تربیت والدین و خانواده
۵. نظام باورهای فرهنگی

مجادله و پیامدهای متعاقب آن، یکی از عرصه‌های اصلی نگرانی میان جامعهٔ خاورمیانه‌ای‌ها در غربت است. این جوامع بر شرم، آبرو، احترام، موقعیت اجتماعی، و باورهای دینی بنا شده‌اند که همگی سهمی مستقیم در اجتناب از مجادله دارند. عدم اعتماد در میان این جماعت‌ها، تلاش‌هایی را که برای حل مجادله انجام می‌شود، تضعیف می‌کند. اغلب اوقات راهبرد انزوا و کناره‌گیری مورد استفاده قرار می‌گیرد.

مجادله میان ایمانداران مسلمان‌زاده و سایر گروه‌های قومی

با علم به تنش موجود میان ارمنی‌ها، آشوری‌ها، یهودیان، و فارس‌ها، در زمان مناسب پرسیدم آیا این مجادله‌ای که از آن صحبت می‌شود، به نوعی ریشه در تفکیک روابط میان گروه‌های مختلف قومی داشته است؟ سیزده مصاحبه‌شونده یا ۲۶ درصد از ایشان تایید کردند که تنش قومی میان ایمانداران از زمینهٔ مسلمان و کسانی که از زمینه‌های دینی دیگر هستند، نقشی اساسی در مجادله بازی می‌کند.

ما از زمینه‌های بسیار متفاوت فرهنگی، اجتماعی-اقتصادی، تحصیلی، و دینی هستیم. همگی ما به خاطر این زیر یک سقف جمع می‌شویم که گزینه‌های زیادی نداریم، اینجا در هر شهر ده کلیسا وجود ندارد که یکی را از میان‌شان انتخاب کنیم. همین موضوع تنش و برخوردهای زیادی را به وجود می‌آورد.

اغلب اوقات گروه‌های مختلف قومی به ایمانداران مسلمان‌زاده و ایمانداران مسیحی‌زاده تقسیم می‌شوند. «ارمنی‌ها و آشوری‌ها، با تحقیر و توهین زیادی با مسلمان‌زاده‌ها روبرو می‌شدند. بعضی از آنها حتی کلیسای ما را «کلیسای مسلمان‌ها» خطاب می‌کردند. ما به نوعی کاکاسیاه محسوب می‌شدیم». «آشوری‌ها فکر می‌کنند فارس‌ها مسیحیان درجه دو هستند، چون ما در خانوادهٔ مسیحی به دنیا نیامده‌ایم».

تنش‌های موجود همه‌جانبه است. یهودیان ایرانی در کسب و کار موفق بودند و «ایمانداران از زمینهٔ مسلمان از این موضوع دل خوشی نداشتند». کلیسای ارمنی ایرانی بزرگ‌تر از کلیساهای مسلمان‌زاده است. «آشوری‌ها ته فکرشان می‌گویند این مسلمان‌زاده‌ها در خانوادهٔ مسیحی به دنیا نیامده‌اند و واجد شرایط نیستند. بعضی از ارامنه نیز همین‌طور فکر می‌کنند. موضوع مجادلهٔ آنها، برتر بودن است».

بعد از ایجاد جدایی‌های زیادی در کلیسا، آشوری‌ها می‌گفتند همهٔ مجادلات به خاطر این است که آنها یا مسیحی نیستند، یا هنوز در مسیحیت طفل هستند و تغییر نکرده‌اند. فارس‌ها هم می‌گفتند آشوری‌ها مغرورند و فکر می‌کنند از ما بهتر هستند.»

تنش‌های قومی میان گروه‌بندی‌های داخلی قومی در کلیسا را ایرانیان از ایران با خود به غربت آورده‌اند. وقتی کلیسا کوچک بود، گروه‌های مختلف قومی به یک کلیسا می‌رفتند، اما تنش‌ها همچنان در زیر سطح و پنهانی وجود داشت. تنش‌های قومی یکی از عوامل جدایی در چندین کلیسا بود. احساس فراگیر در میان ایمانداران

مسیحی‌زاده این است که مسلمان‌زاده‌ها مسیحیان درجه دو هستند و نمی‌توان به آنها اعتماد کرد. وقتی به بررسی تنش‌های مختلف رهبری پرداختم، به این نتیجه رسیدم که فشارهای قومی بخشی از مشکل هستند و ناهماهنگی را بیشتر می‌کنند. همهٔ طرف‌های تنش به اندازهٔ کافی قابل سرزنش هستند. هر گروه قومی کوله‌بار خودش را به کلیسا می‌آورد.

مقابله و نتایج آن

به منظور روشن شدن بیشتر طرز برخورد با مجادله، پرسیدم ایرانیان چگونه در طول مجادله مقابل دیگران می‌ایستند؟ ده نفر یا ۲۰ درصد از مصاحبه‌شوندگان راه‌های مقابله با مجادله را تشریح کردند. ایرانیان خاطرهٔ بسیار ناچیزی از مقابله با دیگران دارند. از آنجا که این حیطه‌ای ناشناخته محسوب می‌شود، مقابله تبدیل به یکی از ریشه‌های ناهماهنگی در کلیسای ایرانیان می‌شود.

شرم و خجالت در زمینهٔ فرهنگی ایرانیان تنیده شده، و به همین دلیل واکنش به مقابله را شکل می‌دهد. «حتی وقتی می‌بینید چه می‌کنند، باید مراقب باشید‌که چطور باید با آنها مقابله کنید. آنها از اینکه ضعف‌های‌شان فاش شده شرم زده‌اند، چون نمی‌خواهند درمعرض دیدقراربگیرند. پس باید کلام خدا را در معرض دید آنها قرار بدهیم».

تظاهر، یکی از موضوعات بسیار بزرگ فرهنگ کلیسایی ماست؛ سرکوب احساسات در فرهنگ ما نقش مهمی دارد و همواره باید با آن روبرو می‌شدیم. ما از ابراز آنچه در درون‌مان می‌گذرد، احساس راحتی نمی‌کنیم. عدم توافق از نظر ما یک حملهٔ شخصی به شخصیت و تمامیّت طرف مقابل محسوب می‌شود. پس وقتی همهٔ اینها را روی هم بگذارید، البته که برای مقابله آزادی عمل ندارید. اگر با کسی موافق نباشید، به او اعلام جنگ کرده‌اید. علیه او موضع‌گیری کرده‌اید.

در واقع من به پیروی از کتاب‌های مختلف هر تلاشی برای قطع چرخهٔ مجادله کردم، اما به دلایلی کارگر نبود. فکر می‌کنم بخش عمدهٔ مدیریت هر مجادله، برقرار کردن ارتباط، صداقت و بخشش است. وقتی شما مسائلی دارید، منظورم مسائل جدی است، هیچکدام از راهکارهای توصیه شده کارگر نیست. آنها نمی‌خواهند بنشینند و صحبت کنند.

فرآیند مجادله و راه‌حل‌های ممکن برای آن به چند نتیجهٔ مختلف می‌انجامد. «ابتدا، عصبانی می‌شوند. دو حالت ممکن وجود دارد: یا می‌روند و با آن فرد صحبت می‌کنند، یا کلیسا را ترک می‌کنند. من سال‌ها در کلیسا بوده‌ام، شاید صد نفر رفته‌اند، و هرگز به اینجا برنگشته‌اند.»

در این حالت، شما درونا از یک فرد یا مجموعه‌ای از شرایط ناراحتید اما برخوردتان با این موضوع طوری است که به جای مقابله با آن مسئله، خودتان را از آن کنار می‌کشید یا به نوعی ناراحتی‌تان را با روش انفعالی نشان می‌دهید. روش انفعالی‌تان می‌تواند غیبت کردن باشد. یا اینکه با خود می‌گویید به کلیسا رفتن ادامه می‌دهم، اما در این میان با سایر اعضا صحبت می‌کنم و پشتیبانانی را دور خودم جمع می‌کنم تا نهایتا همگی کلیسا را ترک و مشارکت خودمان را شروع کنیم و این موضوع به نام من تمام نمی‌شود.

شبانان در مقابله با مشکلات وضعیت دشواری دارند. شبانی اعتراف کرد که به هیچ وجه نمی‌تواند با دیگران مقابله کند.

سعی می‌کنم با بصیرت بیشتری این کار را انجام دهم، اما نمی‌توانم بگویم هرگز تا همین دو یا سه سال گذشته، با قوت به تقابل پرداخته‌ام. حالا صراحت بیشتری دارم چون خودم را عوض کرده‌ام. اما در طول دورهٔ خدمت شبانی‌ام، بیشتر اوقات توانایی مقابله نداشتم. بدون هیچ تقابلی، می‌گذاشتم موضوعاتی در کلیسا رشد کند. یکبار به همین دلیل در کلیسای‌مان جدایی به وجود آمد.

در یک توضیح مثبت، یک کلیسا راهی برای ابراز ناراحتی و دلخوری یافته است. ما یک جعبه داریم که اعضا می‌توانند نظرات‌شان را دربارهٔ کلیسا در آن بیندازند. رهبری کلیسا این یادداشت‌ها را می‌خواند. اعضا حق دارند نظر خودشان را ابراز کنند. به نظرم در کلیسای ما، رهبری آنقدرها هم بد نیست، چون به نظرات و انتقادات مردم و اعضا گوش می‌دهند. اینکه می‌گویم آنقدرها هم بد نیستند، شاید در مقایسه با کلیساهای ایران باشد.

مقابله با مشکلات در کلیسای ایرانی دشوار است، و منجر به ترک کلیسا توسط افراد می‌شود. از لحاظ فرهنگی، برای ایرانیان مقابله با همدیگر سخت است. اولین واکنش در برابر مقابله این است که به سرعت بروید و خود را مخفی کنید. نتیجهٔ بعدی

مقابله، ایجاد حساسیت شدید نسبت به شرم و آبرو و همچنین واکنش درونی منفی‌ای است که به وجود می‌آورد. نتیجهٔ عدم توافق، رنجش است و مقابله به معنی جنگ و دعوا تلقی می‌شود. مردم به جای مقابلهٔ مستقیم، غیبت می‌کنند، به همین دلیل افراد کلیسا را ترک می‌کنند. برای شبانان، به دلیل طبیعت حساس مردم و اشتیاق برای حفظ نزاکت، مقابله کردن به طور خاص بسیار دشوار است. بعضی از شبانان حس می‌کنند که مقابله منجر به خروج بسیاری از کلیسا می‌شود و اغلب، مشکلات را نادیده می‌گیرند. میانجی‌های مورد قبول در فرهنگ نیز نمی‌توانند گروه‌های در حال مجادله را با هم همراه کنند. با خاطرهٔ ناچیزی که از روش مثبت حل مجادله وجود دارد، و ترس از نتایج نامعلوم، مردم از مجادله اجتناب نموده و کلیسا را ترک می‌کنند.

حل مجادله

هدف از طرح سوالاتی در مورد مجادله، کشف راه‌های دستیابی به حل مجادله بود. سیزده نفر یا ۲۶ درصد نظرات‌شان را در مورد حل مجادله ابراز کردند. مجادله را می‌توان به روشی سازنده مورد بررسی قرار داد، آن را به وقت دیگری موکول کرد، یا به طور غیرسازنده با آن روبرو شد. یافتن راه‌های حل مجادله، شاخص مهمی برای سلامت کلیساست.

«بدون حل مجادله، باید از آن اجتناب کنید. این اجتناب نهایتا به جایی می‌رسد که مجبور به ترک کلیسا می‌شوید چون یا باید با آن روبرو شوید یا به حال خود رهایش کنید. اکثر مردم نهایتا کلیسا را ترک می‌کنند». «از مجادلات اجتناب می‌شود، اما حل‌شان نمی‌کنند، فقط دیگر شما آنها را نمی‌بینید. فکر نمی‌کنم شرایطی که منجر به بُرد همهٔ طرفین شود، زیاد اتفاق بیافتد».

ترک کلیسا در عوض حل مجادله «آسان‌ترین» گزینه است. ماندن در آنجا و عبور از میان همهٔ رنج‌ها و ارتباط برقرار کردن و کوشیدن برای حل مسائل انرژی و وقت زیادی می‌برد. و آنها فقط راه میان‌بُر را می‌روند». «آنها به سرعت از آن دور می‌شوند؛ همیشه!». «لزوما مربوط به جایی نیست که به سویش می‌روید، موضوع فقط فرار و دور شدن است».

به نظرم حل نکردن مجادلات یکی از فرهنگ‌های ایرانی است. آنها هیچ تصوری

از حل مجادله ندارند. شما یا دوست من هستید یا دشمنم. هیچگونه گزینهٔ موافقت برای عدم توافق در اینجا وجود ندارد. راه میانه‌ای نیست. در هیچ برهه از زمان نمی‌گویید: «بیا به خود استراحتی بدهیم، بیا از این مسئله بیرون برویم و از بیرون به آن نگاه کنیم، بیا به همدیگر کمی فرصت و مهلت بدهیم. بگذار استدلال تو را بشنوم و اجازه بده تا من هم استدلال خودم را بگویم. درباره‌اش فکر و دعا کن،» نه امکان ندارد. مشخص است که شما نمی‌خواهید دیگر خدمتی در حق من بکنید؛ دیگر تمایلی ندارید برایم موعظه کنید، پس من به جای دیگری می‌روم. فرقی ندارد که آنجا جلسات کلیسایی دوبار در هفته باشد، اگر نمی‌خواهید، من می‌روم.

حل مجادله مستلزم حساسیت، درک، و حکمت است. اما این فرآیند می‌تواند منجر به بزرگتر شدن مشکلات شود. حتی با احساس‌ترین و عادلانه‌ترین برخورد باز هم ممکن است منجر به رنجیدن افراد گردد.

من با ملاحظهٔ زیادی با آنها مقابله می‌کنم. بدون هیچگونه پیش‌فرض یا اتهامی. تلاش می‌کنم با آنها حرف بزنم و واقعیت‌ها را روشن کنم، بدون اینکه کسی برنجد. درمورد مشکل به نتیجه‌ای می‌رسم، می‌روم و محکم با آنها صحبت می‌کنم، بعد از من می‌رنجند و همه چیز بدتر از قبل می‌شود. باید با آن روبرو شد، اما با احترام و دربست نپذیرفتن ادعاهای نفر اول یا کسی که شاید به او احساس نزدیکی بیشتری کنید. باید واقعا منصف باشید. و بعضی از شبانان ایرانی که دیده‌ام همیشه اینطور رفتار نمی‌کنند. آنها با استفاده از قدرت‌شان موضوع را جمع می‌کنند. بسیاری از مردم هم می‌رنجند.

شبانان زیادی فقط جنبهٔ جلوی چشم بودن عمومی خدمت شبانی، مثل موعظه و تعلیم را می‌بینند. اما جنبهٔ نادیدنی خدمت شبانی، ایجاد روابط است. همهٔ کسانی که به دنبال شبانی هستند این شاخص کار شبانی را درک نمی‌کنند.

در آن سال‌ها، ایجاد روابط مشکل بود. عطای اول من شبانی نیست، بلکه تعلیم، بشارت شاید، و بیشتر رسالت است و تلاشم ایجاد مناسبت و تشکیل گردهم‌آیی است. پس شبانی عطای من نبود. وقتی مشکلاتی در روابط به وجود می‌آمد، نمی‌دانستم چه کنم و این مشکلات همیشه اتفاق می‌افتد. کسانی را دور هم جمع می‌کنید که همدیگر را نمی‌شناسند و نمی‌توانید آن را کلیسا بنامید. یک جمع است. در جمع کلیسایی باید اتفاقاتی بیفتد و بخشی از آن مجادله و همچنین حل مجادله است. وقتی

بحث و جدلی صورت می‌گرفت یا افراد به دلایل مختلف دیگر علاقه‌ای به دور هم جمع شدن نداشتند، من نمی‌توانستم از پس حل مشکل بربیایم.

یکی از مصاحبه‌شوندگان عضو کلیسایی بود که گویی توانسته بود روشی برای ساختن فرهنگ آموزش رویارویی با مجادله بیابد. این موضوع ابتدا از گروه رهبری شروع شده و سپس به جماعت کلیسا سرایت کرده بود.

یاد می‌گیرید که چطور بنشینید، با عضو کلیسا رابطه‌ای برقرار کنید، و به آرامی و روشنی دربارهٔ آنچه باید متوقف شود، حرف بزنید. «من با تو هستم و بیا با هم روزه بگیریم و دعا کنیم. من با تو هستم و در مقابلت نایستاده‌ام.» هرگز نمی‌گویم «من شبان هستم و تو باید کاری را بکنی که من می‌گویم»، بلکه برخوردی نرم‌تر دارم. اما وقتی در سطح رهبری باشید، توافق می‌کنید که با صراحت بیشتری حرف بزنید. این کار را آسان‌تر می‌کند. باز هم، حتی به عنوان رهبران کلیسا، از موقعیت‌مان سوءاستفاده نمی‌کنیم. در حین صحبت با شما تلاش من این است که رابطه‌مان خدشه‌دار نشود. اما صحبت‌مان صریح و بی‌پرده است.

حل مجادله حوزه‌ای است که شبانان و اعضا را در کشمکش می‌اندازد. خاطرهٔ بسیار ناچیزی از حل مجادلات وجود دارد. واکنش معمول، اجتناب و دور شدن از مجادله است. تلاش برای حل مجادله زمان و انرژی زیادی می‌گیرد، و اغلب موجب مشکلات بیشتری می‌شود، که اکثر اوقات باز هم منجر به اجتناب و فرار می‌گردد. مجادله به عنوان یک «برد و باخت مساوی» تلقی می‌شود که موجودیت هر طرف به طور غیرقابل حلی منوط به خنثی کردن موجودیت طرف دیگر است و نتایج سودمند دوجانبه غیرقابل دستیابی هستند. برخورد همراه با امر و نهی شبان موجب رنجش می‌شود. تعلیم دادن دربارهٔ این موضوع، تغییرات رفتاری کمی ایجاد می‌کند. بعضی شبانان و معلمان، دربارهٔ روش‌های حل مجادله موعظه می‌کنند و تعلیم می‌دهند؛ شخصی توصیه می‌کرد که رهبران کلیسا باید سرمشقی برای حل مجادله شوند تا اعضا از الگوی آنها پیروی کنند.

بخشش

بخشش در ایمان مسیحی مرکزیت دارد. باب صحبت را دربارهٔ بخشش به عنوان

واکنشی به ناهماهنگی باز کردم و سی و یک نفر یا ۶۲ درصد، موضوعات قابل توجهی دربارهٔ بخشش در کلیسای ایرانیان مطرح نمودند. در حین مصاحبه، جنبه‌های مختلف بخشش بررسی شد؛ از جمله طرز بخشش ایرانیان، دشوار بودن بخشش برای ایرانیان، و داستان‌هایی دربارهٔ بخشش. هرچند بخشش در پیام مسیح مرکزیت دارد، زمینهٔ فرهنگی ایرانی بخشش را سخت و دشوار می‌سازد. توضیحات مختلفی داده شد، از جمله: «فرهنگ ما برمبنای شرم است. ما شرمنده می‌شویم؛ حتی اگر تغییر کنیم، اما بخشیدن برای‌مان آسان نیست. ما فراموش نمی‌کنیم». سه نفر می‌گفتند کسانی که از زمینهٔ اسلامی می‌آیند، سخت‌تر از غربی‌ها می‌بخشند.

بعد از اینکه مصاحبه‌شوندگان در مورد عدم بخشش در کلیسا صحبت کردند، از ایشان پرسیدم چرا بخشش برای ایرانیان اینقدر مشکل است. «شاید برای ایرانیان سخت‌تر است، چون ما ترجیح می‌دهیم دربارهٔ بخشیدن صحبت نکنیم». «احساسات زیادی ابراز می‌شود، آنها همدیگر را می‌بخشند، اما نمی‌دانم با چه عمقی، یا اینکه آیا واقعا بخشش مسیحی را درک می‌کنند یا نه».

تلاش آگاهانه‌ای برای بخشش در این جماعت وجود دارد. این موضوع مخصوصا با وجود همهٔ سختی‌هایی که آنان در خانواده و کشورشان تجربه کرده‌اند می‌تواند خیلی سخت باشد. اغلب اوقات ناگهان متوجه می‌شوند که به جای حرکت به جلو پس از بخشیدن شخصی، دائما دربارهٔ گذشته صحبت می‌کنند .

بله، بخشش در ایران خیلی ضعیف است. آنها مردم را تحمل می‌کنند. ضرب‌المثلی در مورد حق هر شخص وجود دارد که می‌گوید: «حق گرفتنی است، نه دادنی.» این عبارت خیلی معروفی است. من به ندرت شاهد یک داستان بخشش واقعی بوده‌ام. آنها کینه‌توز هستند. افراد غیب می‌شوند. انگار دیگر وجود ندارند. با همدیگر حرف نمی‌زنند. مسلمانان به من گفته‌اند: «وقتی عیسی کسی را می‌بخشید، چارهٔ دیگری نداشت. او شخص ضعیفی بود. به همین دلیل می‌بخشید.» برای مسلمانان، مسیحی شدن مثل جنگ جهانی دوم است. مثل این است که جایی بمباران شده باشد. بازسازی آن مکان سال‌ها طول می‌کشد. برای من اینطور بود و دقیقا شاهد همین موضوع هستم. حالا اگر مردم بگویند: «من در یک لحظه عوض شدم» به نظرم یا دروغ می‌گویند یا نمی‌دانند چه می‌گویند. این شهر ویرانه یک عمر طول می‌کشد تا

آباد شود. پیام انجیل مثل بمباران کردن یک شهر است که مردم آن خود را میان ویرانه‌ها می‌یابند. همه جا ویران شده یا از بین رفته است. اصطلاح فنی آن دگرگونی معرفت شناختی (epistemological transformation) است. این اتفاق می‌افتد.

تصور غلط اصلی این است که اگر من آن شخص را ببخشم، یعنی او حق داشته است. یک بار دیگر، حق و ناحق. دو موضوع: آنها حس می‌کنند به این ترتیب ثابت می‌شود کارشان درست بوده است. شمارهٔ دو، آنها حس می‌کنند مورد سوءاستفاده قرار گرفته‌اند. کسی که می‌بخشد فقط ساده و خام است؛ آنها از من سوءاستفاده کردند و من آنقدر ضعیفم که قبول کردم و بخشیدم‌شان. آنها بخشش را نوعی ضعف قلمداد می‌کنند.

پیگیری کردم و سوالاتی در مورد چگونگی تعلیم کلیسا دربارهٔ بخشش پرسیدم. به مراسم معمول عشای ربانی و یک کنفرانس اشاره کردند.

ناهماهنگی بخشی از کلیسای ایرانیان در غربت را تشکیل می‌دهد. بخشش روش مسیحی برخورد با دلخوری، رنجش، و روابط تیره و تار است. اما، بخشش برای ایماندار ایرانی از زمینهٔ اسلام یک مفهوم بیگانه محسوب می‌شود. ایرانیان مایلند به عقب بنگرند و بخشیدن ناراحتی‌ها برای‌شان سخت است و رابطه را قطع می‌کنند و به دنبال زندگی‌شان می‌روند. بخشش، گاهی از اوقات با عینک ضعف نگریسته می‌شود و بخشیدن یک شخص تایید این موضوع است که دیگری درست می‌گوید. این ترس وجود دارد که بخشش منجر به سوءاستفاده شود. بلوغ ایماندار و زمان شفای زخم‌ها، عناصر کلیدی در دستیابی به بخشش واقعی هستند. عمق زخم‌های گذشته، عمل به بخشش را دشوار می‌سازد. اما، کلیسای ایرانی در غربت اغلب بخشیدن را تعلیم می‌دهد؛ تقویم موعظات کلیسا نشانگر سخنرانی منظم درمورد این موضوع است که در پیام مسیحی نقشی مرکزی دارد.

انتقام

در صورتی که بخشش دست‌یافتنی نباشد، آیا مشکل انتقام است؟ هرچند نمی‌خواستم به طور هدفمند موضوع انتقام را در سوالاتم پیش بکشم، اما سوالاتی دربارهٔ انتقاد، بخشش، غیبت، و مجادله به عنوان موضوعاتی برای درک واکنش افراد به مشکلات مربوط به روابط پرسیدم. ادبیات خاورمیانه انتقام را به عنوان واکنش اصولی در هنگام

آسیب دیدن، بازمی‌شناسد. اما، فقط پنج نفر یا ۱۰ درصد به طورخاص به انتقام اشاره کردند، با این وجود که چند نفر دیگر در مورد افراد ناراضی صحبت کردند که در هنگام ترک کلیسا حتی‌الامکان افراد بیشتری را با خود همراه می‌کنند. انتقام می‌تواند اَشکال زیادی در کلیسا به خود بگیرد.

«من از فرهنگی مبتنی بر شرم آمده‌ام. یکی از مهم‌ترین برخوردها در این فرهنگ انتقام است. پس مدت زیادی طول می‌کشد تا بخشش راهی در میان لایه‌های این فرهنگ مبتنی بر انتقام پیدا کند».

همه چیز مربوط می‌شود به انتقام، انتقام و انتقام. همه چیز مربوط می‌شود به شما، شما مرکزیت دارید، اگر کسی آسیبی به شما بزند، شما هم در عوض به او آسیب می‌رسانید. تلاش همه این است که پیش از دیگران چیزی بگیرند. همه چیز مال شماست، شما مرکزیت دارید.

دینی که در پشت فرهنگ ایستاده، مربوط به انتقام است نه بخشش. اگر من شما را نبخشم، یعنی از شما قوی‌تر هستم. در مسیحیت، عکس این موضوع صادق است. در کلیسا، اگر نسبت به یک شخص مسیحی دیگر بدی یا بی‌نزاکتی کنم، می‌روم و به او می‌گویم: «از کاری که کردم متاسفم.» باید واقعا سخت کار کنم تا توجه و احترام او را جلب کنم و آنقدر تواضع نشان بدهم تا بتواند مرا ببخشد. حافظهٔ ما به شدت زخمی شده و آسیب دیده است، و مدتی طول می‌کشد تا التیام پیدا کند.

پرسیدم انتقام در کلیسا چطور خود را نشان می‌دهد. «غیبت، ترک کلیسا، تلاش بی‌وقفه برای به زیر کشیدن شخص دیگر»

در همان ابتدای این مصاحبه، خاطرنشان کردم که ایرانیان از زمینهٔ اسلام، کوله‌باری همراه خود دارند. کوله‌باری که شما را آزاد می‌گذارد تا انتقام بگیرید و زندگی گناه‌آلودی داشته باشید. وقتی شخصی با این کوله‌بار به مسیح ایمان می‌آورد، مدتی طول می‌کشد تا این مهملات را پشت سر بگذارد و شخص خوبی بشود. همهٔ ما اعم از شبانان، رهبران و اعضای کلیسا این کوله‌بار را داریم.

انتقام یکی از روش‌های ایرانیان در روابطشان با همدیگر است. این روش را با خود به کلیسا می‌آورند و سعی می‌کنند دیگران را خصوصا در هنگام مجادله به زیر بکشند. در بحث مربوط به بخشش، به طور خاص به انتقام اشاره شد، که یکی از ریشه‌های

ناهماهنگی است.

حسادت

فقط چهار نفر یا ۸ درصد از مصاحبه‌شوندگان به حسادت به عنوان یک مشکل اشاره کردند. موضوع حسادت بیش از همه موقعی پیش کشیده شد که دربارهٔ روابط میان خادمان کلیسا سوالاتی پرسیدیم. نه نفر یا ۱۸ درصد دربارهٔ حسادت یا از بین رفتن اعتماد میان شبانان صحبت کردند. احساس حسادت یکی از شاخص‌های روابط میان افراد است که در کلیسای ایرانی در غربت شکل می‌گیرد.

حسادت یکی از شاخص‌های ناهماهنگی میان شبانان است. در کلیسایی یکی از رهبران شناخته شده موعظه می‌کرد و دیگری بشارت می‌داد. «با رشد کلیسا، شبان واعظ دچار ناامنی شد و حس می‌کرد که شاید من برایش تهدیدی محسوب شوم. پس شروع به صحبت و سم‌پاشی علیه من در کلیسا کرد، هرچند نیت من به هیچ‌وجه درگیر شدن در خدمت کلیسا نبود. این موضوع به مجادلهٔ زیادی انجامید». نتیجهٔ نهایی آنکه «در کلیسا جدایی افتاد و کلیسا واقعا دچار آسیب شد».

موضوع حسادت را باید در پرتو موضوع مقام و موقعیت بررسی کرد که نزد ایرانیان بسیار مورد توجه است. حسادت واکنش معمول به مقام دیگران است. مردم به اتومبیل، خانه، موقعیت و سایر نمادهای نشان‌دهندهٔ مقام دیگران حسادت می‌کنند. حسادت در میان خادمان کلیسا نسبت به عطایای دیگر خادمان یا اعضا تجلی می‌یابد. این هم یکی دیگر از ریشه‌های ناهماهنگی در کلیسای ایرانی در غربت است.

قضاوت دیگران

مصاحبه‌ها نشان داد که برخورد همراه با قضاوت، یکی دیگر از زمینه‌هایی است که ایرانیان در کلیسای در غربت خود با آن در کشمکش هستند. بسیاری از حساسیت‌هایی که در بخش حساسیت‌ها بررسی کردیم، به جنبه‌هایی از قضاوت دیگران در واکنش‌ها پرداخته است. چهارده نفر یا ۲۸ درصد اشاره کردند که برخورد همراه با داوری دیگران یکی از مشکلات جدی در کلیسای ایرانی در غربت است.

این ذهنیت در اینجا هست، یعنی داوری کردن، قضاوت دائمی همدیگر بخشی از فرهنگ ماست. ما هر چه می‌بینیم، در پشت ذهن‌مان، شروع می‌کنیم به ارزیابی، خواندن فکر دیگران، و دربارهٔ مردم حرف می‌زنیم. این چیزی است که در ذهن همه می‌گذرد. ما قضاوت و ارزیابی می‌کنیم و در فکرمان بگومگوهای زیادی در جریان است.

پرسیدم معیارهای قضاوت افراد در کلیسای ایرانی چیست:

همه چیز- وزن‌تان، آرایش‌تان، طرز غذا پختن‌تان، رفتار بچه‌های‌تان، موفق بودن همسرتان، اندازهٔ خانه‌تان، اتومبیلی که سوار می‌شوید. فارس‌ها بسیار مادی‌گرا هستند. آنها خودشان را با مادیاتی که دارند می‌سنجند. چرا اتومبیل بنز یا بی‌ام‌و دارند. چرا بچه‌های‌شان را به مدرسهٔ خصوصی می‌فرستند؟ چون می‌خواهند مدیریت مدرسه به آنها احترام بگذارد، پس پول می‌دهند تا آنها به بچه‌های‌شان درس بدهند. چرا همگی دکتر و مهندس هستند؟ چون برای جلب احترام باید عنوانی داشته باشید.

برخورد همراه با قضاوت می‌تواند باعث محدودیت در طرز شهادت دادن یا مخفی کردن اطلاعات افراد برای حفاظت از خودشان بشود.

اینجا مردم سعی در پنهان کردن همه چیز دارند. من هرگز شهادت نمی‌دهم چون مرا قضاوت می‌کنند. به زندگی جدیدم کاری ندارند، فقط به پیشینه‌ام توجه می‌کنند. اگر بدانند قبلا سیگار می‌کشیدم یا دوست پسر داشتم، یا مواد مخدر مصرف می‌کردم، دیگر با من صحبت نمی‌کنند. به پسرم هم واکنش نشان می‌دهند و او چیزی دربارهٔ پیشینه و گذشتهٔ من نمی‌داند. من اینجا پر از ترس و نگرانی هستم.

دو خانم اینطور می‌گفتند: «همیشه این خطر وجود دارد که کسی برنجد یا شما را مورد قضاوت قرار دهد، یا بیش از حد حساس باشد. پس همیشه مثل آن است که روی پوست تخم‌مرغ راه می‌روید». «سوءتفاهم- کسی کاری می‌کند و فورا محکومش می‌کنند، دل‌شان سخت است. این موضوع می‌شود یک سنگ لغزش».

بد تعبیر کردن نیت‌های دیگران و قضاوت کردن‌شان حوزه‌ای است که مسیحیان ایرانی با آن در کشمکش هستند، و جوی را به وجود می‌آورد که گویی «روی پوست تخم‌مرغ» قدم بر می‌دارید. مردم به خاطر ظاهر و رفتارشان مورد قضاوت قرار می‌گیرند. ایرانیان به راحتی نمی‌توانند خودشان باشند چون می‌ترسند مورد سوءتفاهم

و قضاوت دیگران قرار بگیرند. مردم به خاطر برخورد حاکی از قضاوت مسیحیان نسبت به همدیگر، کلیسا را ترک می‌کنند. قضاوت دیگران می‌تواند یک‌سره نسبت به همهٔ افرادی که در جلسهٔ کلیسا شرکت می‌کنند، حتی کسانی که هنوز مسیحی نشده‌اند نیز صورت گیرد. خطر مخصوصی در گروه‌های کوچکتر ایرانی وجود دارد که یک ایماندار غیربالغ که زبان کشور میزبان را به خوبی می‌داند، نقش مترجم را به عهده بگیرد و از این موقعیت برای کنترل دیگران و به دست آوردن مقام استفاده کند. روحیهٔ قضاوت‌کنندهٔ ایرانیان با بلوغ یافتن در ایمان‌شان، فرومی‌نشیند.

غیبت

موضوع غیبت، مشکل خاصی است که کلیسای ایمانداران مسلمان‌زاده با آن در کشمکش هستند. شانزده پاسخگو یا ۳۲ درصد بیان کردند که غیبت حوزهٔ اصلی نگرانی است که منجر به ناهماهنگی می‌شود و مردم کلیسای ایرانی را ترک می‌کنند. وقتی به غیبت اشاره شد، پیگیری کردم و سوالاتی در مورد مثال‌های آن و تفاوت‌های آن با غیبت در فرهنگ‌های دیگر پرسیدم.

«به نظر من این دو چیز یعنی غرور و غیبت، واقعا از مسائل اصلی بودند که باعث می‌شدند مردم کلیسای فارسی زبان را ترک کنند». «بزرگترین گناهی که کلیساهای ایرانی را متلاشی می‌کند، غیبت و حسادت و چیزهایی مثل آنهاست. اینها روابط را تخریب و متلاشی می‌کنند». «غیبت، دروغ، اینها معمول است». «اعضای قدیمی‌تر دیگر در آنجا نیستند. آنها به کلیساهای دیگر و کلیسای انگلیسی زبان رفتند، یا اصولا دیگر به کلیسا نمی‌روند. من واقعا ناراحتم. اینها همه‌اش به خاطر غیبت است».

پرسیدم تفاوت غیبت ایرانیان با غیبت در کلیسای انگیسی زبان چیست؟مصاحبه‌ها نشان می‌دهند که غیبت ایرانیان شدیدتر و فراگیرتر از آن چیزی است که در کلیساهای غیرایرانی دیده‌اند.

غیبت در هر فرهنگی وجود دارد. نشان می‌دهد که زندگی شما در اندازه‌ای نیست که دیگران فکر می‌کنند باید باشد. فکر نمی‌کنم هیچ جایی از این بابت بدتر از کلیسای فارسی‌زبان باشد. مسیحیان فارس ناراحت می‌شوند، چون این نمایانگر نظام قدیم زندگی‌شان است. آنها ساده‌لوحانه فکر می‌کنند وقتی وارد کلیسا می‌شوند همه

چیز به خوبی پیش خواهد رفت. خیلی راحت ناراحت می‌شوند چون بسیار حساس هستند. یک پسر ایرانی می‌گفت: «ما نه با عقل‌مان، بلکه با قلب‌مان فکر می‌کنیم.»

غیبت اثر مستقیمی بر جماعت کلیسا دارد. ایرانیان «همه چیز را پنهان می‌کنند تا مردم دربارهٔ شما چیز زیادی ندانند، و سعی می‌کنند آنچه مردم دربارهٔ شما و زندگی‌تان می‌دانند، تحت کنترل خود نگه دارند».

روراستی و شفافیت در فرهنگ ما و حتی در کلیسای‌مان به ندرت دیده می‌شود، مگر اینکه روی آن کار کنیم. اگر شما شفاف باشید و کسی چیزی دربارهٔ شما بداند، ممکن است غیبت کند، یا دست‌کم آن را نگه دارد تا اگر با او دشمنی کردید، چیزی برای غیبت علیه شما داشته باشد. اگر او اکنون دوست شماست، شاید سال بعد دیگر دوست‌تان نباشد. به همین دلیل مشاورهٔ ازدواج حتی در کلیسا هم نادر است. یک زن و شوهر شاید مشکلات اساسی داشته باشند و حتی نزد شبانان نروند چون اولا احساس شرمندگی می‌کنند که ما مسیحیان در میان خودمان با هم جنگ داریم، دوما می‌ترسند مبادا رازهای‌شان به بیرون درز کند. شبان ممکن است دوست من باشد، اما شاید سال دیگر دوستم نباشد و از اطلاعات شخصی من علیه خودم استفاده کند یا غیبت کند و خوشنامی‌ام را از بین ببرد. دلایل عدم سلامت کلیساها این است. اینها عناصری هستند که کلیساهای ایرانی را ناسالم می‌کنند و باید مورد توجه قرار گیرند.

شایعات و داستان‌های بی‌اساس منشأ ناهماهنگی در کلیسای ایرانی در غربت است. «بعضی مردم با هم می‌نشینند، و داستان‌هایی علیه کسی سر هم می‌کنند». نتیجه نهایی اینکه در کلیسا، «متهم‌کننده و متهم هر دو پس از آن غیب می‌شوند».

یکی از جنبه‌های غیبت که اغلب اوقات به آن اشاره می‌شود، سوءظن درمورد روابط بین مردان و زنان است.

کلیسای انگلیسی که در آن شرکت می‌کنم، کلیسای جوانی با تعداد جوانان زیاد است. افراد با هم قرار ملاقات می‌گذارند و بیرون می‌روند، بعد از مدتی میانه‌شان به هم می‌خورد و مردم واقعا در این مورد صحبتی نمی‌کنند. اما در کلیسای ایرانی، دیگر نمی‌توانید به کلیسا برگردید. غیبت‌های زیادی پشت سرتان می‌کنند و چیزهایی می‌گویند که ناراحت‌کننده است. .

پرسیدم آیا در کلیسای فارسی‌زبان تعلیم زیادی درمورد غیبت داده می‌شود؟ «خیلی

زیاد. ما منابع خوبی در اختیار داریم». یکی از جواب‌ها پیشنهادی برای رفع مشکل غیبت با ایجاد یک محیط آسیب‌پذیر و پراعتماد در کلیسا بود که ابتدا شبان آن را شروع کند. «این محیط به حذف غیبت کمک می‌کند».

غیبت به عنوان یک نگرانی اصلی در کلیسای ایرانی در غربت قابل توجه است و به عنوان بزرگترین گناهی قلمداد می‌شود که کلیساهای ایرانی را متلاشی می‌کند. بسیاری از مسیحیان قدیمی‌تر کلیسا را به خاطر غیبت لجام‌گسیخته ترک می‌کنند. یک موضوع خاص، روابط بین مردان و زنان در کلیساست. جوانان پی برده‌اند که در کلیسای انگلیسی‌زبان، بر خلاف کلیسای ایرانی، صحبت با جنس مخالف موجب غیبت نمی‌شود. به نظر بعضی، ایرانیان مشکل را به جای خودشان در دیگران می‌بینند، به همین دلیل غیبت فراگیر است. کلیسای فارسی‌زبان اغلب در مورد غیبت صحبت می‌کند، اما این موضوع همچنان یکی از خصوصیات ماندگار کلیسای ایرانی در غربت است.

مقام

شأن و مقام یکی از بخش‌های مهم در فرهنگ شرم و آبرو است. هشت نفر یا ۱۶ درصد مصاحبه‌شوندگان به این موضوع اشاره کردند. گویی ایرانیان بسیار علاقمندند تا در چشم دیگران خوب به نظر بیایند. ارزیابی و قضاوت دیگران بر مبنای ظاهری که از خود نشان می‌دهند، یکی از مشخصات فرهنگ ایرانی است که در کلیسای فارسی‌زبان نیز به چشم می‌خورد.

«پیشرفت‌های شما آمریکایی‌ها به خاطر این واقعیت است که همه در یک سطح هستند. ما اینطور زندگی نمی‌کنیم. مثلا ارزیابی ما از همدیگر بر این اساس است که طرف مقابل‌مان کجا زندگی کند، چه اتومبیلی براند، چه تحصیلاتی داشته باشد، و چقدر زیبا و برازنده باشد».

ما در فرهنگ‌مان دوست داریم که مردم را راضی کنیم و همیشه کسی باشیم که ظاهر خوبی دارد، و اگر خدای ناکرده من از این نوع افراد نباشم یا با آن معیارها سازگار نباشم، مردم به چشم تحقیر به من نگاه می‌کنند. پس همیشه باید ظاهرم را حفظ کنم و مرتکب اشتباهی نشوم. باید خوب باشم. اشتباهات قابل قبول نیستند. مثلا از شما انتظار می‌رود که همه چیز را بدانید چون یک رهبر یا معلم هستید. نمی‌توانید رفتار

انسانی داشته باشید و بگویید نمی‌دانم یا اشتباه کردم. از شما انتظار دارند که بدانید، ظاهرتان را چنان نشان بدهید که گویی چیزی بیشتر از آنها دارید. به همین دلیل ما بهترین لباس‌مان را با زینت‌آلات طلا می‌پوشیم، حتی اگر لازم باشد آنها را قرض می‌کنیم. باید شأن و مقام‌مان را نشان بدهیم چون ظاهر اهمیت زیادی دارد. باید مردم از شما راضی باشند. این فرهنگ ماست، اما متاسفانه این ذهنیت وارد کلیسا هم شده است. ما برای مردم زندگی می‌کنیم. اگر آنها فکر کنند شما خوشحالید، آنوقت موفق هستید. می‌توانید در حین موفقیت خوشحال نباشید، اما در آنصورت نظر مردم این است که موفق نیستید. آنچه از نظر ایرانیان اهمیت دارد این است که دیگران شما را موفق بدانند.

موقعیت اجتماعی و تحصیل افراد برای دیگر ایرانیان اهمیت دارد و بر خدمت آنها تاثیر می‌گذارد. خدمت به تحصیل‌کرده‌ها و طبقات بالاتر اجتماع آسان‌تر است چون در مورد فقرا «کار سخت است و باید در طول زمان به آنها کمک کنیم تا در مسیح رشد یابند».

بعضی ترجیح می‌دهند در بازی سایر مردم شرکت نکنند. «صمیمانه بگویم، من چشم‌ها و گوش‌هایم را بسته‌ام. نمی‌خواهم درگیر این موضوعات شوم و دیگران را ارزیابی کنم. خودم را از این نوع مقایسه‌ها کنار می‌کشم».

مقام و کلاس فرهنگی ارزش‌های مهمی هستند که ایرانیان از یک جامعهٔ طبقاتی مانند ایران به غربت می‌آورند. کلیسا از این ارزش‌گذاری فرهنگی شأن و مقام مستثنا نیست، و همین امر یکی از ریشه‌های ناهماهنگی است. ظاهر موفق برای حفظ موقعیت اهمیت دارد، و ارزش‌های جامعهٔ مبتنی بر شرم و آبرو را نیز منعکس می‌سازد. کلیساها بر اساس شأن اجتماعی اعضای‌شان ارزیابی می‌شوند و به وسیلهٔ نمادهایی از طرز صحبت گرفته تا طرز لباس پوشیدن موشکافانه مورد بررسی قرار می‌گیرند. گاهی مردم ناچار می‌شوند فراتر از بضاعت‌شان زندگی کنند تا مقام و احترام خود را حفظ نمایند.

انتقاد

با طرح سوالی باب صحبت دربارهٔ انتقاد را گشودم، اما گفتگوی زیادی ایجاد نشد. شش نفر یا ۱۲ درصد مستقیما درمورد انتقاد صحبت کردند. مشخصهٔ فرهنگی قضاوت را

نیز می‌توان در این بخش گنجاند، اما آنها را از هم جدا کردم.

پرسیدم آیا ایرانیان به راحتی می‌رنجند؟ «خیلی راحت، و تاب انتقاد را هم ندارند. حتی خود من، اما من عوض شده‌ام؛ یا در حال عوض شدنم». «فکر می‌کنم انتقاد قسمت بزرگی از فرهنگ ماست». «ایرانیان تحمل انتقاد را ندارند. از شبان گرفته تا عضو کلیسا، فرقی ندارد چه موقعیتی داشته باشند». «وقتی از کسی انتقاد می‌کنید، با استقبال روبرو نمی‌شوید. همیشه آن را به عنوان یک حملهٔ شخصی تلقی می‌کنند. حمله به من، نه به موضوع مورد انتقاد. حالا دیگر در چشم دیگران بد به نظر می‌رسم. برداشت ما کاملا شخصی است».

انتقاد جای بزرگی در کلیساهای فارسی‌زبان دارد چون برمی‌گردد به ارتباطات. هیچکدام از طرفین نیاموخته‌اند که با محبت انتقاد را مطرح کنند یا بپذیرند، بنابراین از نظر مردم، انتقاد به منزلهٔ حمله است. رهبران نیز بسیار حالت دفاعی می‌گیرند. سازنده نیست. موضوع بیش از اینکه یک گفتگو یا صحبت در مورد مشکل باشد، به حمله یا دفاع مربوط می‌شود.

خیلی‌ها می‌خواستند من بدانم انتقاد مشکل خاصی در جماعت ایرانی است. پرسیدم تفاوت میان ابراز انتقاد ایرانی با ابراز انتقاد غربی چیست؟

ما کلمهٔ انتقاد را ساخته‌ایم. از اینکه همدیگر را به زیر بکشیم احساس بالندگی و موفقیت می‌کنیم، اما این سقف انتقاد است. چون احساس خوبی نسبت به خودمان نداریم، باید دیگران را مورد انتقاد قرار بدهیم.

انتقاد خصیصه‌ای است که در هر فرهنگی وجود دارد، اما در فرهنگ شرم و آبرو به طور خاص باعث ناراحتی می‌شود. هیچکس نباید در چشم دیگران بد به نظر آید. هرگونه تهمت و بدنامی به منزلهٔ حملهٔ شخصی تلقی می‌شود و شرم‌آور است. انتقاد سازنده، مفهومی بیگانه و شکلی از ارتباط است که اغلب موجب ناراحتی می‌شود و یکی از ریشه‌های ناهماهنگی است.

مهمان‌نوازی

مهمان‌نوازی ارزش اصلی فرهنگ خاورمیانه است و در زندگی ایشان نقش بسیار مهمی دارد. مهمان‌نوازی بیش از همه به عنوان نقطهٔ قوت کلیسای ایرانی تلقی

می‌شود و بنابراین به آن به عنوان یکی از ریشه‌های ناهماهنگی نگاه نمی‌کنند. اما، هفت نفر یا ۱۴ درصد از مصاحبه‌شوندگان مهمان‌نوازی را باعث بعضی مشکلات در کلیسا عنوان کردند. «ایرانیان بسیار مردم بانزاکتی هستند. به همین خاطر از مردم هم انتظار رعایت ادب و نزاکت دارند. ادب و نزاکت یکی از بزرگترین فضیلت‌هاست و در ردیف موارد مهم خانواده قرار دارد که بالاتر از هر ارزشی قلمداد می‌شود. مهمان‌نوازی بسیار مهم است و این خیلی خوب است».

مهمان‌نوازی بسیار مهم است، البته اگر بعضی افراد آن را در کلیسای ایرانی مشکل‌آفرین نکنند. «اولین یکشنبه‌ای که کلیسای‌مان تشکیل شد، افراد بر سر اینکه چه کسی مسئول برپایی میز پذیرایی چایی است و چه کسی باید آن را جمع کند، با هم جنگ داشتند. این چیزهای کوچک و بی‌اهمیت، باعث خراب شدن دوستی‌ها شد». «برای ایرانیان بسیار مهم است که از ایشان استقبال شود و در آغوش‌شان بگیرید و بپرسید آیا می‌توانیم کاری برای‌تان بکنیم؟به این وسیله مطمئن می‌شوند که آنها را پذیرفته‌ایم. اگر فقط با آنها دست بدهید و بگویید: «آنجا بنشینید»، از نظر ایشان به اندازهٔ کافی خوب نیست». «فکر می‌کنم اگر در کلیسای نروژ مرا می‌پذیرفتند، مطمئنا آن کشور را ترک نمی‌کردم. اگر مسئولیتی در آن کلیسا به من می‌دادند، همانجا می‌ماندم».

شخصی می‌گفت ترس و بدگمانی نسبت به شرکت‌کنندگان جدید می‌تواند باعث شود تا در کلیسای ایرانی کوچکتری که همهٔ اعضا با هم بسیار صمیمی و نزدیک هستند، از دیگران استقبال خوبی نشود. «در کلیسای انگلیسی، از لحظه‌ای که ما برای اولین بار وارد کلیسا شدیم، از ما استقبال کردند. من واقعا احساس می‌کردم آنجا مثل خانه‌ام است و جایی در آن دارم. اما در کلیسای ایرانی، مدتی طول کشید تا جایی پیدا کردیم و دیگران پذیرفتند که ما مرتب در جلسات کلیسایی شرکت می‌کنیم».

مهمان‌نوازی یکی از ارزش‌های اصلی در کلیسای ایرانی است. مهمان‌نوازی و وقت گذراندن با همدیگر قسمتی از تجربهٔ کلیسای ایرانی محسوب می‌شود. انتظارات زیادی در مورد مهمان‌نوازی و خوش‌آمدگویی مؤدبانه وجود دارد. وقتی این انتظارات برآورده نشود، ایرانیان می‌رنجند. اما وقتی برآورده شوند، ایرانیان احساس راحتی و تعلق می‌کنند.

خلاصه‌ای از مؤلفهٔ بین‌فردی

ایرانیان بسیار اجتماعی هستند و به همین جهت کلیسای ایرانی این ارزش بزرگ وقت گذراندن با همدیگر را از خود نشان می‌دهد. اما روابط بین فردی همچنان به عنوان حوزه‌ای باقی مانده که موجب بزرگترین چالش‌ها برای کلیسای ایرانی می‌شود. ارتباط یا عدم ارتباط، سوءتفاهم و تنش‌هایی را به وجود می‌آورد. مردم در روابطشان فورا از حد و مرزهای شخصی عبور می‌کنند و باعث جریحه‌دار شدن احساسات هم می‌شوند. ویژگی فرهنگی استفادهٔ غیرمستقیم از ارتباطات تنش‌زاست و به منظور پر کردن جای خالی اطلاعات، غیبت‌ها آغاز می‌شوند. به نظر می‌رسد بعضی از شبانان در ارتباط برقرار کردن با اعضای کلیسای‌شان ضعیف هستند و به دلیل رقابت و عدم اعتماد میان شبانان دچار مشکل می‌شوند. تلاش‌های بی‌حاصل در همکاری، به علاوهٔ برخوردهای انتقام‌جویانه، حسادت، انتقاد و قضاوت، محیط ناسالمی را به وجود آورده است. از آنجایی که فرهنگ ایرانی مبتنی بر شرم است، بخشیدن مخصوصا در هنگام بروز تخلفات شدید دشوار می‌شود. تنش میان گروه‌های قومی، خصوصا میان ایمانداران مسیحی‌زاده و ایمانداران مسلمان‌زاده، جدایی‌هایی را در میان کلیسای ایرانی در غربت ایجاد کرده است. مجادله به طور معمول ایجاد می‌شود، اما کلیسای تازه متولد شده آمادگی یا آموزش لازم برای مقابله با مجادلات را ندارد. واکنش معمول رهبری کلیسا پنهان یا انکار کردن وجود مجادلات است. مقابله فقط منجر به بیشتر شدن مجادلات می‌شود، و نتیجهٔ معمول آن ترک کلیسا توسط افراد است. آشتی و حل مجادله به ندرت اتفاق می‌افتد. در فرهنگ ایرانی خاطرهٔ بسیار ناچیزی از برخورد مثبت با مجادله وجود دارد.

فصل ششم

همه چیز از خانواده شروع می‌شود

هرکسی تاریخچهٔ خانوادگی خود را به همراه می‌آورد. در بعضی فرهنگ‌ها، خانواده‌ها نقش کمرنگی دارند، در حالیکه در سایر فرهنگ‌ها، نه فقط در زمان بزرگ کردن فرزندان، بلکه در طول زندگی هر شخص، خانواده نقش اصلی را ایفا می‌کند. وقتی پیوندهای خانوادگی شکسته می‌شود، مثلا به واسطهٔ خارج شدن از حد و مرزهای باور دینی، ارزش‌ها و انجام کارهای دیگری که مورد قبول نیست، افراد دچار عواقب خطیری می‌شوند. این موضوع اغلب برای کسانی که از فرهنگ خاورمیانه می‌آیند، اتفاق می‌افتد. باور دینی هر فرد به طور غیرقابل کنترلی با خانواده‌اش پیوند دارد.

در این فصل، نگاه دقیق‌تری به خانواده، نفوذ آن در ایمان مسیحیان مسلمان‌زاده و حیطه‌های قابل بررسی در روند شاگردسازی خواهیم کرد. موضوع مورد نظر شامل ازدواج، روابط خانوادگی، و روابط فامیلی و چگونگی سهیم بودن این حیطه‌های پرنفوذ در تجربهٔ کلیسای ایمانداران مسلمان‌زاده می‌شود.

مسلمانان معمولا از جوامع جمع‌گرا می‌آیند. از جنبهٔ مثبت، خانوادهٔ آنها که اغلب

از چند نسل مختلف هستند، سخت به هم نزدیکند. مدارا برای‌شان باارزش است. ارزش‌هایی که در فامیل و در میان اعضای خانواده به اجرا در می‌آید و نیز طرز برخورد آنها با جامعه و مدرنیته، به ایشان دیکته می‌کند که چه چیزهایی قابل قبول یا غیرقابل قبول است. اعضای فامیل مانند عموها، دایی‌ها، عمه‌ها، خاله‌ها و فرزندان‌شان، و نقش آنها به عنوان حافظان فامیل و هنجارهای اجتماعی، بسیار قابل توجه‌تر از آن چیزی است که در جامعهٔ فردگرای غربی می‌توان یافت. باورها توسط گروه از پیش تعیین شده‌اند، و هویت هر فرد توسط کل خانواده، اجتماع، ملت یا دینش تجلی می‌یابد.

از جنبهٔ منفی، فشارهای زیادی جهت مدارای هر فرد با ارادهٔ خانواده، خانواده نسبت به فامیل، و فامیل نسبت به دین وجود دارد. انحراف از هنجار خانوادگی با مقاومت شدیدی روبرو می‌شود. ترس و وحشت زیادی از کنار گذاشته شدن توسط «خودی‌ها» وجود دارد، زیرا بقای مالی و اجتماعی در خارج از خانواده و فامیل مشکل است. اغلب اوقات ایماندار مسلمان‌زاده به کلیسا طوری می‌نگرد که گویی باید جای خالی پیوندهای شکسته‌اش با خانواده را پُر کند. در هنگام شاگردسازی باید جنبه‌های مختلفی را مورد توجه قرار داد از جمله: کمک به ایماندار مسلمان‌زاده برای انتقال یافتن به واقعیت‌های جدید اجتماعی و مالی که با پیروی از مسیح بر آنها تحمیل می‌شود (متی ۱۰: ۳۲-۳۹) و کمک به مشارکت کلیسایی در مسیر رسیدگی به فقدان عاطفی که ایماندار مسلمان‌زاده تجربه می‌کند.

هافستِد (Hofstede) تایید می‌کند که این رفتار وابسته در فرهنگ‌های با فاصلهٔ قدرت زیاد [۱۸۲] از بچگی آموخته می‌شود.[۱۸۳] احترام به والدین و سایر بزرگترها به عنوان فضیلتی اساسی قلمداد می‌گردد؛ او در ادامه می‌گوید که وابستگی به بزرگترها در تمامی روابط انسان‌ها سایه افکنده است و نیاز شدید به وابستگی را همراه دارد. عنصر دینی تنها اطاعت و وابستگی به «خودی‌ها»ی مسلمان را تقویت می‌کند که در آموزه‌های اسلامی به رسمیت شناخته شده است.

خانواده عنصری بسیار مهم در فرهنگ ایرانی است. نقش سنتی خانواده اغلب در غربت نیز حفظ می‌شود، هرچند که معمولا تغییراتی در ارزش‌ها و روابط حاکم بر خانواده به وجود می‌آید. تکیه بر روابط خانوادگی همچنان در همهٔ طبقات به منظور اعتبار، کاریابی و امنیت ادامه دارد.[۱۸۴]

ایرانیان برای غیرخودی‌ها از کلمهٔ غریبه استفاده می‌کنند. «اغلب خودافشاگری شخصی نشانه‌ای از ضعف یا دست‌کم زیاده‌خواهی قلمداد می‌شود. تنها کسانی اعضای خانواده هستند که می‌توان واقعا به آنها اعتماد کرد».[۱۸۵]

ایرانیان در برخورد با کسانی که خارج از دایرهٔ خانودگی و دوستان صمیمی‌شان هستند، خود را افرادی مشکوک، بدگمان، و تا حدی عیب‌جو توصیف کرده‌اند. در میانهٔ انقلاب اسلامی سال ۱۹۷۹، ایرانیان را در مقابل هم قرار دادند و به آنها دستور دادند تا جاسوسی همدیگر را بکنند و هرگونه سوءرفتار را گزارش دهند.[۱۸۶]

عیب‌جویی و عدم اعتماد، مشخصهٔ برخورد ایرانیان با مسئولین دولت و جهان غرب نیز هست. همهٔ اینها متضمن نوعی حس ناامنی مربوط به سال‌های آشفتگی و انقلاب است. محیطی از بقای گروهی به وجود آمده که در آن خانواده به نیروی تثبیت کننده تبدیل شده است.

ایرانیان دچار هراسی ماندگار شده‌اند که در آن فرد نمی‌تواند به هیچکس جز بستگانش اعتماد کند. و ایرانیان از رقابت، مجادله، تحریف واقعیت و ظلمی که ماهیت یک نظام سیاسی است که هرگز از نوعی مطلق‌گرایی دست بر نداشته، فقط می‌توانند به درون خانواده‌شان پناه ببرند.[۱۸۷]

بهجتی ثابت و چمبِرز (Chambers) خاطرنشان می‌کنند که تا سال ۲۰۰۴، بعضی از مهاجران طبقهٔ کارگر یا طبقهٔ پایین که به کشورهای غربی آمده‌اند، شروع به تجربهٔ از دست رفتن قدرت خانواده کرده‌اند. این موضوع هنگامی رخ می‌دهد که زنان شروع به تفکر دربارهٔ حقوق قانونی‌شان کردند و فرزندان خواستار آزادی‌هایی شبیه دوستان غربی‌شان شدند.

ازدواج در جامعهٔ ایرانی از پیش تعیین شده نیست، اما رضایت والدین در این تصمیم‌گیری ضرورت دارد. بهجتی ثابت و چمبرز دریافته‌اند که خوشنامی، ثروت، تحصیلات و ظاهر خانواده مهم‌ترین موارد مورد توجه در انتخاب همسر هستند. مانند بسیاری از گروه‌های قومی، والدین ترجیح می‌دهند که فرزندان‌شان با شخصی از گروه اجتماعی خودشان ازدواج کنند.[۱۸۸]

استرس‌های اضافی تطبیق یافتن با جامعهٔ غربی، اغلب باعث خشونت خانوادگی می‌شود. «مثلا شوهر شاید بیکار باشد یا کاری پاره‌وقت پیدا کند درحالیکه همسرش

به طور تمام وقت شاغل شود. از دست دادن نقش سنتی نان‌آور خانه بودن و وابستگی به درآمد همسر، برای عزت نفس مرد یک توهین تلقی می‌شود».[۱۸۹]

استرس‌های مربوط به مهاجرت، ناشی از فقدان پشتیبانی فامیل، تغییر نقش‌های خانواده، و مشکلات مالی، همراه با افزایش کلی آگاهی زنان نسبت به حقوق‌شان در مورد عدم وابستگی، باعث افزایش قابل توجه و ثابت نرخ جدایی و طلاق در خانواده‌های ایرانی در کانادا شده است.[۱۹۰]

این استرس در خانواده توسط سازمان بهزیستی وزارت بهداشت عمومی ایران گزارش شده و تصویری از زندگی در ایران را با چنین بیانی نشان می‌دهد: «خودکشی همه‌گیر شده است».[۱۹۱]

در سال ۲۰۰۷ بیش از ۴۲۰۰۰ خودکشی در مقایسه با ۱۶۱۲ خودکشی در سال ۱۹۷۷، رسما به ثبت رسید. پیش از انقلاب، طلاق در ایران نادر، و در بعضی از مناطق روستایی ناشناخته بود. اکنون، براساس این گزارش، بیش از ۳۰ درصد از ازدواج‌ها منجر به طلاق می‌شوند. دلایل اصلی این پدیدهٔ «طلاق همه‌گیر»، بیکاری، فقر، اعتیاد به مواد مخدر و افسردگی عنوان شده است. تعداد معتادان به مواد مخدر حدود چهار و نیم میلیون نفر برآورد شده که نسبت به دوران پیش از انقلاب ده برابر افزایش یافته است. گزارش وزارت بهداشت هشدار می‌دهد که افسردگی تبدیل به «یک بیماری ملی»شده است.[۱۹۲]

در ادامهٔ گزارش، تخمین زده می‌شود که بین ۱۰ تا ۱۲ درصد از جمعیت، یعنی حدود پانزده میلیون نفر، از افسردگی مزمن رنج می‌برند. در آن،به این موارد اشاره شده: «فقر، خشونت اجتماعی–سیاسی، خشونت خانوادگی، بیکاری، طلاق، اعتیاد به مواد مخدر، احساس عدم آزادی، نارضایتی اجتماعی، روسپی‌گری، تورم، تبعیض، تخلف از حقوق شهروندی».[۱۹۳]

تاثیر خانواده بر پرورش واکنش فرهنگی هر فرد بسیار زیاد، و تغییر آن دشوار است. قسمت اعظم شخصیت یک فرد در سال‌های اول طفولیت شکل می‌گیرد. آنچه ما از والدین‌مان می‌آموزیم در دوران بزرگسالی به کار می‌بندیم. کتاب‌مقدس به والدین توصیه می‌کند که «کودک را در راهی که باید برود، تربیت نما و او تا آخر عمر از آن منحرف نخواهد شد» (امثال ۲۲ :۶، مژده). واکنش‌های رفتاری از طریق

آیین و انضباط در دوران کودکی و اوایل نوجوانی آموخته می‌شود. انضباط و تنبیه کودک در منزل، مدرسه، و حوزه‌های علمی می‌تواند در جوامع خاورمیانه‌ای ستمگرانه باشد. پاتای (Patai) نشان می‌دهد که انتقال از دورهٔ ناز و نوازش مادرانه تا جهان مردانه، برای پسران خشونت‌بار است. پدر اهل تنبیه، در نقطهٔ مقابل مادر دلسوز، آرام و مهربان، پسر جوان را برای واقعیت خشن زندگی آماده می‌کند. این امر اغلب با تهدیدهای کلامی و تنبیهات بدنی صورت می‌گیرد. عبور از نوجوانی به بزرگسالی، انتقالی دردناک است.[۱۹۴]

کسی که از زمینهٔ اسلامی، مسیحی می‌شود، بازتاب بدی در خانوادهٔ مسلمانش ایجاد می‌کند. بعضی اوقات مادر او به مسجد می‌رود تا دعا کند پسرش دوباره مسلمان شود . دیگران ترجیح می‌دهند چیزی به خانواده نگویند زیرا اقوام بر مادرشان فشار می‌آورند. پرسیدم آیا رابطهٔ میان مادر و پسر نزدیک‌تر از رابطهٔ پدر و پسر است؟جواب این بود که اغلب اینطور است و اقرار می‌کردند که بعضی از مادران ایرانی می‌کوشند پسرشان را تحت تسلط داشته باشند و هرگز کوتاه نمی‌آیند .

خانواده نقش مهمی در زمینهٔ زندگی ایرانیان دارد. وقتی یک ایرانی به مسیح ایمان می‌آورد، بازتاب‌های بدی در فامیلش ایجاد می‌شود. معمولا خانوادهٔ ایرانی در طی مراحل پناهجویی دچار از هم گسیختگی می‌شود. شاگردسازی جامع مستلزم تعلیم و ایجاد الگوی جدیدی از خانواده در مسیح است. در عملکرد جامعه‌ای که بیشتر از ذهنیت جمع‌گرا، بر فردیت متمرکز است، وقت و انرژی زیادی باید صرف رویارویی با نزول نقش تقلیل یافتهٔ مرد در خانواده، ایجاد اعتماد نسبت به افراد خارج از حیطهٔ اعتماد خانواده، و احساس عمیق انزوا کرد.

آموزش و پرورش در دوران طفولیت

آموزش و پرورش دوران طفولیت، چه رسمی و چه غیررسمی، در ایجاد الگوهای رفتاری بزرگسالان نقش اساسی دارد. همه آموخته‌های دورهٔ طفولیت‌شان را به عنوان ارزش‌های زندگی با خود دارند. در جواب به سوالات نامربوط مختلف، موضوع طرز تربیت کودکان به مناسبت‌های متفاوتی پیش کشیده شد. در جواب به این سوالات که چرا بخشیدن دشوار است، چرا ایرانیان بیش از حد حساس هستند، قضاوت و

کنترل شبانی، ترس از ایجاد ارتباط، و تذکرات اضافی در انتهای مصاحبه، به آن اشاره شد. این افراد تایید می‌کردند که روش بار آمدن فرزندان به وسیلهٔ والدین‌شان، رفتار بزرگسالان را شکل می‌دهد.

وقتی پرسیدم چرا کلیسای ایرانی مشکلات منحصر به فردی دارد، جواب این بود: «به خاطر روش تربیت والدین‌مان». دیگری اقرار می‌کرد که خانواده‌ها دانش، کتاب‌ها، یا زمان لازم برای تربیت درست فرزندان‌شان را نداشتند.

از دیدگاه مثبت، تربیت توسط ایرانیان به اندازهٔ زیادی منجر به گرفتن نمرات خوب و تحصیلات عالی بیشتر می‌شود. در عین حال، به سرعت اشاره شد که انگیزهٔ تحصیلات عالی‌تر از طرف والدین این است که می‌خواهند به خاطر موقعیت قابل احترامی که فرزندان‌شان کسب می‌کنند، جایگاه بالاتری در اجتماع به دست آورند.

وقتی برای درک بهتر پرسیدم چرا ایرانیان اینقدر «حساس» هستند یا به راحتی می‌رنجند، جواب‌ها به طرز تربیت بچه‌ها اشاره داشتند. آنها می‌گفتند: «والدین ایرانی از بچه‌های‌شان بیشتر محافظت می‌کنند» به این معنی که والدین نمی‌گذارند بچه‌های‌شان رشد کنند. می‌گفتند خطای مادران بیشتر از همه است و متهم‌اند که فرزندان‌شان را لوس بار می‌آورند و نمی‌گذارند آنها در ابتدای زندگی مسئولیت‌پذیر شوند. «ای کاش ایرانیان کمی در مورد مسائل و حدومرز عملکردهای والدین می‌آموختند».

از پدران به عنوان کسانی یاد می‌شود که همهٔ تصمیمات را می‌گیرند با این انتظار که همه اطاعت کنند. این موضوع باعث «بی‌تجربگی» در تصمیم‌گیری می‌شود. به فرزندان می‌گویند باید مطیع تصمیمات پدر باشند و همین موضوع در مدرسه هم اتفاق می‌افتد. روش سلطه‌گر و غیرقابل انعطاف تربیت کودکان در منزل، به هنگام رفتار آنان در مدرسه و بعدها در زندگی بزرگسالی نمود می‌یابد. عواقب این موضوع ناتوانی در حل مجادله است. بچه‌ها هرگز ندیده‌اند که والدین‌شان به آرامی مجادله‌ای را از طریق ارتباط و صحبت حل و فصل کنند. پس در مدرسه یک بی‌احترامی ناچیز اغلب منجر به دعوا و درگیری می‌شود. «در مدرسه جنگ و دعوای زیادی بود چون این تنها روشی بود که ما برای حل مشکلات می‌شناختیم. هیچگونه مذاکره و مباحثه‌ای وجود نداشت. همیشه فقط جنگ و دعوا به پا می‌شود. در کلیسا، ما همان فرهنگ را ادامه

می‌دهیم.» . «این فرهنگ فارس‌هاست، ما همینطور بزرگ شده‌ایم. این قسمتی از فرهنگ ماست، نه قسمتی از کلیسا. وقتی به کلیسا می‌آییم، بخشی از آن را به کلیسا می‌آوریم. مدتی طول می‌کشد تا رشد کنیم و از اینها بگذریم».

به سوءاستفاده و تعرض به عنوان بخشی از نوع تربیت ایرانیان اشاره می‌شود. «آنها حتی توسط والدین‌شان، جامعه، مدرسه، خانه، و میان دوستان، به روش‌های بسیار متفاوتی مورد سوءاستفاده و تعرض قرار می‌گیرند. اگر شروع به صحبت کنند، نهایتا می‌توانید بفهمید منشأ این موضوع چیست». افراد زیادی از اصطلاح «کوله‌بار» به عنوان روش بزرگ شدن‌شان یاد کردند. «همهٔ ما، اعم از شبانان، رهبران یا اعضا، کوله‌باری داریم».

حالا که خانواده در آزادی غربی و با ارزش‌های فرهنگی متفاوت رشد می‌کند، بعضی از ارزش‌های ایران بیرون از این چهارچوب قرار می‌گیرد. «این یکی از بزرگترین مشکلات نسل اول خانواده‌های ایرانی است که بچه‌های‌شان اینجا بزرگ می‌شوند؛ وقتی بچه‌های‌تان را به یک جامعهٔ مبتنی بر تقصیر می‌آورید، همه چیز از دست می‌رود، چون دیگر شرم و حیا کارگر نیست. هیچ قدرتی برای کنترل آنها وجود ندارد».

هافستِد جدولی ارائه می‌دهد که به وسیلهٔ آن می‌توان به جدال میان ارزش‌های فرهنگ‌ها پی برد. این جدول نشان‌دهندهٔ فرهنگ‌های با شاخص فاصلهٔ قدرت زیاد مانند کشورهای خاورمیانه و فرهنگ‌های با شاخص فاصلهٔ قدرت کم مانند کشورهای غربی است.

شاخص فاصلهٔ قدرت زیاد	شاخص فاصلهٔ قدرت کم
در خانواده	
والدین فرزندان‌شان را برابر با خود می‌شمارند.	والدین اطاعت کردن را به فرزندان می‌آموزند.
فرزندان باید از اوقات فراغت‌شان لذت ببرند.	فرزندان باید سخت کار کنند حتی اگر بار سنگینی برای‌شان باشد.
ناباروری دلیل طلاق نیست.	ناباروری می‌تواند دلیل طلاق باشد.
فرزندان باید به قوانین اخلاق مدنی احترام بگذارند.	آسان‌گیری غیررسمی در برابر قوانین اخلاق مدنی
فرزندان باید والدین و بستگان مسن‌ترشان را برابر با خود بشمارند.	احترام به والدین و بستگان مسن‌تر فضیلت اساسی است که باید تا آخر عمر رعایت شود.

از فرزندان انتظار می‌رود تا از سنین پایین، به ویژه از نظر اجتماعی رفتاری شایسته داشته باشند.	از فرزندان تا سنین بالاتر انتظار رفتار شایسته نمی‌رود.
فرزندان هیچ نقشی در تامین والدین‌شان در سن پیری ندارند.	فرزندان منبع تامین والدین و مخصوصا پدرشان در سنین پیری هستند.
شرکت‌های کوچک به دلایل شغلی راه اندازی می‌شود	شرکت‌های کوچک به خاطرمصلحت/نفع خانوادگی تاسیس می‌شود.
در مدرسه	
معلمین شاگردان را برابر با خود می‌شمارند.	شاگردان وابسته به معلمین هستند.
شاگردان معلمین را برابر با خود می‌شمارند.	شاگردان با احترام با معلمین برخورد می‌کنند، حتی در بیرون کلاس.
آموزش شاگرد-محور است.	آموزش معلم-محور است.
شاگردان بعضی از صحبت‌ها را در کلاس شروع می‌کنند.	معلمین همهٔ‌صحبت‌ها را در کلاس شروع می‌کنند.
معلمین متخصصانی هستند که حقایق غیرشخصی را انتقال می‌دهند.	معلمین استاد همهٔ علومند و حکمت شخصی‌شان را انتقال می‌دهند.
والدین می‌توانند در مقابله با معلمین طرف شاگردان را بگیرند.	قرار است والدین طرف معلمین را بگیرند تا شاگردان انضباط را حفظ کنند.
کیفیت یادگیری بستگی به ارتباط دوجانبه و برتری شاگردان دارد.	کیفیت یادگیری وابسته به برتری معلمین است.
در دوره‌های تحصیلی پایین‌تر، روابط بیشتر بر اساس تمرکز قدرت است.	ارزش‌های تمرکز قدرت ربطی به دورهٔ تحصیلی ندارد.
سیستم آموزشی متمرکز بر سطح یادگیری متوسط است.	سیستم آموزشی متمرکز بر سطح یادگیری بالاست.
سرانهٔ دریافت جوایز نوبل علوم بیشتر است.	سرانهٔ دریافت جوایز نوبل علوم کمتر است.
انتظارات معتدل‌تر از مزایای فناوری.	انتظارات بالایی از مزایای فناوری وجود دارد.

جدول ۶. ۱: جدال میان ارزش‌ها در شاخص فاصلهٔ قدرت کم و زیاد: هافستد، گییرت. فرهنگ‌ها و عواقب:

مقایسهٔ ارزش‌ها، رفتارها، نهادها و سازمان‌ها درسراسر جهان. چاپ دوم. کالیفرنیا: انتشارات سِیج، چاپ سال ۲۰۰۱، صص. ۱۰۷-۱۰۸.

دیدگاه واقع‌بینانه این است که ایرانیان کوله‌بار اسلامی خود را که تربیت آنها را شکل داده، به زندگی جدیدشان در مسیح می‌آورند. کلاس‌های تربیت فرزندان و برنامه‌های آموزشی خوب برای خانواده‌هایی که با باورهای متضاد در فرهنگ کشور میزبان در حال کشمکش هستند، بعد دیگری از شاگردسازی است که بررسی آن ضرورت دارد. به اعتقاد پاسخ‌دهندگان، آنها با اعتقاداتی متضاد با ارزش‌های زندگی مسیحی بزرگ شده‌اند که اسلامی و بد هستند، و همین امر آنها را خشمگین می‌سازد. هرچند بسیاری از آنها اشاره می‌کردند که برای پشت سرگذاشتن ارزش‌های فرهنگی منفی گذشته، باید زمانی صرف کرد، اما نیاز واقعی کلیسا برای گذر از نوزادی و رسیدن به بلوغ، اختصاص وقتی فعالانه‌تر برای آموزش و تامین مکانی برای صحبت دربارهٔ موضوعاتی است که آنها را به خشم می‌آورد.

قرار ملاقات با جنس مخالف، ازدواج و طلاق

موضوع روابط زن و مرد توسط ده نفر یا ۲۰ درصد پیش کشیده شد، اما نه در پاسخ به سوالات مربوط به خانواده. اکثر جواب‌ها توضیحی برای مجادلات در کلیسا یا دلایل ترک کلیسا توسط افراد بودند.

زندگی برای افراد زیادی در جماعت کلیسایی ما سخت می‌شد. ازدواج‌های درهم‌شکسته، تک والدی، مسائل مربوط به تربیت فرزندان در فرهنگ جدید و تطبیق یافتن با زندگی در آمریکا، زیاد بودند. آن تعداد زیاد پناهنده برای جماعت کوچک کلیسایی ما بار سنگینی بود و اغلب باید به نیازهای حیاتی آنها رسیدگی می‌کردیم.

«در کلیسای ما فقط چند خانم متأهل هستند. اکثر خانم‌ها یا تک والدند یا طلاق گرفته‌اند. آنها نمی‌خواهند غمگین باشند یا زیر بار سوالات قرار بگیرند، و کسی را هم به منزل‌شان دعوت نمی‌کنند». «طلاق مشکل بزرگی در میان ایرانیان است».

مجرد بودن در کلیسای ایرانی می‌تواند مشکل باشد. شخصی فشاری را که برای ازدواج کردن وجود دارد، اینطور ابراز کرد: «کسی که ازدواج کند، خیلی موجه و خوب است» . وقتی زوج‌هایی بدون قصد ازدواج، شروع به ملاقات همدیگر می‌کنند، فشار غیرقابل تحملی بر آنها وارد می‌شود.

موضوع کنایه‌های جنسی، موضوعی است که کلیسای فارس‌ها با آن در

کشمکش است و در ظاهر دیده نمی‌شود. «این یکی دیگر از موضوعات سرکوب شده در فرهنگ ایرانی است. مثلا، بسیاری از جوک‌هایی که مردان به همدیگر می‌گویند شامل کنایه‌های جنسی است. جوک‌های جنسی، پس این موضوع را در سرشان می‌پرورند، اما هیچ‌کس هرگز دربارهٔ این موضوع موعظه یا صحبت نمی‌کند.»

طلاق تجربهٔ متداول و نتیجهٔ ناتوانی در حل مجادلات بین‌فردی است. روابط بین زن و مرد موضوع اصلی غیبت‌ها و حیطه‌ای است که کلیسای نوپای ایرانی با آن در کشمکش است. قرار ملاقات‌های بی‌نتیجه که به ازدواج نمی‌انجامد به طور خاص دشوار است، چون مجادلات کلیسایی را شعله‌ور می‌سازد. وقتی موضوع طلاق به شبان می‌رسد، ممکن است کلیسای جوان به انهدام کشیده شود. برای کلیسای کوچک جدید، توجه و رسیدگی به همهٔ موضوعات ضروری و دشوار است. اما قرار ملاقات با جنس مخالف، ازدواج و اتحاد خانوادگی نسبتا سالم، اهمیت بسیار زیادی در برپایی محیط استوار کلیسایی دارد.

مسائل مربوط به زنان

مصاحبه‌شوندگان شرح دادند که زنان اکثریت شرکت‌کنندگان در جلسات کلیسایی را تشکیل می‌دهند و من نیز به تجربه، همین امر را مشاهده کرده‌ام. اکثر بحث‌ها درمورد مسائل زنان هنگامی پیش کشیده شد که دربارهٔ مجادله و آزادی در کلیسا صحبت می‌کردیم، نه زمانی که دربارهٔ خانواده سوالاتی مطرح می‌شد.

زنان ایرانی تحت فشار فرهنگی و انتظارات زیادی در ایران از نظر طرز رفتار، لباس پوشیدن، مهمان‌نوازی و احترام گذاشتن به دیگران هستند.

در فرهنگ فارس‌ها، فشار زیادی وجود دارد که چطور باید با دیگران روبرو شوید و در گردهم‌آیی‌های اجتماعی با آنها معاشرت کنید. باید همیشه هوشیار باشید که چه کسی مسن‌تر است و چه کسی جوان‌تر. به عنوان یک زن باید همیشه خوب به نظر برسید، و همه چیز تمام باشید. غذاهایی که می‌پزید، دکوراسیون خانه‌تان، تحصیل بچه‌های‌تان، دوستان‌تان چه کسانی هستند، با چه مردی قرار ملاقات می‌گذارید یا نمی‌گذارید و چرا هنوز ازدواج نکرده‌اید. فشارهای خیلی زیادی هست.

همه یک‌صدا، جمهوری اسلامی را ملامت می‌کنند که نتوانسته موجودیت زنان را

تعریف کند و در نتیجه زنان قربانی جامعهٔ مردسالار شده‌اند. نتیجه اینکه زنان فشاری دائمی را در جامعهٔ ایرانی تجربه می‌کنند و فقط وقتی احساس سبکی می‌کنند که وقتشان را با غیرایرانیان می‌گذرانند.

خیلی‌ها نگران طرز لباس پوشیدن زنان در کلیسا هستند زیرا خانم‌های ایرانی وقتی بیرون از خانه می‌روند، بسیار به لباس پوشیدنشان اهمیت می‌دهند. جواهرات، آرایش، و نمود لباس‌هایشان. ایجاد یک تاثیر خوب، حتی اگر ثروتمند نباشی، یکی از مشخصات مهم فرهنگی است و زنان وقتی قدم به داخل کلیسا می‌گذارند به طور نامناسبی توجه‌ها را به خود جلب می‌کنند. این موضوع بیشتر در مورد کسانی که تازه از راه رسیده‌اند یا تازه مسیحی شده‌اند، رایج است تا کسانی که مدتی است به کلیسا می‌روند. افرادی در کلیسا هستند که خود را موظف می‌دانند لباس پوشیدن نامناسب در کلیسا را تذکر بدهند. قابل پیش‌بینی است که این تذکر و اصلاح با جواب متقابلی روبرو می‌شود که «کلیسا، مسجد نیست».

روابط زنان با مردان و مخصوصا ازدواج، موضوعاتی است که در کلیسا بسیار مورد توجه هستند.

به نظرم در مشکلات زناشویی که در کلیسای‌مان داشتیم، زن ایرانی تازه از ایران بیرون آمده مثل فنری است که تمام عمر توسط شوهرش، اجتماع، دولت، و غیره فشرده شده باشد و اکنون با آمدنش به غرب، آن فشار از روی فنر برداشته شده و ناگهان فنر در می‌رود. منفجر می‌شود، بالا و پایین می‌جهد و به پنجره‌ها می‌خورد. من شاهد این انفجار بوده‌ام چون به اندازهٔ زیادی خشم و ناراحتی فروخورده در آن فرهنگ سرکوب‌گر وجود دارد. حالا که زن به غرب آمده، اگر شوهرش او را بزند یا تهدید کند، می‌تواند به پلیس تلفن بزند تا شوهرش را از خانه بیرون بیندازند. دولت‌های غربی می‌توانند از زن محافظت کنند و او آزاد است تا خودش باشد. شاهد چنین انفجارهایی در ازدواج‌ها بوده‌ام، حتی در ازدواج‌های بیست یا بیست و پنج ساله، که ناگهان منفجر می‌شود. به اعتقاد من سرکوب در ایران باعث می‌شود وقتی افراد بیرون می‌آیند، جنبهٔ وحشیانه زندگی‌شان نمودار شود.

دختران جوان به طور خاص با تجربهٔ آزادی در غرب آسیب‌پذیر می‌شوند. می‌توانم تصور کنم که آنها به اینجا می‌آیند، روسری‌شان را برمی‌دارند، و می‌بینند

که مردم به آنها توجه می‌کنند. مردان به من توجه می‌کنند. این موضوع را در زندگی بعضی از دختران ایرانی دیده‌ام که به اینجا آمده‌اند. آنها اغلب بسیار زیاد تشنهٔ جلب توجه و عشق هستند. اغلب اوقات دختران بیشتر می‌خواهند مورد توجه دختران دیگر باشند، تا پسران. روی این موضوع قفل می‌کنند و کنارش نمی‌گذارند. این جلب توجه، همهٔ دغدغهٔ آنها می‌شود. مشکلاتی در روابطشان به وجود می‌آید چون بی‌اندازه تشنهٔ عشق و توجه هستند و این موضوع بر موجودیت‌شان در کلیسا واقعا تاثیر می‌گذارد.

خانم‌های مسن‌تر که طلاق گرفته‌اند نیز از ولع برای جلب توجه، مستثنا نیستند. آنها از مرحله‌ای می‌گذرند که خواستار نقش آشکارتری در کلیسا، مانند پیوستن به گروه پرستش می‌شوند با این آرزو که توجه مردان مسن‌تر را در کلیسا جلب کنند. «من می‌خواهم مردان مسن‌تر در کلیسا مرا ببینند». این روشی اجتماعی برای همسریابی است. مشکل از این نظر پیچیده می‌شود که «به اندازهٔ کافی مردان مسیحی روشنفکر، خوب، و جاافتاده در کلیساهای ایرانی وجود ندارد. اغلب اوقات با زنانی از سنین مختلف روبرو می‌شوید که از این موضوع شکایت دارند.». یکی از مشکلات عمدهٔ همهٔ کلیساهای ایمانداران مسلمان‌زاده از هر ملیت و قومیتی همین موضوع است. یکی از رهبران کلیسای ایمانداران مسلمان‌زادهٔ مصری، عکس ایمانداران مسلمان‌زاده مجرد را همراه خود دارد و در هر جایی که می‌رود برای این جامعه نقش سایت اینترنتی همسریابی را ایفا می‌کند.

زنان در کلیسا به دنبال چیزی جدید و متفاوت هستند «جایی که مردان و زنان با هم برابرند. آرزوی آنها احساس برابری و مورد احترام بودن در دورهٔ جوانی یا میان‌سالی است، اینکه بتوانند در امور مختلف شرکت داشته باشند. آنها می‌خواهند به جای سرکوب شدن، به طور برابر با دیگران دوست و همتراز باشند». آنها متوجه هستند که در ازدواج مسیحی نقش‌هایی وجود دارد و زنان باید به شوهران‌شان احترام بگذارند. اما مردسالاری در ایران، سرکوب بیش از حدی را منعکس ساخته است. برای این زنان سخت است وارد جامعهٔ مسیحی و کلیسایی شوند که آیینهٔ تمام‌نمای زندگی در ایران است، و یادآور «احساسات منفی زیادی است» که در ایران جا گذاشته‌اند.

وقتی سطوح مختلف شاگردسازی در میان جامعهٔ ایمانداران مسلمان‌زاده را تحت

بررسی قرار می‌دهیم، موضوع زنان و کشمکش‌های منحصربه فرد آنها، همانطور که در مصاحبه‌ها ابراز شد، حائز اهمیت است. اگر به این موضوعات مهم بی‌اعتنایی شود، تبدیل به یکی از ریشه‌های مجادله در زندگی ایمانداران مسلمان‌زاده می‌گردد. یکی از ضعف‌های اصلی اسلام مربوط می‌شود به هویت و نقش زنان در یک جامعهٔ مردسالار، که در کلیسای ایرانی نیز شاخ و برگ یافته است. انتظارات و فشار زیادی بر زنان ایرانی از لحاظ طرز رفتار، لباس پوشیدن، مهمان‌نوازی، و احترام به دیگران وجود دارد. آزادی غربی، ضعف‌های ازدواج‌های ایرانی را هویدا می‌کند. زنان در آرزوی جلب توجه از طریق لباس پوشیدن‌شان و یافتن مردان مسیحی جاافتاده‌ای هستند که تعدادشان بسیار کم است. زنان آرزومند برابری و احترام‌اند که در جامعهٔ متأثر از مردسالاری از ایشان دریغ کرده‌اند. این موضوع به طور خاص مورد نظر زنان مجرد است. کلیسای نوپایی که اکثرا تحت تسلط ذره‌بین مردانه قرار دارد باید به زنان نیز مجالی بدهد و به بعضی از ناامنی‌هایی که آنها تجربه می‌کنند، با دیدگاه کتاب‌مقدسی رسیدگی نماید. علاوه بر این، مردان باید با دیدگاه کتاب‌مقدسی به مسئولیت خودشان در از بین بردن کامل نابرابری در بدن مسیح رسیدگی کنند.

خلاصه‌ای از شاخص خانواده

خانواده و فامیل و نفوذ آن بر شرکت‌کنندگان جلسات کلیسا در غربت، به عنوان یک مشکل قابل توجه عنوان نشد. انتظار داشتم جواب‌های بیشتری در این بخش بگیرم. این موضوع می‌تواند دلایل مختلفی داشته باشد. اول، اکثر خانواده‌ها همراه اعضای فامیل‌شان نبودند. دوم، تعداد تک‌والدها یا زنان مطلقه بیشتر بود، و همین امر نشان می‌داد که واحد خانواده درهم شکسته است. سوم، اعضای با نفوذ خانواده در کشورهای دیگر یا در ایران سکونت دارند، و ارتباط آنها محدود به دیدارهای کوتاه مدت است. طرز تربیت کودکان در ایران در تشریح رفتار حاضر بزرگسالان در کلیسا اهمیت دارد. والدین بیش از حد فرزندان‌شان را تحت حفاظت می‌گیرند، مادران فرزندان‌شان را نازپرورده می‌کنند، و پدران سلطه‌گر، فرزندان‌شان را از بلوغ باز می‌دارند. مسائل مادی، شامل ازدواج‌های ازهم گسسته، تک‌والدها، تربیت فرزند در فرهنگی جدید، مشکلاتی هستند که کلیسای کوچک تازه متولد شده، عاجز از حل و

فصل آنهاست. انتظارات و فشارهای سنتی قدیمی که بر زنان ایرانی سنگینی می‌کند، تا کلیسای ایرانی در غربت نیز به دنبال‌شان می‌آید. آزادی جامعهٔ غربی مشکلات ازدواج را هویدا می‌کند، و زنان اغلب به طورخاص نسبت به نقش و هویت جدیدی که به آنها اعطا می‌شود، آسیب‌پذیر هستند. مردسالاری قدیمی که در بعضی کلیساهای ایرانی وجود دارد واکنش‌های غریزی‌ای در زنان به وجود می‌آورد که مشتاق برابری بیشتر در ساختار و روابط کلیسایی هستند.

فصل هفتم

همه می‌خواهند رهبر باشند

قدرت، شاخص مهمی در هر جامعه است و شیطان در پی فریفتن مردم در طمع قدرت، نفوذ و پول است. در این فصل نگاهی به مظاهر قدرت در رهبری، وابستگی، ساختارهای قدرت، هدیه دادن، وابستگی مالی، و استفاده از امکانات مالی خواهیم انداخت، که همگی در مجادلهٔ موجود در کلیسای ایرانی در غربت سهمی دارند. پژوهش هافستد (Hofstede) نشان می‌دهد رابطه‌ای قوی میان ثروت مالی یک کشور و درجهٔ فردگرایی در فرهنگ آن وجود دارد.۱۹۵ کشورهای ثروتمند بیشتر فردگرا هستند و گرایش به فاصلهٔ قدرت زیاد دارند. تعریف فاصلهٔ قدرت مربوط می‌شود به حد و حدودی که یک جامعه می‌پذیرد قدرت در نهادها و سازمان‌ها به طور برابر توزیع نشود.

قدرت مورد استعمال رهبری قرار می‌گیرد و بر طرز عملکرد ساختارها و روابط مردم با همدیگر تاثیر می‌گذارد. گرایش آن به تقلید از الگوهای آشنایی است که می‌شناسیم. برقرار کردن الگوهای جدید رفتاری در رابطه با قدرت، فرآیندی پیچیده

است. به طور مثال، یک رهبر کلیسای ایمانداران مسلمان‌زاده ممکن است تربیت شده تا رهبری خدمتگزار باشد، اما امکان دارد کسانی که در هیئت رهبری خدمت می‌کنند همچنان این رفتار جدید را از صافی الگوی قدیمی تسلط قدرت بگذرانند و کاملا این ساختار جدید را سوءتعبیر نمایند. موضوع در جوامعی به شدت احساس می‌شود که مردم با ارزش‌های فرهنگی دیگری در رابطه با قدرت می‌آیند و تلاش می‌کنند کلیسایی را پایه‌گذاری کنند که نشان‌دهندهٔ پادشاهی وارونه‌ای است که مسیح در کتاب‌مقدس توصیف می‌نماید.

فاصلهٔ قدرت زیاد و جمع گرایی

خاورمیانه‌ای‌ها از جامعه‌ای بسیار رابطه‌گرا می‌آیند که دارای چارچوب اجتماعی محکمی است و در آن مردم میان خودی‌ها و غیرخودی‌ها تمایز قائل می‌شوند. تعریف هافستد از جمع‌گرایی چنین است: «جوامعی که در آن مردم از بدو تولد به طور یکپارچه در گروه‌های قوی و به هم چسبیدهٔ انحصاری قرار می‌گیرند و در تمام عمر به حفاظت از این گروه‌ها در ازای نوعی وفاداری بی‌چون‌وچرا، ادامه می‌دهند».[۱۹۶] بزرگترین توهین ممکن، ایستادن در مقابل وفاداری مادام‌العمر این گروه انحصاری است. افراد فامیل در برابر سختی‌های زندگی از هم محافظت می‌کنند و چنان وابستگی روانی‌ای میان آنها شکل می‌گیرد که در هم شکستن آن دشوار است. کشورهای با فاصلهٔ قدرت زیاد، بیشتر جمع گرا می‌شوند.[۱۹۷]

ایران در این شاخص، رتبهٔ بالایی دارد (رتبهٔ ۵۸)، و معنایش این است که مردم نظم سلسله‌مراتبی را می‌پذیرند که در آن هرکس جایگاهی دارد و نیازی به توجیه بیشتر آن نیست. سازماندهی این نظام سلسله‌مراتبی شامل نابرابری‌های ذاتی، تمرکز قدرت، انتظار زیردستان برای انجام کارهایی که باید انجام دهند، و ریاست آرمانی است که خیراندیش و مستبد باشد.[۱۹۸]

سلسله‌مراتب در یک فرهنگ با فاصلهٔ قدرت زیاد، نقش‌های عینی را در سازمانی مانند کلیسای ایرانی شکل می‌دهد. به عنوان مثال، ساختارهای قدرت ایرانی تمایل به سلطه‌گری دارد؛ اما ایرانیان بیش از هر چیز علاقمند به کاهش فاصلهٔ قدرت و افزایش جنبه‌های جهت‌گیری برای آینده در فرهنگ اجتماعی

خود هستند.[۱۹۹] هرچند ممکن است کلیسا پذیرای ساختار مسلط فاصلهٔ قدرت کم کلیسای غرب همراه با هیئت مشایخی با قدرت برابر بشود، اما امکان دارد اغلب اوقات الگوهای قدیمی ظاهر شوند. مصاحبه با شبانان و رهبران کلیسای فارسی زبان مؤید آن بود که این قالب و آن عملکرد معمولا با هم تطابق ندارند. شبانانی که خواستار شراکت قدرت با مشایخ بودند، درمی‌یافتند که غالبا مشایخ کاملا نقشی را که باید ایفا کنند، نمی‌شناسند. مشایخ نقشی منفعل در هیئت مشایخ بازی می‌کردند و همهٔ پیشنهادات شبان را می‌پذیرفتند. از سوی دیگر، مشایخی که خواستار شراکت در فرآیند تصمیم‌گیری کلیسا بودند اغلب درمی‌یافتند که شبان تنها قدرت موجود است و علاقه‌ای به سهیم کردن مشایخ در قدرت ندارد. سوءتفاهم موجود شراکت در قدرت را می‌توان اینطور شرح داد که هیچگونه خاطرهٔ جمعی از طرز عملکرد یک قانون مساوات‌گرایانه وجود ندارد. این اغتشاش در مورد شراکت در قدرت در کلیسا عنصر دیگری است که باید برای کمک به حرکت کلیسای ایمانداران مسلمان‌زاده به سوی ثبات، مورد توجه قرار گیرد.[۲۰۰]

پژوهش‌ها نشان می‌دهد که هرقدر فاصلهٔ قدرت بیشتر باشد، نابرابری در توزیع قدرت نیز بیشتر خواهد بود. عکس این موضوع هم صادق است، یعنی هرچه فاصلهٔ قدرت کمتر باشد، برابری میان افراد در قدرت و تابعیت نیز بیشتر خواهد شد.[۲۰۱] در ایران شراکت در قدرت نابرابر است. جایگاه ایران در فاصلهٔ قدرت، هرچند بالاست، اما همهٔ داستان را بازنمی‌گوید.

امتیاز مربوط به آنچه «باید باشد» در این شاخص فرهنگی به همان اندازه آشکارکننده است، از این نظر که تمایل جامعه برای تغییر این جنبه از فرهنگ بیش از هر شاخص فرهنگی دیگری است که مورد مطالعه قرار گرفته است (تفاضل مطلق بین امتیازهای مربوط به «همین است که هست» و «باید چنان باشد» در مورد فاصلهٔ قدرت بیشترین اندازهٔ ممکن، و در مورد جمع‌گرایی خودی‌ها کمترین اندازه است).[۲۰۲]

جدول صفحهٔ بعد مقایسهٔ میان ساختارهایی است که اغلب براساس ارزش‌های فرهنگی فاصلهٔ قدرت شکل گرفته و در توضیح اسلوب رهبری که شبانان و کلیساها به آن گرایش دارند، به ما کمک می‌کند.

شاخص فاصلهٔ قدرت کم	شاخص فاصلهٔ قدرت زیاد
همه باید متکی به هم باشند.	تعداد کمی باید مستقل باشند؛ اکثر مردم باید وابسته باشند.
نابرابری در اجتماع باید به حداقل برسد.	باید در این جهان نظمی از نابرابری وجود داشته باشد و هرکس در جایگاه درست خود قرار گیرد؛ این نظم حافظ جایگاه بالا و پایین است.
سلسله مراتب که به معنی نابرابری نقش‌هاست، به منظور تسهیل در کارها برقرار می‌شود.	سلسله‌مراتب به معنی نابرابری وجودی است.
زیردستان کسانی مثل من هستند.	افراد بالادست، زیردستان را از نوع متفاوتی قلمداد می‌کنند.
افراد بالادست، کسانی مثل من هستند.	زیردستان، بالادستان را از نوع متفاوتی قلمداد می‌کنند.
استفاده از قدرت باید قانونی باشد و مورد داوری میان خوب و بد قرار گیرد.	قدرت، واقعیتی اساسی در جامعه و فراتر از نیکی و بدی است؛ قانونی بودن آن ضرورتی ندارد.
همه باید حقوق قانونی برابر داشته باشند.	صاحبان قدرت مستحق امتیازات ویژه هستند.
افراد قدرتمند باید بکوشند کمتر از آنچه هستند به نظر بیایند.	افراد قدرتمند باید هرچه بیشتر قدرتمند به نظر بیایند.
تاکید بر قدرت مبتنی بر پاداش،قانونی و قدرت متخصص.	تاکید بر قدرت سرکوبگرانه و مرجعیت.
باید سیستم را ملامت کرد.	باید افراد توسری‌خور را ملامت کرد.
روش تغییر نظام اجتماعی به وسیلهٔ توزیع دوبارهٔ قدرت انجام می‌شود.	روش تغییر نظام اجتماعی به وسیلهٔ عزل صاحبان قدرت.
هماهنگی نهفتهٔ میان قدرتمندان و ضعیفان.	جدال نهفتهٔ میان قدرتمندان و ضعیفان.
افراد مسن‌تر مورد ترس و احترام نیستند	افراد مسن‌تر مورد ترس و احترامند.

جدول ۷. ۱: تفاوت‌های رهبری میان شاخص فاصلهٔ قدرت کم و زیاد: هافستد، گیرت. فرهنگ‌ها و عواقب: مقایسهٔ ارزش‌ها، رفتارها، نهادها و سازمان‌های ملت‌ها. چاپ دوم. کالیفرنیا: انتشارات سِیج، ۲۰۰۱، ص ۹۸.

شیوه‌های رهبری شبانان

درک فرهنگی رُزِن (Rosen) از زندگی اجتماعی اعراب، مشخصات رهبری و قدرت‌های مختلفی را آشکار می‌سازد که قادر است روش گذران وقت رهبری شبان در کلیسای ایمانداران مسلمان‌زاده را نشان بدهد. اول، توانایی مردان در آزادانه حرکت کردن، و ایجاد پیوند در هر جایی که بیش از همه به سود آنهاست.[۲۰۳] هرگونه تلاش برای محدود کردن این حرکت، زخم عمیقی در حس عدالت‌خواهی، بلوغ و قدرت قانونی آنها به وجود می‌آورد. دوم، مکانیزم‌های ترازسازی درونی و تعادل اخلاقی، راه توزیع قدرت را روشن می‌سازد. ترازسازی از جاری شدن قدرت به چند دست معدود در دورهٔ بلند مدت جلوگیری می کند و نقطه ضعف سیستم سلسله‌مراتبی را رفع می‌نماید.[۲۰۴] توضیحی که شنیدم این بود: «این جوک را شنیده‌ای که مردی دو سطل پر از خرچنگ در دست داشت که یکی سرپوش داشت و دیگری سرش باز بود. شخصی از او پرسید: «چرا این یکی سرپوش دارد؟» گفت: «نمی‌خواهم بیرون بیایند.» «پس چرا آن یکی باز است؟»، «آنها خرچنگ‌های ایرانی هستند، همین که یکی خیلی بالا می‌رود، بقیه او را می‌گیرند و پایین می‌کشند.»

حقانیت هر رهبر براساس توانایی‌اش در کنار هم قرار دادن شبکه‌ای از حامیان وابسته به دور خود است که خودشان را مدیون او می‌دانند، و او نیز می‌باید از طریق شبکهٔ ارتباطات بسیار بزرگتری که دارد، از ایشان حمایت کند. سوم، چیزی است که رُزِن آن را روحیهٔ اقدام متقابل می‌نامد. هر وظیفه‌ای قابل تبادل است و می‌توان برایش چانه زد. قدرت با مدیون کردن افراد به خود با انتظار عمل متقابل در حیطه‌های کاملا متفاوت جمع می‌شود که به نفع شخص صاحب قدرت باشد. این شاخص‌های فرهنگی رهبری می‌توانند نقش‌ها، آزادی‌ها، و روابط نیابتی را میان جماعت و شبانی که از قومیتی دیگر است، شکل بدهد.

رُزِن (Rosen) اشاره می‌نماید که رأی‌گیری نشان برحق بودن یک رهبر نیست چون هرکسی آزاد است یا اخلاقا می‌تواند شبکه‌ای از ارتباطات ایجاد کند.[۲۰۵] توضیح رُزِن درمورد مفهوم آزادی در خاورمیانه حاکی از معرفتی است که می‌تواند رهبری را شکل بدهد و به توضیح استقلال رهبری شبان کمک کند. متضادآزادی، نه استبداد، بلکه آشوب (فتنه) قلمدادمی‌شود.[۲۰۶] به منظور دوری از آشوب اجتماعی، رُزِن چهار آزادی حائز اهمیت در خاورمیانه را ارائه می‌دهد: (۱) آزادی حرکت، که به عنوان

توانایی مذاکرهٔ آزاد و ایجاد شبکه‌هایی در هرجایی که منفعت‌زاست، معرفی شده است؛ (۲) آزادی قانون، که آزاد بودن از آشوب بالقوه به وسیلهٔ پیروی از نظامی حقوقی تعبیر می‌شود که به صورت محلی پاسخگو نیست؛ (۳) آزادی افراد محلی، که به عنوان هویت فردی تعبیر می‌شود که براساس شبکه‌های طایفه‌ای یا محلی ساخته شده است؛ (۴) آزادی شخصیت، محافظت از حق حریم خصوصی و اطلاعات محرمانه، خصوصا در برابر کنترل‌های متعرضانهٔ دولتی.[۲۰۷] این آزادی‌ها را می‌توان در مشارکت نیز به نمایش گذاشت و طرز شبکه‌بندی اجتماعی کلیسایی را به اطلاع اعضا رساند. امکان دارد شبان زمان بیشتری را صرف تاسیس و نگهداری این شبکه اجتماعی نماید و کمتر به خدمت و رسیدگی روحانی به جماعت بپردازد.

تصمیم‌گیری

مطالعات الیحیی (Al-Yahya) در مورد تاثیر قدرت در تصمیم‌گیری، روشنگر روش واقعی تصمیم‌گیری و همچنین اسلوب آرمانی یا اصلح تصمیم‌گیری است. هرچند ایران از لحاظ اجتماعی، جمع‌گراست، اما «کارمندان مجزا از‌سازمان‌های شغلی‌شان هستند و به اندازهٔ هر ملت فردگرای دیگر، رابطه‌ای فردی با محیط کارشان دارند».[۲۰۸] مطالعهٔ او نشان می‌دهد در رفتار آرمانی اتخاذ تصمیم، از مشورت گرفتن و امر کردن، انتقالی به سمت پشتیبانی منکوب کننده (۶۰٪ از موافقان) در روش تصمیم‌گیری مشارکتی ایجاد شده است.[۲۰۹] مشارکت متناسب با سطح نظام سلسله‌مراتبی افزایش می‌یابد. در برابر سهیم‌سازی در قدرت مقاومت می‌شود مگر اینکه از وفاداری و سرسپردگی به نظام موجود، اطمینان حاصل شود. الیحیی بعضی مقامات دولتی را مشاهده کرد که «نسبت به کارمندانی که علاقهٔ زیادی به قدرت و مسئولیت اضافی نشان می‌دهند، بدگمان هستند زیرا ممکن است نیت آنها به کارگیری قدرت برای نفع شخصی یا ایجاد ارتباط و دریافت حمایت باشد (واسطه‌گری)».[۲۱۰]

نظام‌های سیاسی در جوامع تحت حاکمیت مسلمانان گرایش به سلسله‌مراتب دارند. مردان مسئول حفاظت از خانواده‌اند، دولت حافظ شهروندان است، رهبران دینی مسئولیت حفظ پیروان‌شان را دارند، و ملت‌ها-دولت‌های دینی باید از مردمشان محافظت کنند. این طرز تفکر محافظت را می‌توان در هر نهاد درون جامعه یافت.

قدرت و اقتدار ممکن است ارثی (متولد شدن در خانوادهٔ صاحب امتیاز)، یا اکتسابی (کسب و دریافت قدرت یا اقتدار بر اساس توانایی شخص) باشد. الگوی معمول حکومت استبدادی (حکومت یک فرد) یا پدرسالاری است (نقش پدر از نقش افراد مورد محافظت آن، باحکمت‌تر است و در جهت منفعت کامل آنها عمل می‌کند) و منافع عاطفی کمی دربر دارد. صاحب قدرت می‌گوید که قدرت تنها در جایی باقی می‌ماند که با اطاعت همراه باشد. این الگوها در میان کلیسا نیز دیده می‌شود.

تصمیم‌گیری تحت قدرت قرار داده می‌شود زیرا اغلب شخصی که صاحب قدرت است در کلیسا تصمیم می‌گیرد. سوالاتی درمورد تصمیم‌گیری در کلیسای ایرانی پرسیده شد. هفده نفر یا ۳۴ درصد دربارهٔ جوانب مختلف تصمیم‌گیری صحبت کردند.

وقتی موضوع تصمیم‌گیری در کلیسای ایمانداران مسلمان‌زاده در غربت پیش کشیده می‌شود، برخوردی میان فرهنگ‌ها به میان می‌آید. ساختار معمول این است که شبان همهٔ تصمیمات را می‌گیرد و سپس اجازه می‌دهد که جماعت از آن باخبر شوند. این اسلوب به طور خاص در کلیساهای کاریزماتیک شایع است که مدعی حکومت الاهی هستند، که در عمل حکومت یک فرد است. ایرانیانی که در غرب زندگی می‌کنند، شاهد رهبری گروهی هستند و مایلند بیشتر در تصمیم‌گیری‌ها شرکت کنند. نتیجهٔ مقاومت در برابر این تمایل آن است که مردم کلیسا را ترک می‌کنند. هرچند کلیسا از لحاظ ساختاری شکل رهبری شراکتی را بر خود گرفته، اما در عمل به حکومت یک فرد شباهت دارد. بخشی از این موضوع مربوط می‌شود به درک نادرست از فرآیند و/یا ارزش‌های فرهنگی شرم و آبرو و تعارف، که نتیجهٔ آن تن دادن به تصمیم‌گیری رهبر منصوب می‌شود.

تعداد زیادی به این موضوع اشاره کردند که شبان همهٔ تصمیمات را می‌گیرد. «در این کلیسا، کاملا دیکتاتوری برقرار است». سایرین اینطور می‌گفتند:

در واقع در کلیسای فارسی‌زبان، ساختاری وجود ندارد. نهایتا، شبان همهٔ تصمیمات را می‌گیرد. من در همهٔ کلیساهایی که در آنها خدمت کرده‌ام، همیشه تلاشم این بوده که مردم را وارد تصمیم‌گیری یا به قول معروف «حکمت جمعی» کنم. اما کلیساهای دیگر می‌گویند نه، کلیسا یک نظام دموکراسی نیست، بلکه تئوکراسی (دین‌سالاری) است. و اما در این تئوکراسی ما معمولا نمی‌شنویم خدا تصمیمی بگیرد. تئوکراسی

یعنی شبان همهٔ تصمیمات را می‌گیرد و آنها اسمش را می‌گذارند تئوکراسی.

فکر می‌کنم تعداد کلیساهایی که با زندگی در غربت در چند دههٔ گذشته دست‌کم به سوی ساختاری از رهبری گروهی حرکت کرده‌اند، رو به افزایش است. در بعضی از کلیساهای کوچک‌تر همچنان شبان همه کاره است. اما بعضی از آنها گروه‌هایی تشکیل داده‌اند که چگونگی عملکردشان بحث دیگری است. ولی بعضی از دوستان پنطیکاستی-کاریزماتیک را می‌شناسم که در کلیسای‌شان همچنان یک نفر تصمیم‌گیرنده است. در محافل کاریزماتیک یک فرد چه مرد باشد چه زن به عنوان کسی قلمداد می‌شود که پیام‌های خدا را می‌شنود؛ «خدا به من گفت»، «خدا با من صحبت کرد»، «نبوتی دارم». در بسیاری از محافل کاریزماتیک، کسی تصمیم‌گیری گروهی و تشخیص موضوعات را تشویق نمی‌کند.

تصمیم‌گیری مستلزم آن است که شبان و هیئت رهبری مشایخ با هم کار کنند. اما اگر شبان در این زمینه به طور مناسب تربیت نشده باشد، جلسات هیئت رهبری تبدیل به جلسهٔ دعا می‌شوند. اگر شبان احساس امنیت نکند، بحث آزاد در مورد مسائل کلیسا می‌تواند تا این سطح پایین بیاید که شبان به ملامت گروه رهبری بپردازد و بگوید آنها «مشکل‌ساز هستند، به همین دلیل تعداد زیادی کلیسا را ترک کرده‌اند. در همینطور روی لولایش می‌چرخد و مردم می‌روند، در نتیجه کلیسا رشدی نمی‌کند».

برای شبانان کلیساهای کوچک به طور خاص یافتن ایمانداران بالغ برای تشکیل هیئت رهبری دشوار است چون «رهبری بالغ وجود ندارد».

از یک نظر، سردرگمی در مورد رهبری و فرآیند تصمیم‌گیری را می‌توان به نداشتن خاطرهٔ جمعی از طرز کار با همدیگر نسبت داد. شبانی می‌گفت:

وقتی به کلیسای فارسی‌زبان نگاه می‌کنید، دورنمای آن مثل کلیسای آمریکایی است. شبان، هیئت رهبری و شماسان همگی هستند. اما هیچکدام از آنها مورد استفاده قرار نمی‌گیرند. جلسات رهبری واقعا اهمیتی ندارند. رهبران کلیسا کارشان را جدی نمی‌گیرند. آنها معمولا می‌خواهند شبان را راضی نگه دارند و با هرچه او می‌گوید موافقت می‌کنند، حتی در صورتی که ملتمسانه از آنها بخواهد: «لطفا با من مخالفت کنید، بیایید فکرهای‌مان را روی هم بریزیم». همانطور که گفتم، این موضوع برمی‌گردد به فرهنگ؛ ما فرهنگ مسیحی نداریم. دغدغهٔ ما بیشتر شرم و آبروست تا

درستی و نادرستی. این دیدگاه من است.

به نظر می‌رسد حرکت آگاهانه‌ای در بعضی از رهبران به سوی ادارهٔ جمعی کلیسا صورت گرفته و آنها از حکومت منحصر تک‌شبانی دور می‌شوند. «بعد از آن تجربه، من متوجه اهمیت رهبری شراکتی شدم. متوجه اهمیت جوابگو بودن به یک گروه و ارزش قائل شدن برای عقاید، طرز فکر و بازخورد شدم».

خواندگی شبانی

منبع اصلی قدرت در جوامع با فاصلهٔ قدرت زیاد، خانواده و دوستان، عطیهٔ الاهی (کاریزما)، و/یا توانایی استفاده از زور است.[۲۱۱] هر فرد زورمند یا دارای عطیهٔ الاهی اغلب به عنوان یک رهبر شناخته می‌شود، هرچند ممکن است ویژگی‌های لازم یک رهبر مسیحی بالغ را نداشته باشد. این نوع از رهبران به تسلط قوی یا ارعاب مردم متوسل می‌شوند تا ایشان را وادار به پیروی از خود یا جهت‌گیری خاصی نمایند. زیر سوال بردن صریح تصمیمات در یک جلسه ممکن است به راحتی به عنوان مخالفت با اقتدار رهبر، و بی‌احترامی تلقی شود و موجب واکنش‌های مقاومتی و شدید گردد. تاریخ ایران پیش از اسلام سرشار از پادشاهان باستانی است که مردم اسم‌شان را روی فرزندان خود می‌گذارند. هرچند ایرانیان از نظام دیکتاتوری شاهان‌شان پشتیبانی نمی‌کنند، اما دستاوردهای ایشان را گرامی می‌دارند.[۲۱۲] مهم است که «حاکم از خود «گیرایی و عطیهٔ الاهی» نشان دهد، مراقب فقیران و عدالت‌گستر باشد، در این صورت مستحق اطاعت است. اگر این قرارداد را بشکنند، باید او را به چالش کشید».[۲۱۳]

حاکمان مطلق، مستبدان و سکولارها با این درک عمل می‌کنند که بهترین روش را می‌دانند و برای زیردستان‌شان تصمیم‌گیری می‌کنند. وابستگی، قوم و خویش‌پرستی، پدرسالاری، و ساختارهای سلسله‌مراتبی روش‌های آشنای رهبر هستند. افراد عادی جای چندانی برای دستیابی به مواضع قدرت یا رساندن صدای نظریات‌شان ندارند.

تصور کلی ایرانیان نسبت به رهبری این است که یک رهبر دارای گیرایی و عطیهٔ الاهی است چون به او قدرت‌های ماوراءالطبیعی، یا دست‌کم ویژگی‌های استثنایی‌ای اعطا شده که از انسان‌های معمولی جدایش می‌کند. فرمان‌های او حاوی فضل خاص و کیفیتی آن‌جهانی هستند که موجب اعتماد، تعهد و تمایلی غیرقابل مقاومت برای

پیروی می‌شوند. این واقعیت که چهره‌های کاریزماتیکی که سلسلهٔ جدیدی را تاسیس کردند، اغلب در نقاط حساس تاریخ ظهور کردند تا ملت ایران را حفظ نمایند، و همین امر تصور مربوط به پادشاه قهرمان را تقویت کرده است. بدین ترتیب سلطنت تبدیل به تابعی از شخصیت شد که در آن، قدرت به جای آنکه توسط نهاد تاج و تخت بر دوش پادشاه گذاشته شود، به سوی رهبر کاریزماتیک جاری می‌شد. به علاوه، اینگونه آرمان و انتظار از رهبر کاریزماتیک یکی از مشخصات تعیین‌کنندهٔ فرهنگ ایرانی را تشکیل می‌دهد.۲۱۴

رهبران در جامعهٔ ایرانی از احترام والایی برخوردار هستند. ایرانیان به تعهدی که نسبت به افراد قدرتمند دارند، معروف‌اند. عبادی گسترهٔ این سرسپردگی ایرانیان به رهبران را چنین توصیف می‌کند:

متاسفانه، ایرانیان قلبا قهرمان‌پرست هستند... آنها تصور می‌کنند که یک چهرهٔ بلندپایه و نمادین می‌تواند به زندگی‌شان رونق دهد، دشمنان‌شان را از دم تیغ بگذراند، و دنیای‌شان را زیر و رو کند. شاید فرهنگ‌های دیگر نیز به قهرمانان معتقد باشند، اما ایرانیان تعهد بی‌نظیری به این اعتقاد دارند. آنان نه تنها عاشق قهرمانان، بلکه عاشق عشق به قهرمانان می‌شوند.۲۱۵

«باید کاملا مراقب برانگیختن احساسات خاورمیانه‌ای‌ها بود. آنها با احساسات‌شان فکر می‌کنند، نه با منطق‌شان».

معیارهای علمای دینی در اسلام، مخصوصا به تجربهٔ ایران، سیال و غیرثابت است. هر کسی می‌تواند عبای علمای دینی را بپوشد. این انتصاب شخصی به مقام عالم دینی می‌تواند ما را در توضیح پدیدهٔ شبانانی یاری دهد که خود را به شبانی در میان جامعهٔ مسیحی ایرانی مسلمان‌زاده منصوب کرده‌اند. طاهری اینطور شرح می‌دهد:

به طور کلی در اسلام هرگز سازماندهی «مسجدی» و سلسله‌مراتب علمای دینی که به راحتی قابل تشخیص باشد وجود نداشته است. هر کسی می‌توانست ریش بگذارد، عمامه‌ای بر سر کند و عبایی بپوشد و مدعی شود که مُلاست. بررسی دفتر اوقاف ایران در سال ۱۹۷۷ نشان می‌دهد که بیش از دویست و پنجاه هزار مرد در آن زمان ادعای ملایی می‌کردند. به طور حیرت‌آوری، ۲۰ درصد از آنها توسط همین بررسی به عنوان «بی‌سواد» یا «کم‌سواد» دسته‌بندی شدند. از این گذشته، مردان

می‌توانند از لباس علمای دینی بیرون بیایند و به دنبال کارهای دیگر باشند و دوباره در هر زمانی به این لباس برگردند.[۲۱۶]

نداشتن تحصیلات الاهیاتی یا دانشگاهی شبانان، اغلب به عنوان یکی از دلایل مشکلات شبانی عنوان می‌شد.

سایر مشکلاتی که در این موضوع نقش دارند، نداشتن تحصیلات کتاب‌مقدسی میان مشایخ، رهبران و شبانان؛ و نداشتن درک واقعی از اصول کتاب‌مقدسی است. نداشتن روحیۀ اطاعت و یکدلی، روحیۀ همکاری، پشتیبانی از همدیگر، فروتنی، تشویق یکدیگر، حجم زیادی از «من به روش خودم عمل می‌کنم» (به قول ترانه‌ای از فرانک سیناترا) یا اینکه می‌توانی از این کلیسا تشریف ببری. دومین موضوع نداشتن تحصیلات روحانی، تحصیلات مسیحی، تحصیلات آموزه‌ای است.

نگرانی شایع، چگونگی شبان شدن ایرانیان بود. آقایی بین چند کلیسا شناور بود و بعد «کلیسای خودش را تاسیس کرد و خود را به عنوان شبان آن منصوب کرد». «همه می‌خواهند شبان باشند و تعلیم بدهند». خاطرۀ جمعی ناچیزی از معنای خواندگی شبانی وجود دارد و تعداد کمی دربارۀ این موضوع کتابی خوانده‌اند. این موضوع، مشکلاتی را ایجاد می‌کند که به گفتۀ شخصی:

این هم مورد دیگری است که متوجه شده‌ام- آنها به مسیح ایمان می‌آورند، پر از شور و عشق به خداوند هستند، دیگران به آنها می‌گویند: «چرا شبان نمی‌شوی؟» و این کار را می‌کنند، بدون اینکه آموزش مناسبی دیده باشند. این می‌تواند مشکلاتی را ایجاد کند، نه تنها از لحاظ الاهیاتی، بلکه مدیریت مردم و رسیدگی به مردم مثل مسیح. من تا حدودی اینها را دیده‌ام.

کلیسای غربی نیز به همان اندازه در روند انتخاب شبان قابل سرزنش است. گاهی کلیسای غربی ساده‌لوحانه افرادی را تشویق به تاسیس یک کلیسا می‌کنند بدون اینکه تعلیم و آموزش لازم برای شبانی کلیسا را مورد توجه قرار دهند.

ایرانیان یک کلیسای آمریکایی پیدا می‌کنند و می‌گویند: «من قبلا مسلمان بودم» و کلیسا می‌گوید: «هللویا، ما در اینجا جواهری پیدا کرده‌ایم.» بعد او را شبان می‌کنند. همین! تو می‌توانی کلیسایی را هدایت کنی. خیلی ناراحت‌کننده است که شاهد این اتفاق باشید. غربی‌ها خیلی هیجان‌زده می‌شوند، ولی ایمان آوردن یک مسلمان‌زاده

به معنی آمادگی‌اش برای رهبری نیست. او باید تعلیم بگیرد. آنها او را می‌ستایند، به حدی که به خود مغرور می‌شود. بعضی از این موضوع سوءاستفاده می‌کنند. آنها لزومی نمی‌بینند که شخص دیگری در کنارشان باشد. خدا با آنها صحبت می‌کند، و می‌توانند کلیسایی را هدایت نمایند.

بدون تعلیم و تربیت لازم، کلیسا دچار کشمکش می‌شود. «امکان دارد کلیسا با پنج تا ده نفر شروع شود، تا وقتی که جدایی در آن به وجود بیاید. نداشتن تعلیم و تربیت، نداشتن رهبری، عامل اصلی است». یا شبان کتاب‌مقدس را به نحوی تغییر می‌دهد تا مشکلات کلیسا را توجیه کند. وقتی افراد خودشان را شبان اعلام می‌کنند، «دقیقا نمی‌دانند چه کسی هستند».

من عمیقا نسبت به رهبری شبانان کلیسای ایرانی با نگاهی منتقدانه می‌نگرم. در اکثر موارد شبانان ما آموزشی ندیده‌اند، رشد نکرده‌اند، یا مهارت‌هایی به دست نیاورده‌اند. این یکی از مشکلات جنبش کلیسای خانگی ایران هم هست. شبانان سعی در حکومت کردن دارند. من بیش از همه، شبانان را به خاطر بسیاری از کشمکش‌های کلیسای ایرانی‌مان قابل سرزنش می‌دانم.

اعضای کلیساها به خاطر نداشتن آموزش مناسب شبانان دلزده می‌شوند. شخصی می‌گفت که سال‌ها تحت رهبری شبانانی که خود را شبان اعلام کرده‌اند و کتاب‌مقدس را نمی‌دانسته‌اند، رنج کشیده است. «هیچ راهی برای انتقال این تعلیم به کسانی که از لحاظ روحانی گرسنه هستند، وجود ندارد. آنها نمی‌توانند خودشان را رشد بدهند. باید رهبرانی، درست مانند چوپانان، آنها را هدایت کنند».

نداشتن آموزش و تربیت، اغلب در طرز سازماندهی کلیسا و ربط داشتن موعظه و تعلیم خود را نشان می‌دهد.

کلیسا بسیار بی‌نظم بود. نمی‌توانستم با اعضا، حتی کسانی که هم‌سن من بودند، صحبت کنم. مثل این بود که تعلیمات جذابیتی برای جوانان نداشتند. گاهی حس می‌کردم حتی موعظهٔ شبان را هم نمی‌فهمم. به نظرم از هم گسیخته و نامربوط بود. فقط از روی ناچاری آنجا ماندم، نه به خاطر اینکه می‌خواستم گوش بدهم.

اما مشخص است که شبانانی که در کلیسا بزرگ شده‌اند، پخته‌تر هستند و قبلا شاهد مشکلات زیادی بوده‌اند. «می‌توانید شبانانی را اینجا پیدا کنید که در ایران هم

بیست تا سی سال شبان بوده‌اند. آنها شبانان باتجربه‌ای هستند». «بعضی تعلیم و تربیتی عالی دارند، جاافتاده‌اند، با دانشکدهٔ الاهیات اینترنتی در ارتباطند، تا اطمینان حاصل کنند که نوایمانان در ایران و افغانستان تعلیم مناسبی بیابند».

روابط ارباب-رعیت و ساختارهای قدرت در مشارکت‌ها یکی دیگر از شاخص‌های مؤلفهٔ قدرت است. دیدگاه اسلامی از قدرت اغلب مربوط به رهبر محافظ می‌شود.[۲۱۷] کینگ (King) تایید می‌کند که اکثر نوشته‌های ادبی مربوط به ساختارهای اجتماعی ارباب-رعیت از درون خاورمیانه سرچشمه گرفته است. «ایران دارای ساختار ارباب-رعیت است و از گروه‌های موازی خودگردان زیادی تشکیل شده که در این چارچوب عمل می‌کنند».[۲۱۸] علمای دینی به عنوان نمایندگان قابل تکریم رفاه اجتماعی عمل می‌کنند که کمک‌های مالی را جمع و سپس توزیع می‌کنند. این کارکرد به علمای دینی قدرتی مستقل می‌بخشد.[۲۱۹]

باوجود ماهیت سلسله‌مراتبی ایران، تعیین این موضوع که رهبر در کجا رهبری می‌کند و پیرو در کجا پیروی می‌نماید، کار سختی است.

مردم عادی به رهبرشان برای هدایت و سرمشق قرار گرفتن در رفتار، می‌نگرند. در عین حال، عالم دینی از منصب قدرتی که دارد در پی درک ارادهٔ پیروانش است تا بعد از آن سیاست‌هایش را در انعکاس دادن آن اراده شکل بدهد. در نتیجه، رهبری دینی، برخلاف حکومت به جای اینکه عمودی باشد، دایره‌وار است. رهبر هم هدایت‌گری می‌کند، هم پیروی، و پیروان نیز هم پیرو هستند و هم رهبر.[۲۲۰]

حتی در غربت نیز روابط جدید حامی- ارباب‌رجوع جایگزین روابط قدیمی می‌شود. «امید در رابطهٔ حامی و ارباب‌رجوع نقش کلیدی دارد».[۲۲۱] روابط حامی-ارباب‌رجوع بر تفکر معمول مربوط به فرآیندهای مهاجرت و اسکان مجدد تاثیرگذار است.[۲۲۲] امکان دارد این تغییر موضع بر روابط موجود در کلیسا و این موضوع که چرا بسیاری از مردم به کلیسا می‌روند تا کمک دریافت کنند و به محض رسیدگی به نیازشان آن را ترک می‌کنند، نیز تاثیر داشته باشد.

ساختار کلیسا

ساختار کلیسا نیز یکی از حوزه‌های مورد دغدغه است. درک و ردیابی چگونگی شکل

یافتن ساختارهای قدرت مبتنی بر افکار و علایق یک جماعت تازه، بسیار اهمیت دارد.[۲۲۳] گِلِر (Geller) اظهار می‌کند که نوعی نو-پدرسالاری ممکن است شکل گیرد که در آن رهبر (در این مورد، شبان کلیسای ایمانداران مسلمان‌زاده) از طریق قدرت پدرسالارانه، قدرت را به دست می‌گیرد. او عنوان می‌کند که این قدرت مبتنی بر «اقتدار، سرکوب زیردستان و سازماندهی ارتش مزدور است که به موجب آن گسترهٔ قدرت قراردادی حاکم، و همچنین فیض و رحمت او افزایش می‌یابد».[۲۲۴]

در جوامع سلسله‌مراتبی، یک بعد قوی احساسی وجود دارد. مردم رهبرشان را با شدت مساوی یا می‌ستایند یا از او انزجار دارند. هافستد بیان می‌کند که کشورهای با فاصلهٔ قدرت زیادتر دارای خشونت سیاسی داخلی (شورش‌های با انگیزهٔ سیاسی) بیشتری از کشورهای با فاصلهٔ قدرت کمتر هستند و کشورهای با فاصلهٔ قدرت بیشتر با جناح‌های راست و چپ قوی و جناح میانهٔ ضعیف مشخص می‌شوند، که او آن را انعکاسی از قطبی‌گرایی میان وابستگی و غیروابستگی قلمداد می‌کند.[۲۲۵] به جناح میانه (که در جوامع غربی ایده‌آل محسوب می‌شود) به عنوان جناحی ضعیف می‌نگرند. مبارزهٔ قدرت میان نظرات و الگوی رهبری در می‌گیرد که ممکن است به سرعت باعث عقب‌نشینی به سوی الگوهای قدیمی استیلای قدرت بر دیگران شود تا نظرات قوی شأن و مقام خود را حفظ کند. ایران رتبهٔ پنجاه و نهم را در اجتناب از تردید کسب کرده است، به این معنا که آنها علاقمند به حفظ دستورالعمل‌های محکمی در مورد اعتقاد و رفتار هستند و نسبت به رفتار و تفکرات غیرمتعارف انعطاف نشان نمی‌دهند.[۲۲۶] بسیاری از ایرانیان تمایلی به سازش با دیدگاه‌های دیگران و درک ارزش آن ندارند، بلکه در عوض سخت می‌کوشند تا دیگران را مجاب به پذیرفتن نظر خودشان کنند. اغلب برای یک ایرانی، مخصوصا یک مرد ایرانی، اعتراف به خطا کار سختی است.[۲۲۷]

تذکری مهم دربارهٔ نهادهای داوطلبانهٔ کلیسایی این است که «ایرانیان تجربهٔ بسیار ناچیزی در شراکت در نهادهای داوطلبانه در ایران داشته‌اند، و توشه‌ای برای آوردن به ایالات متحده ندارند».[۲۲۸]

ایرانیان در مقایسه با سایر گروه‌های جدید مهاجر، دارای انجمن‌ها یا سازمان‌های قومی بسیار کمتری هستند. دلیل اصلی این الگو، فرهنگی است. انجمن‌های داوطلبانه در ایران رایج نبوده، و لذا ایرانیان تجربهٔ لازم را برای تاسیس آنها ندارند. حتی هنگامی

که چنین انجمن‌هایی را تشکیل می‌دهند، در همان ابتدای کار انجمن مزبور از هم می‌پاشد.[۲۲۹]

عبادی این گرایش به شکست سازمان‌های ایرانی را تصدیق می‌کند. «درست مانند گرایش به متلاشی شدن گروه‌های سیاسی سازمان‌یافتهٔ ایرانی از ابتدای زمان، که تراشه‌هایش نیز باز متلاشی می‌شوند».[۲۳۰] گروه‌های سیاسی در ژوئیهٔ ۱۹۹۹، پس از اینکه دولت وقت تحت ریاست جمهوری خاتمی هرگونه صدای مخالف یا انتقادگر خود را سرکوب کرد، همین تجربه را داشتند. کسی دیگر در مورد راهکارهای جزئی نیز با دیگری توافق نداشت، چه رسد به راهبرد کلی مقاومت. این همان پدیده‌ای است که در بهار عربی رخ داد. ایران در رتبهٔ بیستم پایین‌ترین نمونه‌های آمار گلوب (GLOBE) قرار گرفت که نشان می‌دهد در آن بر برنامه‌ریزی، سرمایه‌گذاری، و رفتارهای آینده‌گرا تاکید چندانی نمی‌شود.[۲۳۱] در سال ۱۹۵۳ دونالد ویلبِر (Donald Wilber) چنین نوشت: «با توجه به عدم ظرفیت شناخته شدهٔ ایرانیان در برنامه‌ریزی یا عمل کردن به شیوه‌ای کاملا منطقی، هرگز انتظار نداریم چنین طرحی در آن محیط محلی، با عملیات کارکنان غربی به اجرا در بیاید».[۲۳۲] اولین سال‌های انقلاب ایران از ۱۹۷۹ تا ۱۹۸۱، جنگ قدرت حکمفرما بود. «بسیاری از گروه‌ها هنگامی که گسترهٔ دیدگاه‌های سیاسی و ایده‌ئولوژیک‌شان را خصوصا در موضع‌گیری نسبت به آیندهٔ رهبری اسلامی مشخص و دوباره تعریف می‌کردند، دچار تغییرات و تفرقه‌های اساسی شدند».[۲۳۳] روش علمای دینی مستبد در تحکیم شالودهٔ قدرت‌شان، حذف نیروهای مخالف بود. تفرقه‌های ایشان تا غربت نیز ادامه یافت: «تفرقه‌های سیاسی موجود میان گروه‌های چپ‌گرا در تبعید ادامه یافت و در میان این احزاب تفرقه‌های زیادی به وجود آمده است».[۲۳۴] اما ایرانیان در پی ایجاد تغییر در این خصیصه‌های فرهنگی هستند. مهم‌ترین خصایص فرهنگی که «باید» تغییر کنند، دو تا از ضعیف‌ترین جهت‌گیری‌های آن هستند. «از نظر آرزوهایی که برای تغییر در فرهنگ وجود دارد، داده‌ها نشان می‌دهند که ایرانیان بیش از هر چیز علاقمند به دو جنبهٔ فرهنگ اجتماعی یعنی کاهش فاصلهٔ قدرت و افزایش جهت‌گیری آینده هستند».[۲۳۵] این موضوع نیز ایرانیان را تا غربت دنبال می‌کند.

درک ساختارهای رهبری و قدرت، مؤلفهٔ مهمی در کلیسای ایمانداران مسلمان‌زاده در غربت است. مشروعیت ایجاد شبکه‌ای از وابستگان به همراه آزادی عمل مستقل، خبر از شبکه‌بندی اجتماعی می‌دهد. نظام سیاسی ساختار سلسله مراتبی که در آن قدرت و اقتدار به شخص صاحب قدرت نسبت داده می‌شود اغلب یک تنظیم از پیش تعیین شده است. اما در عین حال، ماهیت پیچیدهٔ رابطهٔ حامی-ارباب‌رجوع خطوط میان رهبر و پیرو را کمرنگ می‌کند. رتبهٔ بالای خاورمیانه‌ای‌ها در اجتناب از تردید، بیانگر اشتیاق رهبران در حفظ قوانین محکم اعتقادی و رفتاری است. آنها انعطافی نسبت به طرز فکرهای دیگر ندارند. این استحکام و جماد نشانگر نوعی مکانیزم دفاعی در برابر تهدیدهای قابل مشاهدهٔ آسیب و تحقیر است.

چگونه این موضوع در کلیسا عمل می کند؟

شش نفر یا ۱۲ درصد به توصیف ساختار قدرت در کلیسای ایرانی پرداختند. قسمت بزرگی از این بحث در پاسخ به سوالات مربوط به چگونگی تصمیم‌گیری در کلیسا و میزان کنترل یا آزادی عمل شبان، پیش کشیده شد.

ایرانیان دربارهٔ آرزوی‌شان برای کسب مقام و قدرت، و ناهماهنگی‌ای که به دنبال دارد صحبت کردند. «قدرت؛ همه به دنبال قدرت هستند». آقایی دربارهٔ دو نوع قدرت می‌گفت. اولین منبع قدرت، قدرت شبانی است که بیشتر از دیگران می‌داند. دومین منبع قدرت از فرقه یا کلیسای بومی می‌آید که آنها جا و امکاناتش را اجاره کرده بودند. ممکن است به خاطر ناامنی‌های خاصی ترس و وحشتی در شبان نسبت به قدرت فرقهٔ کلیسایی ایجاد شود. «اگر آنها ببینند که تعداد شرکت‌کنندگان جلسات من بیشتر نشده، ممکن است حقوقم را قطع کنند و بگویند از اینجا برو چون من ثمر زیادی نمی‌آورم. پس سعی می‌کنم به آنها متکی نباشم».

تجربهٔ من از کلیسای ایرانی این بوده که این کلیسا بسیار سلسله‌مراتبی و از بالا به پایین است، از این نظر که شبانان به عنوان یک قدرت روحانی در نظر گرفته می‌شوند. شماسان و شماسه‌ها و مشایخ کلیسایی که من در آن شرکت می‌کنم به نوعی این نگرش را ترویج می‌نمایند که شبانان قدرت روحانی هستند و شما باید مطیع آنها باشید. در طی سال‌ها افرادی مشکل‌ساز بوده‌اند که با غرور زیاد، می‌خواستند افکار

و ایده‌های خودشان را به کرسی بنشانند. آنها به جای اینکه فروتنانه برای شبان دعا کنند، پای‌شان را در یک کفش کرده و کلیسا را ترک کردند. گاهی هم کوشش کرده‌اند، دیگران را با خود ببرند.

قدرت فقط مورد استفادهٔ شبان نیست؛ گاهی میان اعضای قدیمی‌تر جماعت کلیسا و اعضای جوان‌تر هم دیده می‌شود. قدرت، موضوعی تکرار شونده است. گاهی شبانان تنها کارگزاران قدرت در ساختار کلیسا هستند. بعضی افراد معتقدند که می‌توانند بهتر از شبان عمل کنند. وقتی شبان احاطه و مهار قدرتمندی داشته باشد، این جویندگان قدرت کلیسا را ترک می‌کنند. راهبرد دیگر، تضعیف نفوذ شبان به وسیلهٔ تلاش برای خلع او از طریق نیرنگ و فرافکنی است. دربارهٔ این موضوع در بخش مربوط به رهبری شبان صحبت خواهد شد.

مسایل مالی و پول

حیطهٔ امور مالی اغلب سرچشمهٔ ناهماهنگی در بسیاری از کلیساها بوده و کلیسای ایرانی نیز از امر مستثنا نیست. بحث امور مالی را با توجه خاص بر جمع‌آوری هدایا، مشکلات مالی شرکت‌کنندگان، و استفادهٔ شبان و نحوهٔ توزیع بودجه توسط او، عنوان کردم. بیست و پنج نفر یا ۵۰ درصد از مصاحبه‌شوندگان در مورد امور مالی در کلیسای ایرانی صحبت کردند.

چند نفر دربارهٔ اینکه چگونه زمینهٔ اسلامی آنها بر دیدگاه‌شان نسبت به پول تاثیر منفی داشته، توضیحاتی دادند. «درایران، علمای دینی بعد از انقلاب، پول ما را می‌گیرند، چون فساد هست. اعضا مخالف آن هستند. آنها در تلویزیون چیزهایی دربارهٔ شبانانی مثل بِنی‌هین که زندگی لوکس دارند، می‌شنوند، و مقایسه می‌کنند».[۲۳۶] بعضی احساس می‌کنند که هدیه دادن در کلیسا به دلخواه است و می‌تواند باعث تنش شود. «در اسلام، تعلیم می‌دهند که شما فقط باید صدقه بدهید. وقتی آنها شبانی را می‌بینند، فکر می‌کنند باید به او صدقه بدهند...آنها درک روشنی از این موضوع ندارند مگر اینکه مدتی طولانی در کلیسا باقی بمانند».

پرسیدم شبان چگونه از پول استفاده می‌کند؟یک دیدگاه منفی نسبت به طرز مدیریت پول و خرج کردن آن وجود داشت. بعضی می‌گفتند که شبانان از اعضای

کلیسا می‌خواهند حتما ده یک بدهند و حتی علاوه بر آن انتظار هدیه دادن نیز دارند. بعضی مردم را مجبور به هدیه دادن می‌کنند تا بتوانند در تلویزیون موعظه کنند. در اکثر موارد، درک درستی از پاسخگویی مالی وجود ندارد.

در اکثر موارد هیچگونه پاسخگویی وجود ندارد. در اکثر موارد، هرگز دربارۀ پول صحبت نمی‌شود. مردم اصلا نمی‌دانند پولی که هر هفته هدیه می‌دهند، کجا می‌رود، چطور خرج می‌شود، چه مقدار از آن صرف حقوق شبان می‌شود، یا چه مقدار را برای امور دیگر خرج می‌کنند. شبان معمولا مسئول پول‌های دریافتی و هزینه کردن آن با صلاحدید خودش است.

از سوی دیگر، در بعضی کلیساها امور مالی به دلایل مختلف، ایجاد اشکال نمی‌کرد. شاید دلیلش این بود که کلیسای آمریکایی حقوق‌ها را پرداخت می‌کرد یا اینکه کلیسا آنقدر کوچک بود که امور مالی مشکلی در آن محسوب نمی‌شد. «در کلیسای ما امور مالی مشکلی به وجود نیاورده است. ما نسبت به آن بسیار شفاف بوده‌ایم و گزارش خوبی به اعضا در مورد هزینه‌های مالی داده‌ایم. مسئلۀ پول هرگز در کلیسای ما یک مسئلۀ حساس نبوده است.»

پول داشتن یا نداشتن تاثیر خود را روی شبانان و کشیشان می‌گذارد. آنها باید به دنبال راه‌های دیگر درآمد باشند مثلا همسرشان از آنها پشتیبانی کند یا همیشه باید امکانات لازم کلیسا را اجاره کنند. گاهی شبانان باید از جیب خودشان مخارج را بپردازند.

پول برای مهاجران جدید، نگرانی عمده‌ای است. نداشتن درآمدی قابل عرضه، بر چگونگی عملکرد و ساختار کلیساها تاثیر بدی می‌گذارد. «درآمد اکثر اعضای کلیسا از تامین اجتماعی یا کمک‌های دولتی است. اینطور مشکلات زیادند». بسیاری از افراد دچار مشکلات مالی هستند و به شغل‌شان اعتباری نیست.

کمک‌های مالی به کسانی که در جلسات کلیسا شرکت می‌کنند به عنوان یکی از دغدغه‌ها مورد اشاره قرار گرفت. «گاهی اگر آنها به کمکی نیاز داشته باشند، وقتی نیازشان را برآورده کنید به کلیسا می‌آیند. همین که بگویید دیگر کاری از دست‌تان برنمی‌آید، انگار به صورت‌شان سیلی زده‌اید. متوجه نیستند که حدی وجود دارد». اغلب مردم برای هر هزینه‌ای حتی هزینۀ تلفن همراه‌شان پول می‌خواهند. از آنجایی که دادن پول به نیازمندان بسیار پیچیده و منبع

ناهماهنگی در کلیساست، باید سیاست روشنی در مورد چگونگی کمک مالی به مردم اتخاذ شود.

پرسیدم آیا مردم می‌دانند کلیسای‌شان چگونه از درآمدهای مالی استفاده می‌کند؟ بعضی نمی‌دانستند این پول به کجا می‌رود. «نمی‌دانم، مطمئنم کلیسا به بعضی از افراد کمک می‌کند، اما اطلاعی از این موضوع ندارم». در سایر کلیساها سیاست روشن و شفافی در مورد پولی که در کلیسا جمع می‌شود، وجود دارد.

ما در اینجا کسی را نداریم که حقوق بگیرد. هر چه داریم، هر هدیه‌ای که جمع می‌کنیم، روش هزینه کردن آن، حتی اگر پنج دلار باشد، همیشه همراه با دو امضا است. هر سال گزارشی به اعضا می‌دهیم، تا بدانند چه کرده‌ایم. آنها به این کار احترام می‌گذارند. به همین دلیل کمتر از سایر کلیساها امور مالی و هزینه‌هایی را که کرده‌ایم زیر سوال می‌برند.

ده یک دادن یک فرهنگ ایرانی نیست. امور مالی و استفاده از پول یکی از منابع ناهماهنگی محسوب می‌شود چون خاطرۀ جمعی از ده یک دادن مسیحی وجود ندارد، در حالیکه در حافظۀ مردم سفسطه‌بازی ملایان در مورد وجوه مالی باقی مانده، یا اینطور درک کرده‌اند که این موضوع هم مثل صدقه دادن، به دلخواه است. نداشتن پشتیبانی مالی منجر به دو شغله شدن شبانانی می‌شود که برای خدمت‌شان به اندازۀ کافی سرمایۀ مالی ندارند. بسیاری از ایرانیان پناهنده‌اند و اگر درآمدی داشته باشند بسیار اندک است، و همین اشتیاق آنها را برای ده یک دادن پیچیده‌تر می‌کند. بعضی پناهندگان به دنبال منابعی برای پرداخت قبض‌های‌شان هستند، که قسمت زیادی از آنها مربوط به نیازهای اساسی آنها نمی‌شود. اگر کلیسا سیاست مکتوبی برای هدایت درخواست‌های فراوان کمک مالی فراهم کند، در موقعیت بهتری قرار می‌گیرد. معمولا شبانان به اندازۀ بسیار کمی درمورد هزینه کردن ده‌یک‌های جمع شده، پاسخگو هستند و همین امر بدگمانی نسبت به شبانان را بیشتر می‌کند. اما همۀ ایرانیان بدون درآمد نیستند، زیرا بسیاری از آنها با سرمایۀ زیادی به آمریکای شمالی آمده‌اند تا کسب و کاری به راه بیندازند. نداشتن سرمایه‌های مالی عامل موثری در گزینه‌های تعلیمی ضعیف خدمت شبانی است.

خواندگی شبانی و تحصیلات

هیجده نفر یا ۳۶ درصد از پاسخ‌دهندگان موضوع خواندگی شبانی و تحصیلات را یکی از حیطه‌های نگران‌کننده می‌دانستند. سوالاتی دربارهٔ رهبری شبان پرسیدم، اما خواندگی و تحصیلات او در میان آنها گنجانیده نشده بود. جواب‌ها نشان می‌داد که این هم به عنوان یکی از منابع ناهماهنگی در کلیسای ایرانی در غربت شناخته می‌شود.

کلیسای ایرانی در حال رشد اغلب شامل ایمانداران نسل اول است و یافتن رهبر و شبانی جاافتاده و آموزش دیده، یکی از بیشترین دغدغه‌های آن محسوب می‌شود. سطح پایین تحصیلی شبانان کلیساهای ایرانی در غربت به عنوان یکی از روشن‌ترین موانع در برابر رشد و بلوغ ایشان عنوان شد. بسیاری از شبانان دارای تحصیلات الاهیاتی یا دانشگاهی نیستند و پس از انتصاب به شبانی درک نمی‌کنند که باید به تحصیل‌شان ادامه دهند تا بر دانش خود بیفزایند. بعضی از آنها که خودگمارده و خوددست‌گذاری‌شده هستند، به دنبال کسب عنوان و احترام‌اند. دستهٔ دیگر را کلیساهای بومی دستگذاری کرده‌اند به این امید که خدمتی قومی در کلیسای‌شان به وجود آورند، به همین دلیل یک فرد با عطیهٔ الاهی (کاریزماتیک) را استخدام می‌کنند که قلبش برای بشارت بتپد، اما آموزشی به او نمی‌دهند. ایرانیانی که علاقمند به خدمت هستند، پیچیدگی‌های خدمت شبانی، از جمله آگاهی از الاهیات درست، مدیریت مردم، مراقبت شبانی، و دانستن نیازهای جماعت را درک نمی‌کنند. در نتیجه شقاق و جدایی در کلیساها به وجود می‌آید، و رهبری شبانی که برای خدمت به جماعت‌های کلیسایی تجهیز نشده است. اعضای کلیسا کسی را که بتواند به طور مناسب ایشان را از کلام خدا تغذیه کند و به نیازهای‌شان رسیدگی نماید، نمی‌شناسند.

رهبری شبانی

رهبری، عنصری مهم در هر کلیسایی است. مسائل مربوط به رهبری شبانی در کلیسای در حال رشد ایرانی در غربت یکی از منابع رو به رشد ناهماهنگی به تجربهٔ این کلیساست. بیست و هشت نفر یا ۵۶ درصد از مصاحبه شوندگان دربارهٔ رهبری

شبانی صحبت کردند. من برای روشنگری و درک بهتر شناخت رهبری و کارکرد رهبری در کلیسای ایرانی در غربت، سوالات بیشتری پرسیدم.

«برای کلیسای فارسی زبان، به نظر من مانع اصلی نداشتن رهبری است. ما در کلیسای فارسی‌زبان مدیریت و شخصیت مسیحی و چیزهایی از این دست نداریم. به همین دلیل جدایی به وجود می‌آید؛ آنها روش رسیدگی را نمی‌دانند». و حتی یک نفر آن را «کوری عصاکش کور دیگر» نامید.

بیشتر سرزنش‌ها متوجه رهبری کلیسای ایرانی است. به نظر بعضی از پاسخ‌دهندگان، شبانان به جای اموری که باید مورد توجه قرار دهند، متمرکز بر تعداد شرکت‌کنندگان، موقعیت‌شان، و پول هستند. گفتم یکی از نقاط قوت کلیسای آمریکایی آن است که شبان معمولا بر روی منبر ضعف‌هایش را می‌گوید (آسیب‌پذیری) و مردم واکنش خوبی دارند.

بله، مردم از شبانی که این کار را می‌کند خوش‌شان می‌آید. به آنها سرمشق خوبی می‌دهد. بعضی از آن پیروی می‌کنند و بعضی احساس راحتی بیشتری می‌کنند. اگر شبان این کار را بکند، من هم می‌توانم. اما اغلب شبانان ایرانی چنین کاری نمی‌کنند. اکثر شبانان ایرانی فکر می‌کنند باید اَبَرمرد یا سوپرمن باشند و هیچ ضعفی از خود بروز ندهند. این بین شبانان ایرانی رایج است.

رهبری شبانی اغلب کنترل زیاد و حکومت سلطه‌گری که تقلیدی از نظام آشنای ایران است، از خود نشان می‌دهد که قبلا هم این موضوع را دیدیم. روش‌های مختلفی از رهبری در کلیسای ایرانی در غربت وجود دارد، بعضی از آنها گویی بر شخصیت و تحصیلات شبان استوار شده است. در یک سوی این زنجیره، شبانی با قلبی بزرگ، و تحصیلات الاهیاتی یا کتاب‌مقدسی کم قرار دارد. در سوی دیگر زنجیره، کلیسای کوچکی است با شبانی که همهٔ تصمیمات را می‌گیرد. ساختار کلیسا هرچه باشد، بیشتر شخصیت و تحصیلات شبان تعیین کننده‌اند. اما همچنان کسانی هم هستند که با حفظ مقام‌شان، به دنبال کسب منفعت هستند.

بعضی اشاره می‌کردند که احساس ناامنی شبانان، باعث رفتارهایی از جانب آنها می‌شود که نشان می‌دهد نمی‌خواهند اعضای‌شان بیشتر از خود آنها رشد کنند. تلاش بیشتری برای روشن شدن موضوع کردم زیرا این نوع رفتار فقط بخشی از طبیعت بشری است. توضیحش این است که ایرانیان در ترس و وحشت زندگی

می‌کنند. از آنجایی که ایرانیان از جامعهٔ مستبدی می‌آیند، بعضی از آنان در یک نقش شبانی قوی احساس امنیت می‌یابند و این گرایش تا به امروز ادامه دارد. فرقی نمی‌کند که شبان از زمینهٔ مسلمان باشد یا خیر زیرا در کلیسای مستقر در ایران هم سال‌ها همین موضوع وجود داشته است.

زمان محدودی که شبانان برای خدمت در اختیار دارند متغیر است و نیاز به بررسی دارد. بسیاری از شبانان ایرانی دوشغله هستند و وقت کافی برای رسیدگی به همهٔ مسئولیت‌های مورد نظر خدمت‌شان را ندارند. تعداد زیادی از شبانان نسبت به کلیسا احساس تملک زیادی می‌کنند و ارتباط با سایر کلیساها را محدود می‌سازند. در نتیجه تنشی میان رهبری و شبانان به وجود می‌آید.

وقتی شبانی کلیسا را ترک می‌کند، اغلب یک خلأ قدرت به وجود می‌آید که منجر به مشکلاتی در کلیسا می‌شود. رهبری شبانی لزوما همراه با مقام نیست. باید برای کلیسا دید و رویایی داشت و زمانی برای پرورش آن اختصاص داد.

مراقبت شبانی در حیطه‌ای قرار دارد که خاطرهٔ جمعی از اینکه مراقبت یکی از بخش‌های ناگسستنی از حیات کلیساست، اگر هم وجود داشته باشد، بسیار ناچیز است. یکی از اعضای کلیسا که بعدها شبان کلیسا شد داستان خود را اینطور تعریف کرد: اوایل تازه کار بودم و نمی‌دانستم چه می‌کنم. آنچه داشتم کتاب‌مقدس و تعالیمی بود که از آن استفاده می‌کردم. هیچ الگویی پیش رویم نداشتم که کلیسا باید چه شکلی داشته باشد و حتی نمی‌دانستم چه نواقصی وجود دارد. و چرا با شکست مواجه می‌شوم. بعد از شکست‌های پیاپی، از خودم پرسیدم دلیل این اتفاقات چیست؟ چه کمبودی داریم؟ شخصیت خودم هم در طول سال‌ها، یعنی همان سال‌های اول رشد می‌کرد. آخر، بعد از هفت بار شکست خوردن، به این نتیجه رسیدم که درست است من در تعلیم دادن خوب عمل می‌کنم اما جماعتی که باید و شاید شکل نمی‌گیرد. مردم به کسی احتیاج دارند که بیشتر از خودشان مراقب آنها باشد و به مشکلاتی که در زندگی دارند رسیدگی کند، و من آن شخص نبودم. به آنها توصیهٔ تعلیمی می‌کردم، اما فقط همین. پس به این نتیجه رسیدم که کمبودی وجود دارد وگرنه این گروه‌ها تبدیل به یک جماعت و یک کلیسا می‌شدند. بعد تشخیص دادم که این کمبود نقش شبانی است؛ کلام خدا از معلم، شبان، مبشر، نبی صحبت می‌کند. اینها

خدمتی چندجانبه‌اند و برایم روشن شد که داشتن کلیساهای سالم مستلزم همهٔ این خدمات است. متوجه شدم که من بعضی از آنها را دارم، و بعضی را ندارم.

رهبری شبانی شایسته، مهم‌ترین جنبهٔ رشد و بالندگی کلیساست. کلیسای تازه تولد یافتهٔ ایرانی در غربت دچار بحران کمبود رهبری شبانی است. وقتی رهبری شبانی درکی از مراقبت یا خدمت شبانی نداشته باشد، و بلوغی نیز در زندگی مسیحی نیافته باشد، جماعت کلیسا با رشد در ایمان و قدم برداشتن در مسیح با کشمکش‌هایی روبرو می‌شود. رهبری اغلب به عنوان ریاست یا کنترل‌کنندهٔ مردم قلمداد می‌شود، و حتی به جایی می‌رسد که به اعضای خود اجازهٔ شرکت در کنفرانس‌های محلی را نمی‌دهد. هرچند اعضا در ابتدا با این طرز رفتار کنار بیایند، اما بسیاری از آنها به زودی از خواب غفلت بیدار می‌شوند و کلیسا را ترک می‌کنند. بدون درک جامعی از خدمت شبانی، بعضی به جای تغذیهٔ اعضا و کمک به رشد آنها در ایمان‌شان، متمرکز بر تعداد یا دنبال کردن علایق خود می‌شوند.

رهبری اعضای کلیسا

رهبری در سطح اعضای کلیسا به اندازهٔ رهبری شبانی اهمیت دارد. در اینجا پنج نفر یا ۱۰ درصد از افراد این موضوع را مورد توجه قرار دادند. پرسیدم جماعت ایرانی چطور به کسی که برای رهبری قدم پیش می‌گذارد، می‌نگرند؟ «همین که آنها کسی را پیدا می‌کنند تا برای رهبری منصوب نمایند، دیگران او را پایین می‌کشند، پس این کار را محرمانه انجام می‌دهند و بعضی را برای رهبری تربیت می‌کنند». «آنها به او پشت می‌کنند و او را پایین می‌کشند».

«مشکل اصلی کلیسای ما این است که همه می‌خواهند رئیس باشند. این موضوع را آن‌قدرها در کلیسای آمریکایی ندیده‌ام. اما در کلیسای فارسی‌زبان، همه می‌خواهند رئیس باشند».

روش قابل قبول برای جا باز کردن رهبران جدید در کلیسای ایرانی، رهبری خدمت‌گزارانه است. «رهبران جوان مدت‌ها در جماعت به عنوان افرادی که به دیگران کمک می‌کنند، مشغول خدمت بودند. باید شایستگی رهبر شدن را به دست آورند. اما اگر ببینند کسی می‌خواهد به سرعت از نردبان بالا برود، آنوقت طعنه‌ها و جوک‌ها

شروع می‌شوند».

رهبری یکی از مهم‌ترین جنبه‌های کلیسای ایرانی در غربت است.

اگر بتوانیم رهبری پیدا کنیم، واقعا می‌توانیم بزرگترین کلیسای ایرانیان بشویم. با رهبران دیگری که در اینجا هستند هم صحبت کردیم و همگی گفتند: «ما نمی‌توانیم کسی را بفرستیم، ولی آیا می‌توانید آنها را از نظر مسکن و چیزهای دیگر پشتیبانی کنید؟»[۲۳۷] یک سال و نیم پیش تجربه‌ای کسب کردیم. کلیسای ما در سازمان ایلام شروع به آگهی دادن برای یک رهبر جدید ایرانی کرد. کسی را پیدا کردیم. آنها برایش خانه و همه چیز فراهم کردند و همه چیز در طول یک سال به خوبی پیش رفت. قرارداد او یکساله بود. می‌توانم بگویم در طی آن دورهٔ یکساله، کلیسای ما از سی و پنج نفر شاید به پنجاه و پنج یا شصت و پنج نفر افزایش یافت.

رهبری اعضای کلیسا نیز با موانعی در رشد خود مواجه می‌شود. اعضا می‌کوشند تا دیگران را از تقبل نقش رهبری حتی بدون کسب مقام رهبری و خدمت در کلیسا بازدارند. آرزوی همه برای دستیابی به کسب مقام و موقعیت باعث رقابت و ناهماهنگی می‌شود.

خلاصه‌ای از مؤلفهٔ قدرت

قدرت، رهبری، تصمیم‌گیری، و استفاده از منابع مالی به منظور بررسی و درک بهتر منابع ناهماهنگی در کلیسای ایرانی در غربت حائز اهمیت است. هم اعضای کلیسا و هم خادمان به دنبال کسب قدرت و مقام هستند، که اغلب منجر به تنش‌هایی می‌شود و نتیجهٔ آنها شقاق و جدایی در کلیساست. تنظیم اصلی تصمیم‌گیری شبان نشان‌دهندهٔ شیوهٔ قوی سلطه‌گری و دیکتاتوری رهبری در ایران است، و ارتباط کمی میان شبان و جماعت وجود دارد. کلیسا به دنبال منعکس کردن شیوهٔ رهبری دموکراتیک فرهنگ کشور میزبان خود است. هرچند کلیسا از لحاظ ساختاری مساوات‌گرا باشد، اما در عمل، مخصوصا در کلیساهای کاریزماتیک تحت حکومت یک فرد باقی می‌ماند. ده یک دادن کتاب‌مقدسی معمولا تعلیم یا اجرا نمی‌شود؛ استفاده از منابع مالی موجب بدگمانی و عدم اعتماد نسبت به رهبر کلیسا می‌گردد. از آنجایی که اکثر کلیساها کوچک هستند و توان مالی حقوق دادن به شبان را ندارند، بسیاری از شبانان دوشغله هستند، و لذا وقت کافی برای خدمت به مردم یا رسیدگی

به مشکلات پیچیدهٔ کلیسا را ندارند. بسیاری از شبانان یا خودگمارده‌اند یا توسط کلیسای بومی منصوب شده‌اند، و نظارت کمی در آموزش، تربیت و مربی‌گری شبانی بر آنها می‌شود، و همین امر منجر به مشکلات دیگری در کلیسا می‌گردد. شبانانی که تعلیم قوی یا عطای بشارت دارند گاهی از شبانی و مراقبت از مردم غفلت می‌کنند. سوءاستفاده از قدرت، نداشتن مهارت‌های رهبری، الگوهای ضعیف تصمیم‌گیری، و بی‌اعتمادی در امور مالی منعکس‌کنندهٔ ماهیت نوزاد بودن کلیساست و عامل عمدهٔ ناهماهنگی محسوب می‌شود.

فصل هشتم

گفتگو مثل انفجار بمب است

دین، قدرتمندانه ارزش‌ها، سنت‌ها و فرهنگ مردم را شکل می‌دهد. حتی اگر کسی واقعا دیندار هم نباشد، جریان فرهنگی‌ای که در آن شناور است، بسیار تحت تاثیر دین اکثریتی قرار می‌گیرد که در آن بزرگ شده است. بنابراین در فصل حاضر به بررسی تاثیرات دینی مخصوصا در ایران می‌پردازیم که به طور عمومی‌تر در مورد کسانی که در جوامع با اکثریت مسلمان بزرگ شده‌اند نیز صدق می‌کند. زمینهٔ دینی ایرانیان چگونه بر درک آنان از مسیحیت، که شامل هویت دینی، جهان‌بینی الاهیاتی، سوءتفاهمات الاهیاتی و جنگ روحانی ایشان نیز می‌شود، تاثیرگذار است؟ آیا این عوامل نقشی در ناهماهنگی دارند؟

اسلام ماتریسی را از اعتقادات شناخته شده ارائه می‌دهد که بیشتر با اعمال و رفتار نشان داده می‌شود، تا به وسیلهٔ آموزه‌ها.[۲۳۸] دین نیروی عمده‌ای است که در شکل دادن ارزش‌ها نقش دارد. طرز تربیت و انضباط کودک را شکل می‌دهد، تعیین می‌کند چه چیز درست یا غلط است، و درک انسان از چگونگی ارتباط خدا با این جهان و نیز مسئولیت بشر را به دست می‌دهد.

دین نقش بزرگی در شکل دادن الگوهای فرهنگی ایفا می‌کند. حرکتی در ملی‌گرایی دینی وجود دارد که در آن دین به دنبال تسلط بر همهٔ جوانب جامعه است. دین و فرهنگ در هم تنیده می‌شوند و جدا کردن یکی از دیگری بسیار دشوار می‌گردد. در جوامع مسلمان، اسلام به عنوان تسلیم به الله تعریف شده، و تسلیم وظیفهٔ (دین) همهٔ مسلمانان است. اسلام بیشتر متوجه اُرتوپراکسی (راست‌کرداری) است تا اُرتودکسی (راست‌کیشی). الاهیات اسلامی الله را خدایی دوردست و از لحاظ عاطفی غیروابسته به خلقتش توصیف می‌کند. الله در حکومت خود به دلخواه خویش عمل می‌کند و به دور از انتقاد است. این درک از الله با دقت زیادی ارزش‌های فرهنگی در جوامع اسلامی با فاصلهٔ قدرت زیاد را بازتاب می‌دهد. بنابراین، بعضی تجدیدنظرطلبان چنین استدلال می‌کنند که اسلام به جای معرفی خدا از طریق مکاشفهٔ الاهی، خدایی را مطابق با درک فرهنگی خاورمیانه‌ای‌ها به وجود آورده است.[۲۳۹]

سیکاند (Sikand)، استاد دانشگاه هندی، عنوان می‌کند که حوزه‌های علمیهٔ دینی (مَدرَس‌ها) در شاگردان خود نوعی تعهد سرسختانه به فرقهٔ خاص خود (مسلک) یا نسخه‌ای از اسلام را القا کرده‌اند که درگیری‌های فرقه‌ای را ترویج می‌دهد. احمدجواد، استاد دانشگاه اهل پاکستان، گزارش می‌دهد که حوزه‌های علمیه به «نسبت بسیار زیادی» مسئول تعصبات فرقه‌ای هستند. این حوزه‌ها به جای تأمل بر مسایل مهم معاصر، به سادگی بر قوانین فقهی قرون‌وسطایی تمرکز دارند.[۲۴۰]

از لحاظ تاریخی، اسلام به عنوان یک جامعهٔ اقلیت عقیدتی در زادگاه خود مکه آغاز شد. آزار و اذیت برآمده از خشونت، این جامعهٔ در حال ظهور را از موطنش به مدینه کشانید، و در آنجا بود که به سرعت قدرت گرفت و مقام اکثریت را از آن خود کرد. اسلام سنتی جهان را به دو بخش تقسیم می‌کند، دارالاسلام (کسانی که به الله و پیامبر او ایمان دارند) و دارالحرب (کسانی که یا متعلق به الله و پیامبرش نیستند یا پیوستن به آنها را نمی‌پذیرند). این دو بخش تنها قلمروهای موجود در ابتدای اسلام بودند. جنبش‌های اصلاح‌گرا در اسلام، مانند سنت‌گرایان، بنیادگرایان، و به خصوص گروه‌های سیاسی نوین، توجه والایی به این دو دسته‌بندی دارند. رهبران امروزی، از جمله الافغانی، البَنّا، و سیدقطب، و جنبش‌هایی مانند اخوان‌المسلمین، جماعت اسلامی، و حزب تحریر، یا جنبش اخیر اسلام‌گرایان القاعده، داعش، بوکوحرام،

الشبات، سَلَفیون و هزاران نهاد اجتماعی-سیاسی دیگر با هدف اصلی جهاد، به شدت به این تقسیم‌بندی دوگانه در اسلام متعهد هستند.[۲۴۱] اما از نظر یک مسلمان عادی که می‌خواهد زندگی خوبی داشته باشد و معاش خانواده‌اش را تامین نماید، این لفاظی سرشار از نفرت دوگانه، زندگی‌اش را از بین می‌برد.

با اینحال جریانی که مسلمانان در آن شناور هستند، غیرمسلمانان را به عنوان شهروندان درجه دو یا بدتر تلقی کرده است. اصطلاح ذمّی برای رفتار با غیرمسلمان به کار می‌رود. بَت‌یِعور (Bat Ye’ or)، اصطلاح ذَمّی را اینطور تعریف می‌کند: «معاهده‌های نابرابر که در مورد رابطهٔ میان مسلمانان فاتح با جمعیت‌های مغلوب تنظیم شده بود».[۲۴۲]

بت‌یعور رفتار با غیرمسلمانان را به وسیلهٔ تحلیل نافذ خود از تاریخ، روشن می‌سازد:

بعضی از افراط‌گرایان لفظ‌گرا مدارکی را که از اروپا آمده مردود می‌شمارند و فقط به منابع عربی و ترکی اعتماد می‌کنند،گویی تعصب خودشان حتی بیش از آنها نیست! این منابع از دیدگاه ایدئولوژیکی خود سخن می‌گویند: قداست جهاد، عدالت نسبت به ذمّی‌ها، کامل بودن شریعت اسلام. جریانی نامتغیر که هیچگونه بحث و بررسی را برنمی‌انگیزد؛ یقینی روشن، استدلال مقتدرانهٔ آرمانی، که در آن مغلوب شدگان تنها برای خدمت قدرشناسانه به مقاصد اسلام زنده هستند. از سوی دیگر، منابع ذمّی خشونتی ناهنجار را ارائه می‌دهند که سرشار از تهمت‌های متقابل تلخ است، و تفرقه و افراط‌گرایی فرقه‌ای را منعکس می‌سازد.[۲۴۳]

الظَواهری و سایر اسلام‌گرایان بر اساس سورهٔ ۶۰ آیهٔ ۴، پیرو آموزهٔ وفاداری و دشمنی هستند. وفاداری نسبت به الله و سایر مسلمانان است در حالیکه همزمان دشمنی و حتی انزجار نسبت به کافران حفظ می‌شود.

خانم فَریشنور چنین استدلال می‌کند که مسلمانان باید بر این دشمنی به وسیلهٔ خودانتقادی از درکی که از هویت و تمایز دارند، چیره شوند، و این چیزی است که جامعهٔ مسلمان از انجام آن واهمه دارد. «پلورالیسم در اسلام مورد غضب، سرکوب، انکار، و حتی انزجار است از این نظر که وحدت نهفتهٔ موجود را تضعیف می‌کند».[۲۴۵] پیشنهاد او این است:

هدف اسلام و مسلمانان به واسطهٔ درک محدود و انحصاری از هویت و متفاوت

بودن بعضی از گروه‌ها و جنبش‌های اسلام‌گرا، به درستی مورد التفات قرار نگرفته است. فراخوان من، رویکرد متفاوتی نسبت به مفهوم هویت مسلمان و رابطه‌اش با دیگران است: رویکردی که تفاوت‌های داخلی و پلورالیسم درون امت مسلمان را بازمی‌شناسد، هویت خود را در رابطه با تعدد و تفاوت زیر سوال می‌برد، و در جستجوی شناخت موضوعات مشترکی است که ما را به یکدیگر می‌پیوندد.[۲۴۶]

فلسفهٔ جبر (تقدیر) و اختیار درک اسلامی را از وقایع غیرقابل توضیح به شدت شکل داده و آن را به نوعی اعتقاد به سرنوشت انعطاف‌ناپذیر تبدیل کرده است.[۲۴۷] تعالیم اصلی مربوط به این اعتقاد به سرنوشت در احادیث که نوشته‌های بنیادی اسلامی هستند، به تفصیل منعکس شده است.[۲۴۸]

تحقیقات بهجتی ثابت و چَمبِرز نشان می‌دهد که اعتقاد عمیق فرهنگی به تقدیر در همهٔ مکاتب به قوت خود باقی است. سکولار شدن تحصیل‌کرده‌ها کم‌کم موجب فرسایش این تصور کلی شده است. افرادی که در غربت زندگی می‌کنند، بیشتر راغب به در دست گرفتن مسئولیت فردی در زندگی‌شان هستند. در عین حال، احساس غرور و رقابت ممکن است باعث شود بسیاری از ایمانداران مسلمان‌زاده ساکن غربت به اندازهٔ زیادی به خاطر از دست رفتن وجهه و مقام اجتماعی‌شان رنج ببرند. «علاوه بر این، ایرانیان زیادی در غرب، تا حدودی به خاطر ارضای غرورشان، کشمکش‌هایی برای پنهان کردن صدماتی که به ایشان وارد آمده، داشته‌اند که از ایشان انتظار می‌رود به آرامی آنها را بپذیرند، اما نتیجهٔ کشمکش‌ها، اختلالات روان–تنی مختلف بوده است».[۲۴۹]

میلر به شرح سه مانع خطرپذیری در جوامع مقید به تقدیرگرایی می‌پردازد، و آنها را جوامع با قدرت خطرپذیری در حد صفر می‌خواند. اولین مانع نداشتن دید و رویایی قانع‌کننده است. مانع دوم ذهنیتی است که گذشته را تعریف می‌کند، و به عنوان موضعی بیش از حد محافظه‌کارانه تلقی می‌شود که گذشته در آن جایگاهی مقدس دارد. «جوامعی که کلا در بند سنت بزرگتران افتاده‌اند».[۲۵۰] سومین مانع، تقدیرگرایی است. او موانع دیگر ریسک کردن را، ترس از شکست، ترس از دست دادن وجهه، ترس از ناشناخته‌ها، ترس از آینده، و خودخواهی ساده معرفی می‌نماید. پادزهری که برای خطرپذیری ارائه می‌دهد توبه است که از نظر او منجر به تغییر جهان‌بینی

می‌شود. اما، توبه فقط یکی از اجزای تغییر است، که در زیر اجزای دیگر آن آمده است:

طرز فکر	
تقدیرگرایی	ایمان
ترس از شکست	شهامت خطرپذیری
نمی‌توانم این کار را بکنم	همه چیز ممکن است
من یک قربانی هستم	من شخص مسئولی هستم
خودم را به دست تقدیرم می‌سپارم	تمرد علیه دنیا
زندگی برای من اتفاقاتی پیش می‌آورد	زندگی چیزی است که من می‌سازم
بشر مانند سنگریزه‌ای در یک برکهٔ ساکن است؛ او آب را به حرکت در نمی‌آورد، آب است که آن را حرکت می‌دهد	بشر مانند سنگریزه‌ای است که درون برکه‌ای می‌اندازند؛ اثر برخورد او امواجی را می‌سازد که تا ابد ادامه دارند
جوابگوی وابسته	اتکا به همدیگر/مبتکر
سنت/تغییر نکردنی	پیشرفت/خلاقیت
وابسته به دیوان‌سالاری (امور اداری)	کارآفرین
متمرکز بر «ما»	متمرکز بر «آنها»
شانس (شکست)	سختکوشی (کسب موفقیت)

جدول ۸. ۱: مقایسهٔ میان تقدیرگرایی و ایمان (میلِر ۱۹۹۸، ص ۲۳۰)

هویت یک نوایمان مسیحی با زمینهٔ دینی مانند اسلام که با مسیحیت در جدال است، باید به دقت مورد توجه قرار گیرد. شاید سردرگمی در مورد زندگی، ارزش‌ها و رفتار مسیحی موجب تنش‌هایی شود. بررسی این موضوع که آیا سردرگمی و مسائل هویتی نیز بخشی از منابع ناهماهنگی هستند، حائز اهمیت است.[252] خانم کرافت (Kraft) بعضی چالش‌های هویتی را که برای جوابگویانش پیش آمده، چنین تشریح می‌کند:

تغییر دین به خودی خود نوعی کج‌رفتاری اجتماعی است، و لذا تجربهٔ احساس ناهنجار به همراه این کج‌رفتاری برای نوکیشان قابل پیش‌بینی است. آنها یکی از بزرگترین تابوهای جامعه‌شان را که بر ضد کفر است، شکسته‌اند، قواعد و ضوابط اجتماعی را که به زندگی آنها ثبات می‌بخشید، نادیده گرفته‌اند، و شاید دیگر ندانند

باید منتظر چه چیزهای دیگری باشند؛ انتخابی که برای خودشان کرده‌اند منجر به عدم قطعیت می‌شود.[۲۵۳]

وقتی مسلمانان به مسیح ایمان می‌آورند، تنش‌هایی به وجود می‌آید. یکی از موضوعاتی که باید مورد توجه قرار داد، حل مشکل است. درک بهتری از گرایش‌های فرهنگی، به معلم شاگردسازی کمک می‌کند تا راه خود را از میان مارپیچ واکنش‌های فرهنگی نسبت به تغییر، بیابد. معلمین شاگردسازی درست مانند مدیران یا هدایت‌کنندگان هر کسب و کاری، به عنوان مذاکره‌کننده و عاملان تغییر عمل می‌کنند. بنابراین، «شناخت فرهنگی نسبت به هر گروه مؤید سودمندی رفتار رهبر برای همهٔ افرادی بود که درگیر تعاملات بین‌فرهنگی مهمی هستند».[۲۵۴]

مسلمانان زیادی که هم اکنون اسلام را ترک می‌کنند، از محیطی با ایمان مسموم می‌آیند؛ محیطی که آرتِربورن (Arterburn) و فِلتون (Felton) آن را اینطور تعریف می‌کنند: «رابطهٔ مخرب و خطرناکی با یک دین که به آن دین اجازه می‌دهد به جای ایجاد ارتباط با خدا، بر زندگی یک فرد تسلط یابد».[۲۵۵] مشخصات عمومی معتادان دینی عبارتند از والدین خشک و سختگیر، تجربهٔ نومیدی، عزت نفس پایین، و قربانی سوءاستفاده.[۲۵۶] افراد با مناعت طبع پایین اغلب احساس غریبی و تنهایی می‌کنند و نیاز به تعلق و پذیرش دارند. افراد با زمینهٔ مورد سوءاستفادهٔ قبلی، به دنبال جلب توجه هستند و نسبت به اینکه دوباره توسط کسی قربانی شوند که نقش پدر را ایفا می‌کند، آسیب‌پذیرند. اشکال مختلف ایمان مسموم خود را با فعالیت دینی اجباری نشان می‌دهند، که اغلب انگیزه‌شان مشمولیت لطف خدا است. ایمان مسموم موجب تنبلی می‌شود، به این ترتیب که شخص از زیر بار مسئولیت شخصی‌اش شانه خالی می‌کند و می‌خواهد خدا، رفتار مخربی که نسبت به خودش دارد را فورا درست کند.[۲۵۷] ایمانداران مسلمان‌زاده به خاطر دیدگاه اسلامی تقدیر، به آسانی در تلهٔ این نوع رفتار می‌افتند. تَت استیوارت، که در دوران میانسالی به عنوان یک میسیونر به ایران بازگشت، بنابر تجربهٔ ملموسی که از خدا در زندگی داشته، به ده دروغ که به نظر او رهبری ایمانداران مسلمان‌زاده باید بر اساس کتاب‌مقدس با آنها مقابله کنند، اشاره می‌کند:

۱. خدا قادر متعال است، پس من مسئول نیستم.

۲. خدا نزدیک و در دسترس نیست، پس من نمی‌توانم او را بشناسم.
۳. خدا منبع نیکی و بدی است؛ پس، من می‌خواهم زندگی مقدسی داشته باشم.
۴. خدا مرا همان‌طور که هستم دوست ندارد، پس باید به وسیلهٔ کارهای نیک محبت او را نسبت به خود جلب کنم.
۵. خدا در مقابل کسانی که از او نااطاعتی می‌کنند می‌ایستد، پس من هم باید از کسانی که مخالف من هستند انتقام بگیرم.
۶. خدا هرگز خود را برای دسترسی به بشریت فروتن نکرده، بلکه سایرین (انبیا) را فرستاده است، پس فروتنی و آسیب‌پذیری نشانهٔ ضعف است.
۷. خدا هرگز راه روشنی برای آشتی با خود فراهم نکرده، پس من امیدی به زندگی جاویدان ندارم.
۸. خدا هرگز راهی برای آشتی با خود فراهم نکرده پس برای من هم راهی برای آشتی با دیگران وجود ندارد.
۹. خدا قادرمطلق است و هرچه بخواهد می‌کند تا مقاصد خود را به انجام برساند، پس من آزادم تا از هر وسیله‌ای که در دسترس دارم برای پیشبرد منافعم استفاده کنم.
۱۰. خدا راه‌هایی برای تغییر طبیعت انسان فراهم نکرده است، بلکه فقط راهی برای تقدیس رفتار بشر گناهکار ایجاد کرده، پس من در واقع امیدی به تغییر ندارم.۲۵۸

مشخصهٔ دیگر ایمان مسموم، تعصب شدید است. دیدگاه تاریخ خاورمیانه از یک رهبر، مربوط به شخصیتی است که اعتقادی استوار دارد. نظریهٔ آبرو/شرم، جوامع سلسله‌مراتبی، و نمونه‌های تاریخی رهبران مستبد راسخ، این رفتار را تقویت می‌کند. خشک بودن رهبر در عوض پذیرش مؤمنین دیگر، آنها را پس می‌زند. آنها عادت به قضاوت دیگران دارند و جوانب منفی زندگی دیگران را می‌یابند. از جایگاهی والاتر، دیگران را به خاطر باورها و روش ابراز ایمان‌شان حقیر می‌شمارند. آنها می‌خواهند بر زندگی دیگران و مخصوصا بر باورهای‌شان مسلط باشند.۲۵۹

امید و ایمان نقش مهمی در فراتر رفتن از احساسات مبتنی بر ترس انتزاعی، بازی می‌کنند. امید به عنوان روند شناخت بالاتر شناخته می‌شود.[۲۶۰] «امید مستلزم اعتقاد به چیزی است که هنوز ثابت نشده، شهامت مقاومت در برابر وسوسهٔ کوتاه آمدن از دید و رویای‌مان، و تبدیل یافتن از واقعیت حاضر در جهت حیات غنی‌تر است».[۲۶۱] نقش شفای زخم‌های عمیق در فرآیند شاگردسازی، بنا به نظریهٔ کرافت دربارهٔ شفا، شاید عنصر مهمی در ایجاد التیام باشد.[۲۶۲] اصولا ِلمِر در مورد مدیریت مجادله به ما یاری می‌دهند، مخصوصا استفاده از الگوی کتاب‌مقدسی میانجی‌ها، هرچند المِر بیشتر به میانجی‌گری میان کارهای غربی و کارمندان ملی توجه دارد.[۲۶۳]

شناخت کلیسا و نقش افراد در پادشاهی خدا در تغییر چشم‌انداز و امید دادن، حائز اهمیت است. شناخت ابعاد چندگانهٔ کلیسا در پرتو نیازهای روحانی، اجتماعی و اقتصادی نیز اساسی به نظر می‌رسد. باید جامعهٔ منحصر به فرد کلیسا را به عنوان جماعت و افرادی شناخت که «آزاد به نپذیرفتن همدیگر نیستند»[۲۶۴]، بلکه باید نسبت به یکدیگر متعهد باشند. کلیسا هنگامی ثبات و سلامت بیشتری می‌یابد که افراد طرز زندگی در جامعه را بیاموزند.

دین نیرویی قدرتمند در جامعهٔ ایرانی است که ارزش‌ها و جهان‌بینی را شکل می‌دهد. ایران پس از انقلاب توسط آموزهٔ ولایت فقیه خمینی شکل گرفت، که سیاست‌های ایران را با شریعت و عدالت اسلامی ممزوج کرد. ایمانداران مسلمان‌زاده باور فرهنگی عمیقی به ایمان دارند. هرقدر هم که ایمانداران مسلمان‌زاده از لحاظ الاهیاتی اسلام را رد کرده باشند، اما اسلام از لحاظ فرهنگی در تجلیات فرهنگی عامهٔ مردم نفوذ کرده است. ارتباطات میان افراد، اعتماد، ساختارهای قدرت، و مشخصات حل مجادله و ارزش‌هایی که در ایران و جوامع اسلامی یافت می‌شود، خاطرهٔ جمعی جامعهٔ خاورمیانه‌ای‌ها در غربت را در برگرفته و شناختی از ریشه‌های ناهماهنگی کلیساهای ایرانی در غربت به دست می‌دهد.

روحانیت

موضوع زندگی معنوی ایرانیان نشانگر جامعه‌ای پرطراوت است که به بُعد ماوراءالطبیعی به عنوان بخش مهمی از تجربهٔ مسیحی ایمان دارد. هفده نفر یا ۳۴ درصد دربارهٔ

شناخت مسیحیان ایرانی از معنویت یا روحانیت صحبت کردند. آنان با غیرت تمام پیگیر زندگی مسیحی در قلمرو روحانی هستند، با حدت و شدتی بیشتر از آنچه در کلیسای غرب بتوان یافت. معنویت شدیدی که منحصرا به واسطهٔ تاثیر صوفی‌گری در جهان‌بینی ایشان شکل گرفته است. «وقتی موضوع شناخت ارادهٔ خدا دربارهٔ زندگی در میان باشد، آنها ایمان دارند که به طور مستقیم از سوی خدا هدایت می‌شوند. باید یا خداوند به شما بگوید، یا رویایی از خداوند ببینید، و یا احساسی قوی در مورد چیزی داشته باشید». این گرایش به تجربهٔ ملاقات ماوراءالطبیعی اغلب برخلاف هرگونه حس منطقی یا فکر معقول است. در شور و اشتیاق آنها برای ارتباط عرفانی با خدا، اغلب اوقات نوایمانان از جنبهٔ عقلانی‌تر ایمان غافل می‌شوند.

به دلایل مختلف به نظر می‌رسد که کلیسای ایرانی نسبت به پیام ماوراءالطبیعی آسیب‌پذیر است، تا جایی که وانمود و تظاهر به زندگی روحانی می‌کند. انگار این موضوع بیشتر مربوط به سردرگمی نوایمان نسبت به طرز کار روح‌القدس در زندگی می‌شود. برای ایرانیان وابستگی به یک چهرهٔ قوی روحانی مثل شبان زندگی روحانی‌شان، راحت است. بعضی از مصاحبه‌شوندگان از کسانی صحبت می‌کردند که سعی در اندازه‌گیری روحانیت دارند، مثلا به دنبال نشانه‌های روح بر روی چهرهٔ افراد هستند یا روحانیت افراد را از روی طرز دعا کردن‌شان ارزیابی می‌کنند.

احساسات جزء مهمی از زندگی ایماندار تلقی می‌شود «چون آنها می‌آیند و روی احساسات‌شان تاکید می‌کنند». برای ایرانیان آسان است که غرق احساسات شوند و از گوش دادن به روح‌القدس باز بمانند یا رهبری کلیسا را با تجلیات غیرت‌شان گول بزنند. مخالفت با افراد می‌تواند سخت باشد، «وقتی کسی می‌گوید: «خدا این را به من گفت «خیلی سخت است که روی حرفش حرفی بزنید». یکی از مشکلات خاص، دانستن روش واکنش نشان دادن به کسانی است که ادعای هدایت شدن از روح‌القدس دارند، زمانی که سایرین معتقدند این «هدایت» حکیمانه نیست.

مسائل عملی زندگی از پشت شبکه‌ای از روحانیت احساساتی مشاهده می‌شود. این موضوع شامل یافتن همسر، شغل، خرید، نقشه کشیدن برای آینده، بر مبنای روحانیت بیش از حد برای تشخیص ارادهٔ خدا می‌کوشد که احتمالا انعکاسی از تعلیم تقدیر اسلامی را در خود دارد. تقصیر به گردن پدران کلیسای ایرانی انداخته می‌شد

که القاکنندهٔ این ذهنیت در موعظات‌شان بودند و با استفاده از داستان‌هایی از جمله شنیدن صدای خدا توسط خادم ابراهیم دربارهٔ اینکه باید برود و همسری برای اسحاق پیدا کند، این روش را به عنوان یک هنجار معرفی می‌نمودند.

سردرگمی در مورد نقش روح‌القدس در زندگی ایماندار، همراه با حساسیت بیش از حدی که قبلا درباره‌اش صحبت شد، وضعیتی را به وجود می‌آورد که در آن بعضی شبانان و رهبران کلیسا باید با عواقب رنجش بعضی از مردم روبرو شوند، درحالیکه واقعا روح‌القدس در هنگام موعظه از طریق ایشان مشغول به کار بوده است. مردم ناراحت می‌شوند چون معتقدند شبان با صحبت دربارهٔ آنها در حین موعظه و خجالت‌زده کردن‌شان در برابر عموم، به ایشان توهین کرده است.

زندگی روحانی مسیحیان ایرانی در انتظار برای صحبت مستقیم خدا و ملاقات وی از ایماندار، بسیار سرزنده و شاداب است. آنها به دنبال رابطهٔ زنده‌ای با شخص خدا هستند و جهان روح برای‌شان زنده و حقیقی است. ایرانیان از طریق تقلید و تلاش برای نسخه‌برداری از آنچه در جلسات کلیسایی می‌بینند، نسبت به «روحانیت خارق‌العاده» آسیب‌پذیر هستند. روحانیت توسط مقدار تجلی احساسات در یک جلسه و دخالت مستقیم خدا در زندگی‌شان تعیین می‌شود. اغلب اوقات این بیش از حد روحانی بودن مانع از توانایی استدلال در برابرشان می‌شود چون ایمان دارند که خدا مستقیما با ایشان صحبت می‌کند. ناهماهنگی ناشی از این موضوع منجر به رنجیدن مردم و ترک کلیسا می‌شود. الزام روح‌القدس بد تعبیر می‌شود، و بر پیچیدگی زندگی ایماندار می‌افزاید.

تعلیم و دانش کتاب‌مقدس

فرآیند درک آموزه‌های مسیحی زمان‌بر است، مخصوصا هنگامی که شخص از سنت دینی دیگری مانند اسلام آمده باشد که چارچوب خاص خود را از آموزه‌های یکتاپرستی دارد. تغییر ایمان به انفجار بمبی در ذهن انسان تشبیه شده است. بازسازی ایمان و آموزهٔ صحیح، گیج‌کننده و فراگیر است، به گفتهٔ یکی از رهبران:

مشکل شخص مسلمان‌زاده این است که الاهیاتی کاملا پرمحتوا را دسته‌بندی و مرتب کند. شما نمی‌دانید با تمام تعالیمی که در گذشته دیده‌اید چه کنید. من، به

عنوان یک مسلمان‌زاده، فکر و وجودم سرشار از چیزهای زیادی بود. باید جایی برای فکر کردن باز می‌کردم.

اول و پیش از همه، تعلیم دربارۀ خود خدا بود. به عنوان مسلمان، ما درک یکتاپرستانۀ مشترکی از خدا داشتیم. حالا آموزۀ تثلیث همۀ الاهیات ما را در خود غرق می‌کند. این دیگر چیست؟ از همان ابتدا، تلاش ما درک این مفهوم جدید درمورد یکتا بودن خداست. این موضوع همۀ انرژی و صبر انسان را از بین می‌برد؛ اول تصحیح آنچه اشتباه است و بعد تلاش برای کشف درک درستی از خدا. این اولین چالش ما بوده است.

دوم، تعریف شخصیت عیسی است. سوالی که با آن کلنجار می‌رویم پسرخدا بودن عیسی است. چطور می‌توان این را تعریف کرد؟ چالش بزرگی است. اینها سوالات اصلی بود و برای مسلمانان زمان‌بر است.

نتیجۀ انفجار بمب در هنگام تغییر ایمان این است که همۀ تفاوت‌های آموزه‌ای را نمی‌شود همان اول کشف کرد. وظیفۀ ما به عنوان نوایمان، این است که بفهمیم چه چیزهایی را باید از گذشته حفظ کنیم و چه چیزهایی را دور بریزیم. دور ریختن همه چیز گزینۀ انجام‌پذیری نیست. موضوع پیچیده‌تر از اینها بود.

جایگاه اولیه برای اکثر افراد، مخصوصا کسانی که از زمینۀ اسلام می‌آیند، جهت‌گیری در رفتارهای دینی است. گرایش به ساده کردن جهان به سیاه و سفید، که منعکس‌کنندۀ تقسیم دوگانه و ساده‌انگارانۀ جهان درتعلیم اسلامی است، وجود دارد. با این روش، گناه تا حد فهرستی از کارهایی که باید یا نباید کرد (حلال و حرام) پایین می‌آید. «درک یک مسلمان از گناهان جسم عبارت است از زنا، نوشیدن مشروبات الکلی، خوردن گوشت خوک، قوانین مربوط به آداب غذایی، و دروغ گفتن». تعلیم کتاب‌مقدسی در مورد گناه شامل نکات بسیار دقیق‌تر و ظریف‌تری است که نشان می‌دهد هر بخشی از افکار، رفتار و نیت‌های بشری در گناه غرق شده است. جهت اجتناب از انحراف به سوی الاهیات از پیش تنظیم شدۀ رفتار و اعمال، باید نوعی هشیاری الاهیاتی دائمی داشت.

تعلیم مسیحیت دربارۀ محبت طنین پرقوتی در قلب مسلمانان دارد که درک الاهیاتی‌شان مبتنی بر رفتار و عملکرد است. کسانی که مورد ستم، سختی و

سوءاستفاده قرار گرفته‌اند، پاسخ مثبتی به پیام محبت خدا می‌دهند. اما، وسواس در محبت نیز می‌تواند بُعد دیگری به خود بگیرد و مثلا تبدیل به شیدایی و شیفتگی عاشقانه نسبت به خدا شود. «این رابطهٔ بسیار احساسی با خداست. همه چیز مربوط می‌شود به عشق خدا نسبت به من».

بعضی از شبانان و معلمین ابراز نگرانی کردند که نوایمانان کتاب‌مقدس را با عینک دیگری تعبیر و تفسیر می‌کنند. آنان تعالیمی را که می‌فهمند می‌پذیرند، اما تعالیم مهم دیگر را مورد چشم‌پوشی قرار می‌دهند. مثلا، هرچند دزدی و زنا غلط و اشتباه قلمداد می‌شوند، اما شاید حسادت مورد قبول باشد. کفاره یکی دیگر از زمینه‌های الاهیاتی است که درک نادرستی از آن وجود دارد. «یکی از مسائل الاهیاتی که من فکر نمی‌کنم چندان قلب ایرانیان را لمس کرده باشد، آموزهٔ کفاره است. ایرانیان به زبان از آن تمجید می‌کنند، اما این موضوع که به چه دلیل عیسی باید بر صلیب می‌مرد، و ریخته شدن خون او به جهت کفارهٔ گناهان ما، آنها را غافلگیر می‌کند». این مفهوم برخلاف تعلیم اسلامی است که هیچکس نمی‌تواند به جای دیگری بمیرد. فیض آموزهٔ دیگری است که درک آن برای ایرانیان سخت است. «فیض، یکی از ستون‌های مسیحیت است. برای فارس‌ها این مفهوم غریب و ناآشناست. آنها نمی‌توانند با آن ارتباط برقرار کنند».

می‌تواند ایمان باشد. می‌تواند فیض باشد. می‌تواند بخشش، یا مفهوم خدا، یا کفاره، یا تثلیث و یا هر چیز دیگری باشد. درک پدر بودن خدا سخت است. مردم آن را می‌شنوند اما از لحاظ تجربی نسبت به جایی که از آن آمده‌اند، برایشان بسیار دور از ذهن به نظر می‌رسد.

همین‌طور مشخص شد که باید وقت بیشتری برای جذب آموزه‌های جدید و تعلیم کتاب‌مقدسی صرف کرد. سمینارها و کنفرانس‌ها اکثرا جاهایی بودند که معلمین آموزش‌دیده‌تر الاهیات به طور عمیق‌تری به این مفاهیم آموزه‌ای بیگانه و غریب بپردازند.

در واکنش به راست‌کیشیِ مذهبیِ رسمیِ مرده در کلیسای ایران، تاکیدی بر کاریزماتیک یا پنطیکاستی بودن ابراز ایمان وجود دارد. مشکل از آنجا ناشی می‌شود که خاطرهٔ جمعی ناچیزی از زندگی پویای مسیحی در عمل وجود دارد. همان‌طور که در

تمایل به روحانیت خارق‌العاده به آن اشاره شد. شبانان زیادی بیان کردند که آموزه‌ها و تعالیم پنطیکاستی باعث سردرگمی در کلیسای تازه تولد یافتهٔایمانداران مسلمان‌زاده می‌شوند. «در میان پنطیکاستی‌ها کارهای من‌درآوردی زیادی وجود دارد. اگر شما به زبان‌ها صحبت نکنید، ایماندار نیستید، دست‌کم حتما ایماندار موثری نیستید». آنچه از نظر نوایمانان بیش از هرچیز گیج‌کننده است، آموزه‌هایی هستند که رهبران مختلف به طور متفاوت تعلیم می‌دهند. بسیاری از اوقات شبانان آموزش ندیده آیاتی را خارج از متن کلام خدا به پشتیبانی از گرایش‌های خودشان بیرون می‌کشند. بسیاری تشخیص می‌دهند که باید تعلیم کتاب‌مقدسی بهتری برای بنای شخصیت‌شان وجود داشته باشد.

از سوی مخالف، بسیاری معتقدند که کلیسا به نکات جدال‌برانگیز اشاره نمی‌کند.

مسیحیان ایرانی در الاهیات، اخلاق، و بلوغ رشد می‌کنند. من شاهد واکنش‌های بسیار پخته‌ای در کلیسا نسبت به افرادی بوده‌ام که در دام‌هایی مانند زنا افتاده‌اند. فقط پای رشد شخصی در میان نیست، آنچه مشاهده می‌کنید رشد جمعی است.

دانش و تعلیم کتاب‌مقدسی برای کلیسای ایرانی در غربت اساسی است. وقتی تعلیم دربردارندهٔ آموزهٔ غیراصولی و نادرستی باشد، ناهماهنگی ایجاد می‌شود. نداشتن بلوغ کتاب‌مقدسی منجر به سردرگمی بسیاری از نوایمانان در مورد آنچه از نظر ایشان تناقض‌های آموزه‌ای است، می‌گردد. توانایی نوایمان مسلمان‌زاده برای جذب تعلیم و آموزه‌های جدید محدود است، پس جاافتادن آموزه‌ها، ارزش‌ها و جهان‌بینی جدید برای این ایمانداران مدتی وقت می‌برد. با رشد ایمانداران مسلمان‌زاده در زندگی جدیدشان در مسیح، باید به آموزه‌های اسلامی پرداخت که لازم است برچیده شوند و سایر آموزه‌هایی که نیاز به نوسازی دارند. این آموزه‌ها شامل خدا، عیسی، کفاره، گناه، فیض و ایمان می‌شوند. قبلا به دو موضوع اشاره شد که برای کمک به رشد کلیسای ایرانی باید به طور خاص مورد توجه قرار گیرند: تعلیمی که نشانگر انسجام درونی کلام خدا باشد (بررسی کتاب‌مقدس) و تعلیم مخصوص بر علیه احساس‌گرایی افراطی که در تجلیات پنطیکاستی ایمان وجود دارد. آنچه در این بخش بدیهی به نظر می‌رسد آن است که هرچه زمان بیشتری برای تعلیم اصول اولیهٔ کلام خدا صرف کنیم، شخصیت افراد بهتر شکل می‌گیرد. اما تمایل ایمانداران مسلمان‌زاده حرکت

به سوی شریعت‌گرایی است که باید در برابر آن مقاومت کرد. با بلوغ یافتن کلیسای ایرانی در غربت، الاهیات، اخلاق و پختگی این کلیسا نیز رشد می کند.

شاگردسازی

بخش زیادی از آنچه در این کتاب مورد بحث قرار می‌گیرد مربوط به موضوع شاگردسازی است. هرچند موضوع شاگردسازی به طور خاص در سوالات مطرح نشد، اما در طی گفتگوها صحبت از آن به میان آمد. در جستجوی درک بهتری از کشمکش‌های کلیسا در باب شاگردسازی، شاید شرم و حیا عاملی کلیدی باشد که میدان توجه، مشارکت و عمل را نسبت به دیگران به شدت محدود می‌سازد.

بعضی از محققان روانشناس استدلال می‌کنند در حالیکه احساس گناه یک احساس اخلاقی است تا جایی که گرایش آن به جهت‌گیری خارج از خود، به شخصی دیگر، همدلانه، و به جبران عملکرد مربوط می‌شود، با ویژگی‌های احساس شرم تضاد زیادی دارد. تمرکز شرم در واقع بر جهان خود و خودآگاهی است، نه بر اعمالی مشخص یا انجام کارهایی که امکانش وجود دارد. شرم سد راه آگاهی نسبت به دیگر افراد و احساسات و نیازهای ایشان است، به استثنای مواقعی که این موضوعات خود شخص را مورد تعرض قرار دهند. مانعی در برابر همدلی است زیرا خود شخص بیش از حد در حالات درونی خود و مخصوصا احساس بد نسبت به خود گرفتار می‌شود. نهایتا نتیجه این است که شرم در واقع نوعی حس ناتوانی و از کارافتادگی را به انسان القا می کند. پس هیچ اقدامی برای تاوان خطا، ترمیم موثر، یا بهبود وضعیت دیگران انجام نمی‌شود.[۲۶۵]

پَتیسون (Pattison) چنین استنتاج می‌کند که اگر مردم بخواهند باهمدیگر به گونه‌ای زندگی کنند که باعث افزایش همزیستی و رفاه‌شان شود، گناه باید جایگزین شرم شود. «اخلاق بیشتر در جامعه، از این نظر که افراد بیشتر به دیگران توجه کنند و احترام بگذارند، ایجاب می کند که احساس گناه بیشتر و احساس شرم کمتر شود».[۲۶۶] او در ادامه پیشنهاد می‌دهد شرم مزمن که شخص را مشغول به خود می کند، می‌توان به حداقل رساند تا احساس گناه که دیگری را مد نظر دارد جایگاه برجسته‌تری یابد.[۲۶۷]

پتیسون توصیه می کند که شرم مزمن مورد شناسایی و تشخیص قرار گیرد. اول،

احساس شرم اغلب تحت وضعیت‌هایی مانند افسردگی، خشم یا اندوه پنهان می‌شود. بنابراین، باید پیش از درمان، آن را شناسایی و اعلام کرد.[۲۶۸] سپس پتیسون از احساس شرم فردی به احساس شرم ناکارآمد در جامعه می‌پردازد. به گفتهٔ او، شرم نقش بسیار بزرگی در شکل دادن زندگی اجتماعی و ابقای سلطهٔ اجتماعی ایفا می‌کند، و آن را «منفی و ناکارآمد» می‌خواند.[۲۶۹] اول، شرم اجتماعی به تعریف و دفاع از حدود گروه‌هایی کمک می‌کند که انگیزه‌ای قوی برای به وجود آوردن همرنگی در جماعت و تسلط اجتماعی دارند. دوم، یکی از روش‌های رایج بسیاری از گروه‌ها و سازمان‌ها، بُز گَر خواندن و قربانی کردن یک نفر به روشی است که در مواقعی که تقصیرات شخص یا گروه افشا و مورد پیگیری قرار می‌گیرد، ملامت‌ها را متوجه آن شخص قربانی می‌کنند.[۲۷۰]

جوامع مسلمان در طول تاریخ تقصیرات خود را متوجه دیگری کرده‌اند، سه مورد مثال‌زدنی انزجار اصلی ایشان عبارتند از: زنان، یهودیان، و کشور آمریکا.[۲۷۱] یهودیان به دلیل وقایع عمدهٔ زیادی در سه هزار سال گذشته مورد ستایش و یا نکوهش قرار گرفته‌اند. «ملامت خارجیان به خاطر قصورات شخصی یک فرد خودی، همواره در ایران رایج بوده است».[۲۷۲]

احساس قربانی بودن در تحریم‌های علیه نظام ایران در ذهن هر ایرانی لانه کرده است. تصاویر قدرتمندی که در روان و شهامت جمعی ایرانیان علیه بی‌عدالتی طنین می‌اندازد، شهادت در خدمت اراده برای بقاست.[۲۷۳]

شرم اجتماعی یا گروهی این ویژگی را دارد که با میدان دادن به تمایلات افراد برای شرم و حیا، روان مردم را از درون تخریب می‌کند. «مردم شرمگین، مانند افراد افسرده، حتی اگر ناراضی هم باشند نرم و قابل انعطاف، آرام و فرمان‌بردار هستند. در نتیجه مزایای قابل توجهی از بعضی جهات در ارتقای اجتماعی شرم گروهی و فردی وجود دارد».[۲۷۴] احساس شرم یک تنظیم اولیه است و از رفتار کلیسای ایمانداران مسلمان‌زاده اطلاعات زیادی به دست می‌دهد.

شاید شاگردسازی در یک فرهنگ مبتنی بر شرم مزمن مستلزم معرفی مفهوم تقصیر و گناه در جهان‌بینی مبتنی بر رستگاری باشد.

در طی چند دههٔ گذشته، توجهات درمانی زیادی به تفاوت‌های میان تجربهٔ گناه و

شرم شده است...گناه، که یکی از مهم‌ترین اجزای بلوغ روحانی و زندگی سالم عاطفی است، باید به وضوح از شرم جدا و مجزا شود. بار دیگر، جدا کردن این دو تجربه به این دلیل اهمیت دارد: در حالیکه گناه شریک داوری است، شرم رفیق داوری‌گرایی است. حتی پس از پذیرش فیض خدا، بعضی از افراد همچنان نیازمند کمک در تشخیص مناسب میان گناه و شرم هستند.[۲۷۵]

مارکوس وارنر (Marcus Warner) شاگردسازی را به چهار دسته تقسیم‌بندی می‌کند: ۱) شاگردسازی به وسیلهٔ خاصیت نفوذی: فردی وفادارانه در جلسات کلیسا شرکت می‌کند و سپس از او می‌خواهند تا خدمتی به عهده گیرد. اگر آن شخص وفادارانه خدمت کند، از او برای رهبری دعوت می‌کنند. اگر وفادارانه رهبری کند، شیخ کلیسا می‌شود. نتیجه آنکه شخص در روال نسبتا مرده و بی‌جانی باقی می‌ماند. بسیاری از کلیساهای ایرانی آموزش خاصی برای کمک به رشد نوایمانان ندارند. «بعضی مردم هنوز نمی‌دانند چطور دعا کنند». ۲) شاگردسازی متمرکز بر کلیسا: تمرکز اصلی حفظ پیش‌رفتن کلیساست. همه چیز از عضویت گرفته تا بشارت، عطایای روحانی، و گروه‌های کوچک برای جمع کردن مردم در کلیساست. بلوغ روحانی اغلب نادیده گرفته می‌شود. کلیساهای ایمانداران مسلمان‌زاده می‌تواند آنقدر تنها متمرکز بر کلیسا شود که نگذارد اعضایش به جلسات کلیساهای دیگر بروند. ۳) شاگردسازی متمرکز بر عقل: این آموزش آکادمیک اغلب در مدرسهٔ کتاب‌مقدس یا دانشکدهٔ الاهیات انجام می‌گیرد. اکثر اوقات در این آموزش توجهی به قلب نمی‌شود. شبانان ایرانی اغلب آموزش آکادمیک ندارند و برای شاگردسازی مهیا نیستند یا گرایش به این اصل دارند که نیاز اصلی فقط دانستن کتاب‌مقدس است. ۴) شاگردسازی متمرکز بر رفتار: تمرکز بر رفتار است و این دیدگاه را تقویت می‌کند که خدا ما را دوست دارد، اما نمی‌تواند ما را به خاطر رفتارمان تایید کند یا بپذیرد. این نوع شاگردسازی گرایش به پایین آوردن زندگی مسیحی در سطح رفتارهای درست و غلط دارد و مسیحیت را بسیار شریعت‌گرا می‌کند.

شاگردسازی موثر باید شامل گام برداشتن صمیمانه با خدا باشد.

شاگردسازی متمرکز بر قلب، دیدگاه‌ها و عملکردهایی را آموزش می‌دهد که ما را به سوی صمیمیت با خدا، آزادی از بندها، و رشد در بلوغ هدایت می‌کند. این دیدگاه‌ها

و عملکردها پایه در فیض دارند و مؤید اهمیت زندگی در روح با نوعی هشیاری عملی نسبت به جنگ روحانی است که زمینهٔ سفر ما را تامین می‌کند.[۲۷۶]

متخصصان بشارت‌شناسی طرفدار نوعی شاگردسازی به نام شاگردسازی مبتنی بر اطاعت هستند.[۲۷۷] تفکر کلی آن خواندن کلام خدا همراه با سوالات مشاهده‌ای و اطاعتی است. ایدهٔ اصلی آن است که اطاعت عصارهٔ شاگردسازی است و در مرکز انجیلی قرار دارد که عیسی تعلیم می‌داد. اما، فرآیند شاگردسازی را پیچیده می‌کند زیرا که کتاب خواندن در فرهنگ بسیاری از ایمانداران مسلمان‌زاده نیست.

نمی‌توانید به آنها بگویید که باید زمانی را در سکوت با خداوند صرف کنید. آموزش می‌دهید اما نمی‌توانید آنها را به انجام کاری وادارید. این تصمیمی است که آنها باید بگیرند. باید تمام وقت غذا را با قاشق به دهان‌شان گذاشت. آنها کتاب نمی‌خوانند و وقتی برای رازگاهان با خداوند یا دعا کردن و صبوری در حضور خداوند صرف نمی‌کنند. به همین دلیل بسیاری از آنان رشدی در ایمان‌شان ندارند.

واضح بود که شاگردسازی در برنامه‌های کلیساهای ایرانی جایی ندارد، اما فرآیند شاگردسازی مستلزم صرف زمان بیشتر و ابراز توجه به افراد است. یکی از موارد رایج در هنگام بحث دربارهٔ شاگردسازی این بود که ایمانداران مسلمان‌زاده، «هیچگونه زمینهٔ مسیحی ندارند»، پس پیروی از انضباط‌های روزانهٔ مسیحی از خواندن کتاب‌مقدس گرفته تا دعا و شرکت در جلسات کلیسا برای‌شان سخت است. شاگردسازی از این نظر پیچیده است که نوایمانان درک بسیار ناچیزی از کتاب‌مقدس دارند و قرآن و فلسفهٔ اسلامی هنوز در وجودشان از بین نرفته است. ایمانداران مسلمان‌زاده هنوز آنچه از کتاب‌مقدس می‌شنوند را از فیلتر زمینهٔ خودشان می‌گذرانند، و در بعضی موارد، برخی از آنها حتی تعلیمات غلطی هم می‌دهند.

همانطور که قبلا بحث شد، پذیرفتن مسیح به انفجار بمبی در ذهن تشبیه شده است و در مورد آنچه باید مورد بازسازی، بیرون انداختن و نگهداری قرار گیرد، نوعی سردرگمی وجود دارد. این سردرگمی خود را هنگامی نشان می‌دهد که مسیحیان جدید حواس‌شان پرتِ یافتن جواب به سوالاتی می‌شود که در زندگی و آموزه‌های مسیحی نقش اساسی ندارند. ایمان مسیحی، رشد فردی، و رفتار در کلیسا برای این ایمانداران کاملا جدید است. شناخت دورهٔ انتقالی بسیار اهمیت دارد. بعضی باید

از تنگناهای الاهیاتی عبور کنند و بعدا آمادگی حرکت به سوی مهم‌ترین تعالیم کتاب‌مقدس و زندگی مسیحی را می‌یابند.

مفهوم مشاور/مربی (Mentor) به عنوان راهی برای شاگردسازی دیگران مورد اشاره قرار گرفت. در کلیسایی اول باید شاگردان با مشاور/مربی‌شان دربارهٔ زندگی روحانی خود صحبت می‌کردند و نهایتا تمام کلیسا از آن باخبر می‌شدند. آنها به دنبال کسی بودند که هدایت‌شان کند و سرمشق خوبی برای‌شان باشد. آنها معلمی که از بالا به آنها نگاه کند یا گردهم‌آیی به مناسبت‌های مختلف را نمی‌خواهند، و شاگردسازی محکم‌تر و با تعامل بیشتر را ترجیح می‌دهند. یک روش حکیمانهٔ دیگر این است که جنبهٔ ارتباطی شاگردسازی را با وارد کردن آنها در زندگی خانگی یک ایماندار قوی پرورش بدهیم. شاگردسازی بیشتر یک روش زندگی است.

فردی توصیه کرد: «من شکل‌گیری روحانی را ترجیح می‌دادم، اینکه چگونه روزه بگیریم، دعا کنیم، با خداوند در مشارکت باشیم. دیده‌ام که زندگی‌های بیشتری با تأمل بر کلام خدا عوض می‌شوند تا ۵۰۰۰ ساعت کلاس‌های شاگردسازی». هرچند کلیساها کوچک باشند، اما رسیدگی به نیازهای مردم اهمیت دارد. کسی پیشنهاد می‌داد که کلاسی برای تازه‌واردین اختصاص یابد و کلاس دیگری برای کسانی تشکیل شود که مدت بیشتری در کلیسا بوده‌اند.

شاگردسازی همچنین مستلزم داشتن سطح رهبری است که به گفتهٔ یکی از شبانان:

در سطح رهبری، تلاش من عرضهٔ ارزش‌های یک جامعهٔ خداترس است. دربارهٔ فرهنگ ایرانی صحبت می‌کنم که به داخل کلیسا سُر می‌خورد و اگر اعتنایی به آن نشود کلیسا را خراب می‌کند. پس سر و کار ما با تعارف، بخشش و غیبت است. کار شبان ریشه‌کنی این فرهنگ از کلیسا و کاهش نفوذش است. اما در رهبری، شما وارد سطح دیگری می‌شوید. انتظار دارید رهبران‌تان بیشتر خداترس باشند و روش‌های خدانشناسانه را ترک کنند. آنها می‌دانند غیبت از خدا نیست. هرچند ممکن است رهبران لغزشی بخورند و غیبت کنند، اما خود را متعهد می‌دانند که چنین کاری نکنند و در صورت ارتکاب، طلب بخشش کنند. رهبری کتاب‌مقدسی باید در برابر همدیگر پاسخگو بماند. در سطح رهبری توافق کردیم که اگر یکی از رهبران خلاف کتاب‌مقدس عمل کند، باید در برابر هم بایستیم. حتی با وجود این توافق، زمینهٔ

فرهنگی ما ایجاب می‌کند که مقابله با هم به دفعات زیادی صورت نگیرد. همیشه به نرمی و دیرتر از وقت بود، حتی میان رهبران. ما می‌دانستیم که نباید اجازه دهیم این فرهنگ در رهبری جا باز کند.

یکی دیگر از مشکلات شاگردسازی این است که منابع بسیار کمی به زبان فارسی موجود است.[۲۷۸] راهی برای برطرف کردن این کمبود منابع قابل دسترس، انداختن نگاهی به منابع کلیسای بومی و یافتن کتاب‌های مناسب برای شاگردسازی و مطالعهٔ کتاب‌مقدس است. اما این منابع هم شاید نسبت به مسائل عمیق‌تر فرهنگی که ایمانداران مسلمان‌زاده با آن مواجه هستند، راهگشا نباشند. شبانان ایرانی می‌توانند کمک‌های باارزشی توسط ایجاد روابط مسئولانه با یک شبان غربی دریافت کنند. این مسئولیت و پاسخگویی باید شامل موضوعاتی مانند استفاده از وقت، عناوین موعظه، دید و رویا در مورد کلیسا، جهت‌گیری آن، تعداد اعضای حاضر در جلسات و احیانا ترک کلیسا باشد. از جماعت کلیسای‌تان بپرسید آیا شبان‌شان را دوست دارند؟ این نوع پاسخ‌گویی و مسئولیت ارزش فوق‌العاده‌ای دارد مخصوصا برای کسانی که تازه خدمت را شروع کرده‌اند.

راه دیگر کمک به شاگردسازی بررسی جماعت کلیساهای قومی مسیحی از نظر روش شاگردسازی آنهاست. به طور مثال، تجربهٔ کلیسای ارمنی می‌تواند به کلیسای فارسی‌زبان در شاگردسازی و رشد روحانی کمک کند.

آنها مرا به دست این معلمین سپردند و چند دورهٔ شاگردسازی را زیر نظر ایشان گذراندم که پیش از تعمید هر شخص تازه واردی باید آنها را می‌گذراند... بله، این دورهٔ شاگردسازی را گذراندیم و البته معلمین به شبان کلیسا گزارش می‌دادند و با شبان کلیسا جلساتی داشتند.

تعلیم کودکان نیز باید بخشی از دید و بینش شاگردسازی کلیسای نسل اول باشد. زبان و ارتباط با هم دوره‌ای‌ها در فرهنگ جدید موضوع مهمی است که والدین باید آن را دریابند. یک نمونهٔ خوب شخصی بود که فرزندانش را به کلیسای آمریکایی می‌بُرد تا بعدازظهرها بتوانند به کلیسای فارسی زبان بروند.

منابع جامع دیگری وجود دارند که می‌توانند به رشد سالم کلیسای ایرانی کمک زیادی کنند. سازمان دیپِر واک اینترنشنال (Deeper Walk International)[۲۷۹] با

ریزه‌کاری‌های بیشتری موضوع شاگردسازی را مورد توجه قرار می‌دهد. خط مشی آنها دربردارندۀ چهار عنصر اساسی شاگردسازی متمرکز بر قلب است یعنی: ساختن بر بنیاد فیض، همگامی با روح‌القدس، شفای عاطفی، و جنگ روحانی، که همگی موضوعاتی هستند که ایرانیان با آنها در کشمکش‌اند. این خط مشی به بررسی تاثیرات انزجار و شرم، اندوه و نومیدی، و اضطراب و خشم نیز می‌پردازد.

برای رسیدن به رشد و سلامت در کلیسای ایمانداران مسلمان‌زاده در غربت، باید تعالیم شاگردسازی جامع و مرتبط با فرهنگ را به وجود آورد. مانع اصلی رشد، دوری و بی‌اعتنایی نسبت به کتاب‌خوانی فرهنگی و آموزشی است که دلیل نداشتن بلوغ روحانی بعضی شبانان نیز هست. شبانان دو شغله با تقسیم وقت‌شان میان انضباط شخصی تغذیۀ خودشان از کلام خدا، و جوابگویی به نیازهای فوری کسانی روبرو هستند که در جامعۀ ایرانی محتاج دریافت کمک‌اند. شاگردسازی در غربت باید شامل جنبه‌های منحصر به فرد تعارف، بخشش، غیبت، و آموختن هنجارهای رفتاری جدید به جای برگشتن به روش‌های فرهنگی پیشین ایرانی بشود. رهبران باید متوجه این موضوع باشند که نوایمانان هیچ خاطرۀ جمعی از مسیحیت ندارند، پس شاگردسازی باید با تعالیم اولیۀ زندگی و آموزه‌های مسیحی شروع شود، و مدتی وقت برای جاافتادن اطلاعات جدید به ایشان بدهند. در فرآیند شاگردسازی باید اجازه داد تا سوالات غیراساسی مطرح شود و به آرامی شاگرد را در درک آموزه‌ها و تعالیم زندگی مسیحی یاری داد. کلیسای بومی با تاریخ دراز مدتی که در شاگردسازی دارد منبع بسیار خوبی برای کلیسای ایمانداران مسلمان‌زاده در غربت است. راهبرد مشاوره و تعلیم قوی در ابتدای زندگی نوایمان مسیحی نقش حیاتی دارد.

خلاصه‌ای از مؤلفۀ دینی

بسیاری از مسائلی که در این بخش آمد، در مصاحبه‌ها مورد اشاره قرار نگرفتند. هرچند اغلب اوقات اسلام به عنوان عامل اصلی رفتار و ارزش‌های منفی مورد ملامت قرار می‌گرفت، اما پاسخ‌دهندگان هیچ نمونه‌ای از چگونگی تاثیرگذاری آن بر خودشان ارائه نکردند. حوزه‌های مورد پرسش مانند جنگ روحانی، تقدیر، آزادی، و مسائل آموزه‌ای که روی‌شان تاکید داشتم، در مصاحبه‌ها جایگاه برجسته‌ای نداشتند. اما

ایرانی‌ها عنوان می‌کردند که جهان روح واقعیت دارد، و می‌گفتند که بسیاری معتقدند خدا مستقیما با افراد صحبت می‌کند و در این جهان به ملاقاتشان می‌آید. از آنجایی که ایرانیان به نسبت زیادی در مسیحیت نوایمان هستند، منطقی به نظر می‌رسد که شناخت یا تعلیم آنها در مورد روح‌القدس محدود باشد. آنچه آشکارا دیده می‌شد این بود که ایرانیان پذیرای انجیل و مستعد برای «روحانیت خارق‌العاده» هستند. روحانی بودن اغلب به معنی پرستش زنده، دعای پرحرارت، و جستجوی تجلیات روح‌القدس قلمداد می‌شود. ایمانداران مسلمان‌زاده اغلب اوقات از آموزه‌های جدید مشابه و در عین حال متفاوت نسبت به آموزش اسلامی خودشان دچار سردرگمی می‌شوند. آنها برای پیشرفت در زندگی ایمانی جدیدشان محتاج زمان هستند. جا افتادن مفاهیم جدیدی مانند کفاره، فیض، الاهیات پنطیکاستی، الاهیات، و مسیح‌شناسی در جهان‌بینی ایشان، دشوار است. شاید نداشتن آموزش مناسب شبانی و دوشغله بودن شبانان دلیل رویکرد غیراصولی ایشان به موضوع شاگردسازی باشد. کلیسای بومی می‌تواند نقش مهمی در مشاوره و تربیت شبانان و تامین منابع آموزشی داشته باشد که در کلیسای ایرانی موجود نیست. بنابراین، نیاز مبرمی به شیوه‌ای از شاگردسازی وجود دارد که وقتی برای طرح سوالات اختصاص می‌دهد. برنامه‌هایی که براساس مطالعۀ شخصی یا تعلیم رسمی با محتوای سنگین طراحی شده باشد، با فرهنگ روابط ایرانی سازگار نیست. مشاور/مربی‌گری روشی بسیار رابطه‌گراتر و موثرتر برای شاگردسازی است.

فصل نهم

قدم بعدی چیست؟

کلیسا

کلیسای با زبان مشخص، مانند کلیسای فارسی‌زبان یا هر کلیسایی با زبان مشخص دیگر، بخش مهمی از زندگی ایماندار نسل اول را تشکیل می‌دهد. اولین تاثیری که کلیسا به طور کلی بر ایرانیان دارد بسیار مثبت است، چه کلیسای بومی باشد و چه کلیسای فارسی‌زبان. کلیسا برای شرکت‌کنندگان جدید، مکان صلح و آرامی و بسیار جالب توجه است. به گفتهٔ اکثریتی که با اصطلاحات خانوادگی از کلیسا یاد می‌کنند و وابستگی عاطفی عمیق نسبت به کلیسا و اعضای آن نشان می‌دهند، کلیسا تبدیل به جانشینی برای خانواده می‌شود. در مرکز بزرگترین نقاط قوت کلیسای ایمانداران مسلمان‌زاده، پرستش پرشور، مهمان‌نوازی سخاوتمندانه، و مشارکت غنی قرار دارد که بارها در طول هفته به تجربه دیده می‌شود.

کلیسای فارسی‌زبان به عنوان محل امنی برای کمک گرفتن تازه‌واردینی قلمداد می‌شود که در انتقال زندگی به کشور جدید، به دنبال کمک هستند. کلیسا و مخصوصا شبان غرق در نیازهای این موج مهاجران و پناهجویان جدید می‌شود. آنها با دانستن

زبان کشور میزبان و آشنایی با فرهنگ آن، مکانی طبیعی برای طلب کمک به حساب می‌آیند. اما، مشارکت‌های کوچک و شبان دوشغلهٔ آنها توانایی رسیدگی به همهٔ درخواست‌ها را ندارند. کلیسای ایرانی می‌تواند برای سبک کردن این فشار چند قدم بردارد. اول، کشورهای غربی دارای سازمان‌های مهاجرتی مسیحی مانند وورلد ریلیف (World Relief) برای کمک به کلیسا هستند. ایجاد ارتباط با این نمایندگی‌های خارج از کلیسا و قرار دادن قسمتی از بار رسیدگی به نیازها بر آنها برای کلیسای ایرانی حیاتی است، زیرا در غیر این صورت باید تمام وقت و منابع خود را صرف ایشان کنند. به علاوه، ایجاد رابطهٔ نزدیک با یک کلیسای بومی نیز می‌تواند کمکی برای رفع نیازهای پناهندگان باشد، و دست شبان را برای انجام کار خدمت باز بگذارد، هرچند آشنایی به زبان ممکن است مانعی برای غیرفارسی‌زبانان باشد. نمونهٔ اعمال رسولان باب ۶ اشاره به وضعیتی می‌کند که رسولان به خاطر نیازهای فیزیکی، مخصوصا نیازهای غیرخودی‌ها، یعنی بیوه‌زنان یونانی‌زبان که مورد بی‌اعتنایی قرار گرفته بودند، توانایی انجام خدمات روحانی را نداشتند. بنابراین، رسولان هفت نفر را برای نظارت بر توزیع غذا منصوب کردند. در انتخاب این مددکاران سه ضابطهٔ زیر رعایت شد: ضابطهٔ اخلاقی، برخورداری از شخصیت خوب؛ ضابطهٔ روحانی، پر بودن از روح‌القدس؛ و ضابطهٔ عملی، حکمت در مدیریت توزیع اجناس میان بیوه‌زنان نیازمند. همین ضوابط باید در انتخاب مددکاران از کلیسای ملی برای کمک به شبانان ایرانی جهت خدمت و رسیدگی به نیازهای بی‌شمار از گرفتن مدارک رسمی گرفته تا فراهم کردن مبلمان، رعایت شود.

دوم، باتوجه به واقعیت‌های اقتصادی مهاجران جدید، کلیسای ایرانی وابسته به کلیسای غرب و امکانات آن است. خطری که برای ایمانداران مسلمان‌زاده وجود دارد این است که خود را تسلیم حمایت از سیاست‌های نهادهای غربی کنند، مثلا شخصی دربارهٔ زمانی توضیح داد که یک فرقهٔ کلیسایی اندازه و محل کلیسا را به ایشان دیکته کرد، یا وقتی یک اَبَرکلیسا یا همین کلیساهای خیلی بزرگ از شخصی خواست تا پیام‌های شبان را ترجمه کند که آن کلیسا بتواند به فارسی‌زبانان «بشارت» دهد. پلودِمَن (Plueddmann) هشدار می‌دهد:

با وجود تمایل واقعی برای مساوات‌گرایی، کلیساهای با فاصلهٔ قدرت زیاد و کشورهای ثروتمند زیرکانه وسوسه می‌شوند تا خود را به عنوان حامی در رابطهٔ

مشترک با کلیساهایی بنگرند که از کشورهای فقیرتر می‌آیند. حتی امکان دارد رهبران کلیساهای فقیرتر نسبت به داشتن نقش شریک کوچک‌تر احساس خرسندی و قدردانی کنند. اما در ابتدای رابطهٔ شراکتی باید مذاکرات صمیمانه‌ای در مورد فاصلهٔ قدرت صورت بگیرد.[۲۸۰]

سوم، کلیسای ایرانی در مرحلهٔ نوزادی خود است، که در آن رهبران و اعضا نسبتا نوایمان هستند. «برخلاف سایر جمعیت‌های مسلمان که نوکیشان مسیحی دارند، ایرانیان دارای کلیسای قومی نیستند که بتوانند در پشت سرشان به آن بنگرند، کلیسایی که نیاکان‌شان به آن تعلق داشتند. این موضوع آنها را از گروه‌هایی مانند بربرها و فلسطینیان جدا می‌سازد.»[۲۸۱] بنابراین، خاطرهٔ جمعی بسیار ناچیزی از چگونگی بنای کلیسا وجود دارد. کلیسای ایرانی به زمانی برای ایجاد ساختار و تاریخ مشخص خود نیازمند است. «در سطح آشکارِ ایمان آوردن، مردم مسیحی می‌شوند اما اغلب سال‌ها، حتی نسل‌ها طول می‌کشد تا جهان‌بینی کلیسای‌شان تغییر شکل یابد».[۲۸۲] جنبهٔ منحصربه‌فرد کلیسای ایرانی در غربت آن است که تاریخ خود را در میانهٔ یک تحول الگووارهٔ اساسی می‌آفرینند. ایرانیان در معرض زندگی با جهان‌بینی دیگری در غربت قرار می‌گیرند، و مسیحیان ایرانی می‌آموزند تا واقعیت را از پشت عینک جدید کلام خدا ببینند. ضروری است که مسیحیان ایرانی کلام خدا را با جهان‌بینی‌ای که دارند مطالعه کنند، کاربرد آن را در وضعیت منحصربه‌فرد خودشان بیاموزند، و به تقلید از مسیحیت غربی متوسل نشوند. کلیسای ایرانی باید در برابر گرایش اسلامی ساده‌سازی دینی مقاومت کند که در آن مسیحیت تبدیل به دسته‌ای از قوانین سیاه و سفید می‌گردد، و در عوض تجلی کلیسایی بی‌همتای خود را با فرهنگ ایرانی کشف نماید. یک برنامهٔ قوی مطالعهٔ کتاب‌مقدس باید در راهبرد کلیسا برای نسل دوم گنجانیده شود.

در آخر، گنجاندن کودکان در خدمت کلیسا، مستلزم کوششی هماهنگ است. این موضوع بیش از انجام فعالیت‌هایی برای سرگرم کردن آنهاست، و شامل به وجود آوردن یک برنامهٔ آموزشی کتاب‌مقدسی منظم و سازمان‌یافته و تعاملی برای کودکان است زیرا آنها در آینده نسل بعدی مسیحیان ایرانی را آموزش خواهند داد و شاگرد خواهند ساخت. مسئولین و داوطلبان مربوطه درکلیسای بومی می‌توانند منبع بسیار

خوبی برای کلیسای ایرانی باشند.

رشد شخصی

دیدیم که شخصیت هر فرد پیچیده است و فقط خواندن کلام خدا بدون داشتن درک کامل‌تری از موانعی که یک نوایمان شخصا با آنها روبرو می‌شود، کفایت نمی‌کند. پیشینهٔ هر فرد نقش مهمی در ارزیابی نیازهای وی در رشد شخصی‌اش ایفا می‌نماید. می‌خواهم با روشنی بیشتر به بررسی چند حوزه بپردازیم.

فرهنگی که به عقب نگاه می کند

آمار سازمان گلوب (Globe) نشان می‌دهد که ایران از آخرین رتبه به بالا، رتبهٔ بیستم را در برنامه‌ریزی، سرمایه‌گذاری، و رفتارهای مربوط به جهت‌گیری درمورد آینده دارد که رتبهٔ پایینی است.[۲۸۳] یکی از وبلاگ‌نویسان ایرانی این گرایش نگاه کردن به عقب را چنین تفسیر می‌کند: «به نظر نمی‌رسد که آینده هرگز شمعی به سوی گذشته روشن نگاه داشته باشد».[۲۸۴] این مشخصهٔ فرهنگی شاخصی است که بر جنبه‌های گوناگونی از کلیسای ایرانی تاثیر می‌گذارد. اول، چشم‌انداز نگاه به عقب، بخشیدن را برای ایرانیان سخت‌تر می‌کند. گذشته بر زمان حال نفوذ دارد، حتی اگر زمان حال تغییر کرده باشد. انتقام به عنوان واکنش به خطاهای گذشته به داخل تجربهٔ کلیسای ایرانی آورده می‌شود. وقتی کسی آزرده شده، واکنش درونی‌اش این است که مقابله به مثل کند. شبان و معلمین باید بر تعلیم مسیحی متوقف کردن چرخهٔ خشونت و آزار تاکید کنند، و بهترین روش آن مقاومت در برابر این گرایش فرهنگی طبیعی است که همواره از روی برخوردهای گذشته به کسی نگاه کنیم. انتقام باید به خدا سپرده شود.[۲۸۵]

دوم، خاطرهٔ جمعی از گذشته در ضمیر ایرانیان قوی می‌ماند. فرهنگ و دین ایرانیان یادآور بی‌عدالتی‌های گذشته است. شخصی این حافظه را زخم‌خورده توصیف می‌کند، پس یادگیری و پیاده کردن بخشش زمان می‌برد. برای پیشبرد کلیسا، باید هشیارانه حافظهٔ جمعی جدیدی را بر اساس کار مسیح بر صلیب به وجود آورد و مفهوم بخشش را تقویت نمود. این کار را می‌توان به وسیلهٔ نمایش تئاتر یا اَشکال

دیگر فرهنگی مانند شعر در تقدیر و مدح فضایل مسیح و بخشش او انجام داد. باید بر این طرز تفکر سرمایه‌گذاری کرد که کلیسا نیز همراه با مسیح در القای آهستهٔ فضایل و بخشش وی، رنج می‌برد.

سوم، ایرانیان علاقمند به کاهش فاصلهٔ قدرت هستند. شبانانی که بر ساختار سلسله‌مراتبی کلیسا تکیه دارند که در آن قدرت و تسلط به طور بلامنازع در اختیار شبان است، شاید در واقع یکی از ارزش‌های ذاتی فرهنگ ایرانی یعنی کاهش فاصلهٔ قدرت را نقض می‌کنند. کاهش فاصلهٔ قدرت در جامعهٔ غرب امکان‌پذیر است و محیط فرهنگی را که کلیسای در غربت در آن تولد یافته، منعکس می‌سازد. هرچند ارزش فرهنگی آرزوی رسیدن به رهبری با همکاری بیشتر در سیاست کلیسا، نیت اصلی است، اما حافظهٔ جمعی از چگونگی اجرا و انجام چنین نظامی ناچیز است. همین موضوع در مورد شبان و هیئت رهبری که از اعضای منتخب جماعت هستند، نیز صادق است. بنابراین، ناهماهنگی موجود حتما به آزمون و خطای پایه‌گذاری شکل مدیریت کلیسای ایمانداران مسلمان‌زاده منجر می‌شود که نشانگر اشتیاق جدید به مساوات‌گرایی در سیاست ادارهٔ کلیساست، اما درعین حال رهبری آشنای فرهنگ خاورمیانه را نیز حفظ می‌کند.

دورهٔ انتقالی در این میان ضروری است که در آن هم شبان و هیئت رهبری اسلوب‌های همکاری بیشتر رهبری را بیاموزند و دانش و مهارت اجرای این روش‌ها را به دست آورند. مشاوره، مربی‌گری و پاسخ‌گویی یک بدنهٔ بیرونی (مانند کلیسای بومی) برای شبان و همچنین رهبران ضروری است تا به حرکت کلیسا در این جهت ساختاری کمک کند. چهارم، نسل دوم نگران آینده و جهت‌گیری کلیساست. شاید گرایش به عقب و گذشته، به روشنی عدم وجود دید و رویای کلیساها را نشان بدهد و دلیلی برای نداشتن دورهٔ شاگردسازی و سایر خدمات آینده‌نگر کلیسا باشد. کلیساهایی که با فکر بقا به موجودیت‌شان ادامه می‌دهند، ایمانداران مسلمان‌زادهٔ بالغ نسل دوم را، که در اوج نومیدی آنجا را ترک می‌کنند تا به کلیسایی با دید و رویا برای آینده بروند، از خود ناامید می‌نمایند. شبانانی که به الگووارهٔ قدیمی تسلط و قدرت ادامه می‌دهند، در وفاداری جماعت کلیسایی خود، که آرزومند داشتن کلیسا و خدمت آینده‌نگر هستند، دچار مشکل می‌شوند. واقعیت اقتصادی مهاجران جدید، فقدان تحصیلات مناسب

شبانان، دید و رویای ضعیف برای آیندهٔ کلیسا، و تقسیم قدرت در کلیسای خاورمیانه، موانع عمدهٔ رسیدن به کلیسای در حال رشد و سرزندهٔ ایمانداران مسلمان‌زاده است.

کلیسای ایمانداران مسلمان‌زاده در حرکت رو به جلوی خود باید بر آموزش مناسب شبانان متمرکز شود ، و تعیین مداوم اهداف خدماتی را سرلوحهٔ فرآیند تربیت شبانان ایرانی قرار دهد. شبانان ایرانی در مورد راهبرد تاسیس کلیسا، نیازمند کمک کسانی هستند که دارای تجربهٔ متقابل فرهنگی باشند. برای رسیدن به خدمت آینده‌گرا، ایجاد ارتباط با کلیسا یا فرقهٔ همکار و شریکی که به کلیسای ایرانی در تعیین اهداف شش ماهه یا چهارساله کمک کند، ضروری است. شاید درخواست نگاه به آینده از شبان یا جماعتی که خاطرهٔ ناچیزی از این موضوع دارند و همچنان درگیر ذهنیت بقا هستند، کار دشواری باشد. راه‌های ممکن برای پیش بردن گفتگو به سوی جلو آن است که دربارهٔ تاریخچهٔ چند سال گذشتهٔ کلیسا سوال کنید و سپس بپرسید چگونه می‌توان کلیسا را به جهت دیگری حرکت داد.

شاخص دیگری که در ایجاد دید و رویا برای کلیسای ایرانی باید در نظر داشت، پرداختن به ارزش فرهنگی فردگرایی و عدم توانایی برای کار با دیگران است.[۲۸۶] فوربیس (Forbis) این عدم توانایی در کار کردن با دیگران را به عنوان یک مشخصهٔ فرهنگی[۲۸۷] بازمی‌شناسد و افراد نیز آن را تایید می‌کنند. گرایش به فردگرایی (تک‌روی) و عدم اتحاد، ریشه‌های ناهماهنگی و موانعی در راه ایجاد خدمت آینده‌گرای کلیسا هستند. گرایش جوامع جمع‌گرا این است که به دقت هرچه تمام‌تر جمع‌گرا باشند، و این موضوع میان یک فامیل یا طایفه با دیگری شکاف ایجاد می‌کند. زمانی برای پختگی و حرکت از فردگرایی خودمحورانه به جهان‌مداری مورد نیاز است. «اطفال ناگهان بزرگسال نمی‌شوند، و بسط جهان‌بینی رهبران نیز تدریجی است».[۲۸۸]

شبانان ایرانی باید نیازی را که به همدیگر دارند، تشخیص بدهند، ناامنی‌های گذشته را پشت سر بگذارند، و روابط صمیمانه و شفافی با سایر کلیساها ایجاد کنند، تا به آرزوی ایجاد یک خدمت با جهت‌گیری به سوی آینده برسند. رهبران روحانی در جامعهٔ ایرانی باید پیشرو ایجاد ارتباط با شبانان جدید و بی‌تجربه باشند. نمودار دایره‌های هم‌مرکز پلودِمَن، این انتقال ضروری در تفکر را نشان می‌دهد.

نمودار۹. ۱: افق‌های فردگرایی و جمع‌گرایی (پلودمن ۲۰۰۹، ۲۱۲)

شرم و آبرو

پرنفوذترین جهان‌بینی که در سطوح مختلف بر کلیسای ایرانی تاثیر می‌گذارد، جهان‌بینی مبتنی بر شرم و آبروست. ایرانیان و ساکنان خاورمیانه در تقلا برای چیره شدن بر شرمی هستند که جهان‌بینی‌شان را شکل می‌دهد. الگووارهٔ شرم و آبرو با عینک چگونگی برداشت از خودشان به وقایع، شرایط و روابط می‌نگرد. به گفتهٔ دیگر، اولین واکنش آنان گذراندن همه چیز از این صافی است که دیگران از این واقعه یا گفتگو چه برداشتی می‌کنند. باید در کلیسا تعالیمی داده شود که مفهوم طرز برداشت جامعه از شرم و آبرو را از روی افراد بردارد، ایشان را تشویق کند تا با فروتنی از مفهوم آبرو دست بردارند، و توجه‌شان را به خدا و محبت دیگران معطوف کنند. به گفتهٔ پولس خطاب به کلیسا، «انسان قدیم را که تحت تاثیر امیال فریبنده دستخوش فساد بود، از تن به در آورید. باید طرز فکر شما نو شود، و انسان جدید را در برکنید، که آفریده شده است تا در پارسایی و قدوسیت حقیقی، شبیه خدا باشد»(افسسیان ۴: ۲۲-۲۴؛ کولسیان ۳: ۹-۱۰، هزارهٔ نو).

ناتوانی در تشخیص میان خطاها و رنجش‌های بزرگ و جزئی، که بسیاری از افراد به آن اشاره داشتند، ریشه در شرم و آبرو دارد. هرگونه شرمندگی موجب ناراحتی و یک زخم می‌شود. میراث فرهنگی اسلام، و خصوصا اسلام شیعهٔ ایرانی، همراه با

تصویر بدعت‌گذارانهٔ انقلاب ایران درمورد شهادت و مرگ، به این نوع احساس شرم پروبال زیادی داده است. کلیسا باید قواعد شناخت خدا، دین، و وضعیت انسان را تغییر دهد. «با کمی شهامت و ابتکار، این امکان برای الاهیات وجود دارد که با درد انسان درگیر شود و آن را به روش‌های تازه و مبتکرانه‌ای شفا بخشد، فراتر از تحمیل معانی، نمادها و تصاویری حرکت کندکه انسان را در بند می‌کشد؛ فکر را روشن و انسان را توانا سازد.».[۲۸۹]

اول، پیشنهاد پتیسون تمرکز بر نیکویی‌های اساسی و ارزش آفرینش و بر انسانیت است. سپس این معنا که خدا جهان و ساکنان آن را از ابتدای زمان در یک حرکت واحد آفریده و رهانیده است. از آنجا که مردم موجودند و در زندگی شراکت دارند، در فعالیت خلاق خداپرستانه نیز شریک هستند. با پیوستن ایشان به کار آفرینش، جنبه‌هایی از تصویر و شباهت آفریننده نیز در ایشان به ظهور می‌آید.[۲۹۰] این نوع نگرش مثبت و کامل از آفرینش و زندگی انسان پادزهر قدرتمندی در برابر تجلیل ناسالم از خرابکاری، مرگ، بیگانگی، و آلایشی است که در اسلام می‌یابیم. همچنین به برداشت فردی از شرم نیز می‌پردازد که در آن فرد در ته وجودش پر از عیب است، و هیچ امیدی به تغییر او وجود ندارد.[۲۹۱]

دوم، پیشنهاد پتیسون تمرکز بر نجات به دور از رنج افراد گمشده‌ای است که قربانی شده‌اند. بزرگداشت قربانی شدن می‌تواند ترویج مرگ و انکار زندگی باشد. تجلیل دائمی شیعیان از قربانی شدن باید با تصویر رستاخیز به حیات در مسیح جایگزین شود و بیگانگی دست و پنجه نرم کردن احساس شرم با مرگ را مغلوب سازد. باید به طور معمول به الاهیات پیروزی به دست آمده در «مسیح پیروزمند» و «مسیح شفا دهنده» پرداخت.[۲۹۲]

سوم، توصیهٔ پتیسون این است که خدا یک دیکتاتور شرقی یا پدر خارق‌العاده نیست. تصویر خدا در اسلام اساسا دور از دسترس و استبداد منشانه است و از پیروانش اطاعت کورکورانه و سرسپردگی طلب می‌کند. درک ایشان از خدا را باید با چهره‌ای نزدیک‌تر و مهربان‌تر جایگزین کرد. تمامی کتاب‌مقدس همانطور که در عهدها، و در شخص عیسای مسیح می‌بینیم، سرشار از محبت و عطوفت خدا و وفاداری او نسبت به آفرینش خود است. مفهوم بازگرداندن پسر در مثل پسر گمشده (لوقا ۱۵: ۱۱-۳۲) و

برداشتن احساس شرم به واسطهٔ فرزندخواندگی (یوحنا ۱: ۱۲–۱۳؛ رومیان ۸: ۱۵–۱۷؛ غلاطیان۳: ۲۶– ۴: ۷؛ افسسیان ۱: ۳–۱۴؛ اول یوحنا ۲: ۲۸–۳: ۱۰) موضوعاتی است که باید تعلیم داد و بر آنها تاکید کرد.

چهارم، صورت خدا از بشریت پوشیده مانده است. درک اسلامی از خدا به عنوان «نزدیک‌تر از رگ گردن‌مان به ما» به عنوان وسیله‌ای برای شرمنده کردن به کار می‌رود، زیرا او ما را خوب می‌شناسد.[۲۹۳] مفاهیمی از قبیل اینکه خدا ما را دوست خود می‌خواند (یوحنا ۱۵: ۱۳–۱۵) و قوم برگزیدهٔ خود (تثنیه ۷: ۶؛ کولسیان ۳: ۱۲؛ اول پطرس ۲: ۴–۱۲) قدرتمند هستند. به علاوه، موضوع فرزندخواندگی و برداشته شدن شرم ما به عنوان فرزندان خدا که در الاهیات یوحنا می‌یابیم، تصویر جدیدی از مفهوم احساس شرم همراه با افتخار و آبرویی را به دست می‌دهد که کسب نکرده‌ایم بلکه خدا آن را به ما نسبت داده است.[۲۹۴]

پنجم، عیسی نمونه‌ای از امکان ایجاد روابط همراه با خوش‌رفتاری، احترام و رفتار فراگیری را به ما می‌دهد که بر شرم غلبه دارد. روابط مسیح شرمندگی را از افراد می‌زدود، مانند زنی که در حین زنا گرفتار شد (یوحنا ۸) و زکی در میانهٔ جمعیت (لوقا ۱۹: ۱–۱۰).[۲۹۵]

برای خاورمیانه‌ای‌ها تحلیل بی‌طرفانهٔ شرم و آبرو کار سختی است، زیرا واقعیت آن را احساس می‌کنند. همین که افراد به اندازهٔ کافی این واقعیت را بپذیرند که خدا می‌خواهد شرم و آبرو را از وجودشان بزداید، می‌توانیم از لحاظ الاهیاتی احساسات عمیق شرم و آبرو را از فردگرایی خودمحورانه به تمرکز بر محبت، فروتنی، و محبت ازخودگذشتهٔ مسیح نسبت به دیگران تغییر جهت بدهیم. شخصی پیشنهاد می‌دهد که این امر مستلزم آموزش مناسب الاهیاتی مربوط به فرهنگ به شبانان ایرانی است.

دروغ

بیست و دو نفر یا ۴۴ درصد از پاسخ‌دهندگان جنبه‌ای از دروغ را شرح دادند. دروغگویی به عنوان یکی از جنبه‌های فرهنگ ایرانی مورد اشاره قرار گرفت که از طریق تعارف تجلی می‌یابد، رابطهٔ نزدیکی با آبرو دارد و یکی از ریشه‌های ناهماهنگی است.

تمایل به دروغگویی به منظور حفظ آبرو باید به جای خود شخص با تمرکز بر

افراد دیگر جایگزین شود و علاوه بر آن باید گروه‌های پاسخگوی قوی نیز در کلیسا تشکیل داد. خدا قوم تازه شکل گرفتهٔ اسرائیل را در کوه سینا از طریق احکام ده‌گانهٔ موسی (خروج ۲۰، تثنیه ۵) مورد بازآموزی قرار داد. از لحاظ اخلاقی، ده فرمان و شریعت لاویان وزنی ظاهری به اخلاقیات بخشید که مبتنی بر گناه بود. قوانین لاویان در مورد تخلفات عمدی و غیرعمدی (لاویان ۵) و قربانی‌های منظم روزانه، هفتگی، ماهانه، و سالانه (اعداد ۲۸)، کمکی در تغییر جهت از آبروی شخصی به سمت قوانین مبتنی بر گناه بود که خدا برقرار نمود. دیگر کسی فقط وقتی خطایش در انظار عموم برملا می‌گشت، شرمنده نمی‌شد، بلکه حالا در معیار الاهی، وقتی گناه عمدی یا غیر عمدی کسی، برملا می‌شد یا مخفی می‌ماند، او همچنان مجرم به ارتکاب گناه بود. بنابراین، من مدافع این خط مشی هستم که گناه به الگو وارهٔ شرم/آبرو اضافه شود، نه آن که جهان بینی خاورمیانه فقط تبدیل به گناهکار/بی‌گناه بودن بشود.

حد و مرزها

ایران بعد از انقلاب و عاملان ناآرامی‌های خاورمیانه تا آن اندازه بر حد و مرزهای شخصی دست‌اندازی کرده‌اند که بچه‌ها را تحت فشار می‌گذارند تا به والدین‌شان خیانت کنند، و این موضوع منجر به بی‌اعتمادی همه جانبه می‌شود.[۲۹۶] نتیجهٔ تخطی نظام‌مند به حدومرزهای معمول آن بوده است که دیگر درک بسیار ناچیزی از حدومرزهای سالم شخصی وجود دارد. این امر منتج به گرایش به دو افراط می‌شود یعنی: بی‌مرزی؛ یا کشیدن دیوارهای غیرقابل نفوذ به دور زندگی و ندادن حق ورود به دیگران. موضوع حد و مرزها کمک به توضیح بعضی ناهماهنگی‌هایی می‌کند که در کلیسا به تجربه دیده می‌شود. ایرانیان زیادی بیان می‌کردند که ایرانیان «در ابراز احساسات‌شان به همدیگر تند می‌روند»و «سریعا به هم نزدیک می‌شوند». «حد و مرزهای شخصی یا بسیار قابل نفوذ هستند و هر چیز و هرکسی را به داخل راه می‌دهند، یا غیرقابل نفوذند، و دیوارهایی به دور ما می‌سازند تا هرچیز و هرکسی را بیرون نگاه داریم».[۲۹۷] در کمک به پیش رفتن کلیسا باید حدومرزهای سالمی در روند شاگردسازی مورد بررسی قرار گیرند. بسیاری از اوقات شبانان حدومرزهای قلعه مانندی دارند، و تسلطی ناراحت‌کننده به وجود می‌آورند که یادآور نظام‌های

اسلامی است.

بسیاری از ایرانیان با درکی ساده‌لوحانه از اینکه زندگی مسیحی شفاف و بخشنده است، قدم پیش می‌گذارند. افراد به سرعت به هم نزدیک می‌شوند و اطلاعات خصوصی‌شان را بدون در نظر گرفتن مصلحت و حفظ فاصله، با دیگران در میان می‌گذارند. آنها ابراز ناراحتی می‌کردند که مسیحیان غربی دیوارهایی به دور خود کشیده‌اند و در آنچه از خود با دیگران در میان می‌گذارند، احتیاط بیشتری می‌کنند. این سردرگمی بر سر حد و مرزها در افراد و فرهنگ‌هایی که شرم مزمن را تجربه می‌کنند، عُرفی رایج است. جدول ویلسون در مورد حد و مرزها می‌تواند به کلیسا در شناخت افراط‌های وابستگی بیش از اندازه کمک کند و آن را از حدومرزهای سالم مطلع سازد.

حدومرزهای سالم و افراط‌های وابستگی بیش از اندازه		
بسیار نفوذپذیر (نامناسب)	قابل نفوذ (مناسب)	غیرقابل نفوذ (نامناسب)
در اولین ملاقات با دیگران صمیمانه مشغول صحبت می‌شوم.	دیگران را با اطلاعات شخصی خودم مغشوش نمی‌کنم. می‌گذارم اعتمادها بیشتر شود.	هرگز صمیمی نمی‌شوم حتی با کسانی که می‌دانم قابل اعتماد و دلسوز هستند.
مغشوش و گرفتار نیازهای شخص دیگری هستم.	می‌توانم بر روابطم مسلط باشم و در سایر قسمت‌های زندگی‌ام به طور موثر عمل کنم.	به خودم حتی اجازهٔ فکر کردن به شخص دیگری که به او علاقمند هستم، نمی‌دهم.
می‌توانم عاشق یک آشنای جدید بشوم.	می‌دانم که عشق مبتنی براحترام و اعتماد است؛ رشد و تعالی آن نیازمند زمان است.	هرگز به خودم اجازهٔ پرورش احساس عاشقانه نسبت به کسی را نمی‌دهم.
می‌گذارم دیگران واقعیت را برایم تعیین کنند.	معتقدم که برداشت‌های من به اندازهٔ برداشت‌های هر شخص دیگری دقیق هستند	علاقه‌ای به گوش دادن به نظرات و برداشت‌های دیگران ندارم.
می‌گذارم دیگران زندگی مرا هدایت کنند.	برای خودم بر اساس هدایت خدا در انتخاب‌های پیش‌رویم تصمیم‌گیری می‌کنم.	نمی‌خواهم توجهی به نظرات دیگران کنم.

هرگز متوجه اعمال نفوذ دیگران به حدو مرزهای شخصی‌ام نمی‌شوم.	متوجه تلاش دیگران در تصمیم‌گیری به جای من، کمک بیش از اندازهٔ آنها، یا اعمال نظرشان در برنامه‌ریزی برای گذران وقتم می‌شوم.	هرگز به کسی اجازه نمی‌دهم به من کمک کند یا ایده و پیشنهادی بدهد، حتی اگر مفید و مناسب باشد.
ارزش‌هایم را در صورت لزوم برای نزدیک ماندن به دیگران زیر پا می‌گذارم.	حاضر به انجام «هرکاری» برای حفظ یک رابطه نیستم. من ارزش‌های کتاب‌مقدسی دارم و از آنها دست نمی‌کشم.	هرگز علاقه‌ای به تغییر رفتارم برای راضی کردن کسی ندارم.

جدول ۹. ۱: جدول حدومرزهای سالم (ویلسون ۲۰۰۲، ص ۱۳۰)

کتاب هنری کلاود و جان تانسن در مورد محدودیت‌ها [۲۹۸] منبع بسیار خوبی است که در توضیح شکل حدومرزهای سالم از آن کمک گرفته‌ام. به علاوه، نوعی ساختار پاسخگویی باید معرفی شود؛ شاید یک ناظر فرقه‌ای یا یک کلیسای غربی سالم بتواند رابطهٔ بسیار قوی با کلیسای ایمانداران مسلمان‌زاده ایجاد نماید و در میان تخطی‌های پیچیده‌ای که در روابطشان ایجاد می‌شود، به آنها یاری دهند، تا به سوی روابط بین‌فردی سالمی پیش بروند که در آن حدومرزهایی تعیین و محترمانه رعایت شود.[۲۹۹] این رابطهٔ مشورتی و تربیتی مستلزم رهبری‌ای در کلیسای غربی است که دارای تجربه و مهارت‌های بین‌فرهنگی جهت تشخیص حدومرزهای نامناسب باشند، و توانایی کمک به ایمانداران مسلمان‌زاده در جهت برقراری حدومرزهای سالم را داشته باشند.

مؤلفهٔ بین فردی

روابط بین‌فردی میدان کشمکش کلیسای خاورمیانه‌ای‌ها با اکثر اعضایش است و برای ایشان بزرگترین چالش محسوب می‌شود. خاورمیانه‌ای‌ها بسیار افراد اجتماعی‌ای هستند؛ لذا، در این کلیساها انعکاسی از همین ارزش بسیار عالی وقت گذرانی با همدیگر وجود دارد، اما، سوءارتباط منجر به تنش‌هایی می‌شود. مردم در ارتباطاتشان به سرعت از حدومرزهای شخصی یکدیگر عبور می‌کنند و احساسات دیگران را جریحه‌دار می‌سازند. ممکن است غیبت و سخن‌چینی در

ارتباطات غیرمستقیم برای پر کردن فقدان اطلاعات، رشد و نمو یابد. شبانان گاهی در ایجاد ارتباط با اعضای‌شان ضعیف هستند و اعتماد لازم میان ایشان برقرار نمی‌شود. تلاش‌های اندکی که برای همکاری میان کلیساها صورت گرفته، همراه با روحیهٔ مقابله به مثل، حسادت، انتقاد و نگرش‌های همراه با داوری دیگری، محیط ناسالمی را در کلیسا ایجاد می‌کند و نمونه‌ای منفی ارائه می‌دهد که می‌تواند منجر به ناهماهنگی در قسمت بیشتری از بدن جهانی مسیح شود. مجادلات مرتبا برپا می‌شوند، اما کلیسای تازه تولد یافته آمادگی و آموزش لازم را برای رسیدگی به مجادلات ندارد. واکنش عُرفی رهبری، پنهان کردن یا انکار وجود مجادله است. مقابله با جدال‌ها تنها منجر به مجادلات بیشتر می‌شود و مردم کلیسا را ترک می‌کنند. به ندرت آشتی میان افراد یا حل مجادله اتفاق می‌افتد. خاطرهٔ بسیار ناچیزی از رسیدگی مثبت به مجادله در فرهنگ خاورمیانه وجود دارد.

حل مجادله

باید توجه خاصی به مجادلات نشان داد. به نظر می‌رسد موضوع مجادله و حل مجادله ضعیف‌ترین حوزهٔ موجود، و نیازمند حل و فصل باشد.

توصیهٔ من این است که پیش از شروع هر مشارکتی، نوشتهٔ مستندی از چگونگی قدم برداشتن برای حل مجادلات تهیه شود و تعلیم منظمی در مورد حل مجادله به عنوان یکی از برنامه‌های اصلی کلیسا و کلاس‌های عضویت انجام گیرد. حل مجادله هدف میانجی‌گری غربی است درحالیکه در میانجی‌گری خاورمیانه‌ای، کنترل مجادله و تقلیل آن هدف اصلی را تشکیل می‌دهد.

چندین مانع برای حل مجادله در چند حوزهٔ مختلف وجود دارد. اول، طرز برخورد افراد درگیر در مجادله، گویی بر سر بُرد و باخت است، و همه چیز حتی هویت افراد به مجادله مربوط می‌شود. اعتقادات قوی در تجربهٔ خاورمیانه‌ای‌ها یک عرف محسوب می‌شود؛ وقتی یک طرف مجادله معتقد باشد که طرف دیگر گمراه شده و نیازمند تادیب و اصلاح است، کمک زیادی نمی‌توان کرد. قاعده و عرف کلی، بی‌اعتمادی و سوءظن نسبت به غیرخودی‌ها، مخصوصا به شیوه‌های غربی است. مُحق دانستن

طرفین در تفاوت اعتقادات و علایق‌شان، هرچند پیش‌فرض اصلی حل مجادله است، اما به عنوان یک ضعف قلمداد می‌شود. توصیهٔ من این است که رهبری کلیسا به عنوان سرمشقی عمل کند که قبول عدم توافق ما را دشمن هم نمی‌سازد، بلکه در فزونی فیض (افسسیان ۱: ۷،۴؛ ۳۲؛ کولسیان ۳: ۱۲-۱۴؛ اول یوحنا) حتی در میان نظرات متفاوت نیز می‌توان روابطی هماهنگ با یکدیگر داشت.

دوم، شرم و آبرو بر طرز نگریستن به مجادله تاثیر می‌گذارند. از بعد اخلاقی، فرهنگ‌های شرم و آبرو توانایی تشخیص میان جرایم کوچک‌تر که قابل چشم‌پوشی هستند، و جرایم بزرگتر که باید فورا به آنها رسیدگی شود، ندارند. بهترین روش حل یک مجادله این است که به سادگی از تقصیرات دیگران بگذریم (امثال ۱۹: ۱۱،۱۷: ۱۴، اول پطرس ۴: ۸؛ افسسیان ۴: ۲؛ کولسیان ۳: ۱۳).[۳۰۰] کتاب‌مقدس دربارهٔ فراتر رفتن از انتقام صحبت می‌کند، زیرا داوری با خود خداست (رومیان ۱۲: ۱۷-۲۱). کلام خدا بر شکستن حلقهٔ خشونت و انتقام متمرکز است (متی ۵: ۲۱-۲۶، ۳۸، ۴۸). مسیحیان خوانده شده‌اند تا مغلوب شر و بدی نشوند، بلکه بدی را با نیکویی مغلوب سازند (رومیان ۱۲: ۲۱). رهبران کلیسا در تعلیم روش حل مجادله، باید دربارهٔ شناخت فرآیند آشتی واقعی نیز صحبت کنند.

تعلیم مبسوط ایشان باید شامل سه روش رویارویی با مجادله باشد:

۱. مجادله غیرقابل اجتناب است (ایوب ۵: ۷؛ افسسیان ۴: ۲۶-۲۷؛ اول پطرس ۵: ۸).

۲. مجادله فرصتی برای رشد و ساختن روابط محکم‌تر است (رومیان ۶: ۱-۵).

۳. مجادله دارای هدفی بزرگتر از درد اولیه است (دوم قرنتیان ۱: ۸-۹).[۳۰۱]

تعلیم ایشان باید شامل چهار مانعی که افراد در رسیدگی به مجادله با آنها مواجه می‌شوند نیز باشد.

دستهٔ ۱: داشتن یا نداشتن حد و مرزها.

۱. شاکیان- کسانی که به دیگران اجازهٔ تخطی از حدو مرزهای شخصی‌شان را می‌دهند، عمدتا به این دلیل که نمی‌خواهند

احساسات دیگران را «خدشه‌دار» کنند. ترس از بی‌اعتنایی یا عدم پذیرش، درهایی را که باید بسته بماند باز می‌گذارد، و سپس شخص دیگران را به خاطر ورودشان ملامت می‌کند. راه حل، هشیاری نسبت به این گرایش و مسئولیت‌پذیری است.

۲. اجتناب کنندگان- این افراد درها را وقتی که باید به روی دیگران باز باشند، می‌بندند. نتیجه، تنهایی و انزوای ایشان است. باید دوستان وفادار باعلاقه، صبر و سماجت به دنبال اینگونه رهبران باشند تا زمانی که معمولا در هنگام شکست، شفاف و آسیب‌پذیر شوند.

۳. کنترل‌کنندگان- کسانی که به حدو مرزهای دیگران احترام نمی‌گذارند. اینها دو دسته هستند: مهاجم و منفعل. کنترل‌کنندگان مهاجم به افراد می‌گویند که باید چگونه فکر و زندگی کنند. کنترل‌کنندگان منفعل از احساس تقصیر و تحریف حقایق برای مجاب کردن دیگران استفاده می‌نمایند. اینگونه افراد را باید به شدت مورد چالش قرار داد تا عوض شوند.

۴. بی‌توجه‌ها- کسانی هستند که به نیازها و مشکلات دیگران توجهی نشان نمی‌دهند. اینگونه افراد مدت طولانی در خدمت باقی نمی‌مانند و باید تحت آموزش یا درمان روانکاوی قابل ملاحظه‌ای قرار گیرند.

دستهٔ ۲: غرور- نوعی احساس برتری، نگرشی از بالا که افرادی از خود نشان می‌دهند که خودشان را بهتر از دیگران می‌دانند.

دستهٔ ۳: غیبت و بدگویی- صحبت کردن یا گوش دادن به اطلاعات شخصی نفر سومی که مشکلات وی یا حل آنها ارتباطی به ما ندارد. بدگویی، بدنام کردن شخصی دیگر یا صحبت دربارهٔ کسی با نیت بدخواهانه است.

دستهٔ۴: تحریف حقیقت- تنظیم اوضاع، افراد و شرایط به منظور ترویج افکار و ایده‌های شخصی. این امر شامل تزویر، تقلب، دروغگویی، و شهادت دروغ می‌شود. چاپلوسی نیز نوعی تحریف حقیقت است.[۳۰۲]

سوم، مسئولیت‌پذیری یکی از اجزای کلیدی در حل مجادله است. در جایی که،

احتمالا به دلیل حفظ آبروی خانوادگی و اجتناب از شرمندگی، حس مسئولیت‌پذیری نباشد یا ناچیز باشد، امکان کمی برای حل مجادله وجود دارد. اغلب اوقات فرد به امید کمک دیگران، مسئولیت اعمال و رفتار خود را نمی‌پذیرد. ارزش‌هایی مثل حفظ آبرو و اجتناب از احساس شرم را باید اساسا با فروتنی، تشخیص این موضوع که همهٔ ما گناهکار هستیم، و همگی اشتباه می‌کنیم، جایگزین کنیم. انکار موضوع به منظور حفظ ظاهر، کمکی به رسیدگی به مسائل واقعی نمی‌کند، مخصوصا هنگامی که زخم‌ها و عواقب کار هنوز هم در روان جمعی و فردی طرفین بسیار زنده هستند. این امر به ذهنیت قربانی شدن، می‌انجامد. در یک جامعهٔ جمع‌گرا، مردم ممکن است متوجه سهم خود در قربانی کردن دیگری نشوند. بنابراین، مسئولیت‌پذیری در مورد عملکردهای شخصی جزء کلیدی در حل مجادله است.

چهارم، لازم است که تعلیماتی در مورد حقانیت طرف مقابل مجادله داده شود. اگر بخواهیم با فرونشاندن مجادله بدون عدالت واقعی به آرامش برسیم، صلح و آرامشی به وجود نمی‌آید.

بخشش

بخشش جزء اصلی حل مجادله است. وایزلی و وایزلی(Wisely, Wisely) بخشش را اینگونه تعریف می‌کنند: «رهانیدن اشخاص خاطی از عواقب تقصیری که در مقابل فرد مرتکب شده‌اند و توقف عصبانیت و رنجش نسبت به رفتار آنها».[۳۰۳] مسیحیان باید به دلایل زیر بخشنده باشند:

۱. خدا ما را بخشیده است، و این زمینه‌ای برای همهٔ بخشش‌های انسانی ماست (افسسیان ۴: ۳۲).

۲. مسیح به ما می‌گوید کسانی را که به ما بدی کرده‌اند، ببخشیم (لوقا ۱۷: ۳).

۳. به خاطر آشتی با شخصی که به ما بدی کرده است، باید او را ببخشیم (لوقا ۱۵: ۱۱-۳۲) (وایزلی و وایزلی ۲۰۰۶، ص ۷۲).

باید از خطاهای کوچک‌تر چشم‌پوشی کرد، آنها را بخشید، و موضوع را پشت سر گذاشت. وقتی خطایی آنقدر جدی باشد که نتوانیم از آن چشم‌پوشی کنیم، باید در دو

مرحله به بخشش برسیم: بخشش موضعی، که غیرمشروط است و مربوط به اطاعت از خدا می‌شود (مرقس ۱۱: ۲۵؛ لوقا ۶: ۲۸؛ اعمال ۷: ۶۰)؛ و بخشش انتقالی، که مشروط به توبۀ شخص متخلف است (لوقا ۱۷: ۳-۵)[۳۰۴] روند آشتی شامل قدم‌های زیر می‌شود:

۱. واقعه- چه اتفاقی افتاده است.
۲. آسیب- مرحلۀ ابتدایی که در آن روند آموزش بخشش شروع می‌شود.
۳. انزجار- پی‌آمد طبیعی آسیب دیدن، در صورتی که شخص آسیب‌دیده نتواند ببخشد.
۴. شفا- شرایطی که در صورت تبدیل انزجار به بخشش اتفاق می‌افتد.
۵. آشتی- شفا زمینه را برای روابط جدیدی که رشد و نمو می‌یابد، به وجود می‌آورد (وایزلی و وایزلی ۲۰۰۶، ص ۸۵)

پذیرفتن نقشی که فرد در مجادله بازی می‌کند، بعد دیگری از بخشش است. خدا را نباید ملامت کرد، همینطور جامعه را نباید ملامت کرد. یک جامعه از افرادی تشکیل می‌شود که نسبت به خدا جوابگو هستند (پیدایش ۴: ۶-۷؛ مزمور ۱۴: ۱- ۳؛ رومیان ۳). انکار کردن به خاطر حفظ ظاهر در رسیدگی به مسائل واقعی کمکی نمی‌کند.

گوش دادن (یعقوب ۱: ۱۹-۲۱) صمیمانه به دیگران در بخشیدن نقش مهمی دارد. دکتر ایرانی به درستی اشاره می‌کند که اغلب «...گوش دادن در بحث‌هایی که در تقلای پایان‌ناپذیر به کرسی نشاندن نقطه نظر یک طرف صورت می‌گیرد، غرق می‌شود.»[۳۰۵] خدمت شبانی مراقبت و تغذیۀ افراد در حین گذشتن از آزمون‌های زندگی، بُعدی از خدمت است که اکثر شبانان ایماندار مسلمان‌زاده از زیرش شانه خالی می‌کنند. خصوصیات زیادی در پشت این نقطۀ کور وجود دارد. اول، اعتماد جزء کلیدی است، زیرا از لحاظ تاریخی اطلاعات شخصی، در زمان دشمنی مورد استفاده قرار می‌گیرد. در این تحقیق آشکار شد که شبانانی که امسال با شما دوستانه برخورد می‌کنند، ممکن است سال آینده از شما شاکی باشند. دوم، اغلب اوقات درک درستی از تغذیۀ دیگران توسط مراقبت شبانی وجود ندارد. آموزش مراقبت شبانی باید شامل متون مربوط به شبانی در عهد عتیق (مزمور ۲۳؛ ارمیا ۲۳؛ حزقیال ۳۴) و در عهد

جدید (یوحنا ۲۱: ۱۵-۱۹؛ اعمال ۶) باشد. مراقبت شبانی از اعضای تحت شبانی را می‌توان از شیوهٔ بالینی پزشک کانادایی دنبال کرد.[۳۰۶] به منظور کسب اطمینان و اعتماد شبانی، باید وقتی را برای گوش دادن و همدردی و اختصاص توجه کامل به اعضای تحت مراقبت، صرف کرد. اعتماد باید در طی اولین ملاقات‌ها برقرار شود، و پس از دستیابی به آن، عضو کلیسا به احتمال زیاد به شبانش وفادار می‌ماند. سوم، ملاقات افراد ضروری است. خاورمیانه‌ای‌ها بسیار اجتماعی هستند و وقت گذراندن با آنها اهمیت زیادی دارد.

بُعد دیگر بخشش، بخشیدن در گفتار و کردار است (کولسیان ۳: ۱۲-۱۴). بدون بخشش، امیدی به آشتی ماندگار وجود ندارد. ویلسون (Wilson) ذکر می‌کند که بخشش و آشتی رابطهٔ نزدیکی دارند، اما یکسان نیستند.[۳۰۷] تعلیم بخشش باید شامل تعلیم دربارهٔ تعیین حد و مرز باشد، تا سوءاستفاده‌های گذشته پس از بخشش ادامه نیابد. تعلیم کتاب‌مقدسی بخشش از طریق داستان یوسف در پیدایش ۳۷-۵۰، و متی ۱۸: ۲۱-۳۵ باید بخشی از تعالیم مقرر باشد. اصول بخشش دربردارندهٔ نکات زیر است:

۱. بخشش منظری واقع‌بینانه از آسیب و آسیب‌زنندگان است (پیدایش ۵۰: ۲۰).
۲. بخشش اهدای حق برابری است.
۳. بخشش مستلزم اقرار به این امر است که انجام آن نه تنها مشکل، بلکه از لحاظ انسانی غیرممکن است (پیدایش ۴۱: ۵۱).
۴. پرورش تلخی را متوقف کنید (عبرانیان ۱۲: ۱۵).
۵. نسبت به آسیب‌های وارد شده و بخشش آنها به طور مشخص صحبت کنید.[۳۰۸]

فروتنی جزء مهمی از حل مجادله است، که زخم‌های شفا نیافته از جمله احساسات، نقطه‌نظرها و نیازها را شناسایی می‌کند؛ فروتنی و تواضع، از زیر بار سرزنش برای اجتناب از شرمندگی و حفظ ظاهر فرار نمی‌کند. مدفون کردن زخم‌ها هرگز منجر به آرامش نمی‌شود. دعا کردن و ارائهٔ خدمت مشاورهٔ شفا برای غلبه بر صدمات روحی که بسیاری از ایرانیان در ایران تجربه کرده‌اند، و همچنین غلبه بر صدمات روحی احساس

شرم مزمن، گام مهمی است. شخصی به بهترین شکل این موضوع را بیان کرد:

ما مردمی هستیم که آسیب‌ها و احتمالا زخم‌های بسیار زیادی را با خود حمل می‌کنیم. وقتی این زخم‌ها با شماست، همینکه کسی نزدیک‌تان شود، دردهای‌تان شروع می‌شود. چه برسد به اینکه بخواهد شما را لمس کند. حتی اگر یک لمس دوستانه و بدون نیت آزارتان باشد، باز هم لمس‌تان کرده و درد دارید. به همین دلیل ما مردمی حساس هستیم، چون زخم‌های زیادی داریم که شفا نیافته‌اند.

وقتی شخصی خدمت دعا را در کلیسایش برای شفای زخم‌های عیان کشمکش قدرت در کلیسا آغاز نمود، کلیسا به حالت موازنه درآمد و شروع به رشد کرد. تراویس (Travis) دربارهٔ سه نوع دعا برای شفای عمیق صحبت می‌کند: دعای درهم شکستن، دعای شفا، و دعای رهایی. دعای درهم شکستن تا حد زیادی مبتنی بر شکستن بندهای اندرسون (Anderson) (۱۹۹۰) است که «با شکستن بندهای روحانی سروکار دارد که خصوصیت آن کناره‌گیری قطعی و توبه...است. دعای درهم‌شکستن در شروع فرآیند شفای درون، یا در حل مسائلی کارآیی دارد که در حین روند دعا برای شفا خود را نشان می‌دهند».[۳۰۹]

دعای شفا به معنی درخواست از خداوند برای شفای دردهای عمیق عاطفی است. «این دعا عموما هنگامی انجام می‌شود که شخص طالب شفا (کسی که برایش دعا می‌کنند) و شخصی که رهبری دعا را برعهده دارد (دعا کننده) با هم در دعا به حضور خداوند می‌روند و از او می‌خواهند تا همهٔ وقایعی را که زخمی در دل شخص طالب دعا به وجود آورده، به یاد او بیاورد».[۳۱۰]

دعای رهایی، دعا با قدرتی است که مسیح به ما اعطا کرده و نهیب زدن و بیرون راندن دیوها از زندگی شخص است. تراویس پیشنهاد می‌کند که دعای درهم شکستن و دعای شفا ابتدا انجام شود، تا اینکه رهایی با سرراستی بیشتری صورت گیرد. او در خاتمه می‌گوید: «به طور خلاصه، شفای در سطح عمیق به خودی خود پایان راه نیست؛ بلکه بخشی از نقشهٔ بزرگتر الاهی دیدن حقیقت کتاب‌مقدس و تابعیت از خداست که در زندگی هر انسانی صورت واقعیت به خود می‌گیرد».[۳۱۱]

ارتباط

مصاحبه‌شوندگان در مورد حوزهٔ ارتباط ابراز نومیدی کردند. کلماتی که به کار می‌بردند «ظاهری»، «شکننده»، و «قدم برداشتن روی پوست تخم‌مرغ» بود. آنها آرزوی خود را برای اجتناب از مجادله و شرمندگی از اجبار به نه گفتن ابراز می‌داشتند. بخشی از این شیوهٔ ارتباط به تعبیر هال (Hall)، از فرهنگ با زمینهٔ عمیق می‌آید که در آن ارتباط برای دوری از شرم، غیرمستقیم است. الگوهای ضعیف ارتباطی خاورمیانه‌ای‌ها را می‌توان به شرم و آبرو نیز نسبت داد. قوانین نانوشته‌ای که به نیت پنهان کردن نقص‌های خانوادگی/اجتماعی برقرار شده عبارتند از:

قانون ۱: نسبت به اتفاقات منفی که در خانواده می‌افتد کور باش.

قانون ۲: در مورد رازهایی مانند سوءاستفاده، در جمع عمومی یا در خانه سکوت کن. این موضوع اغلب کودکان را تا سنین بزرگسالی نیز دنبال می‌کند.

قانون ۳: نسبت به احساسات و حدومرزهای شخصی، کرخت و بی‌حس باش.

قانون ۴: مراقب باش چون جهان تو جای امنی نیست. اعتماد در دل این قانون، جا دارد.

قانون ۵: خوب باش، که اسم رمزی برای کمال و بی‌نقصی است.[۳۱۲]

وقتی به چند عامل مختلف رسیدگی شود، ارتباط اصلاح می‌شود. اول، چهار مانعی که مردم درموقع رویارویی با مجادله باید آنها را جایگزین کنند عبارتند از:

۱. حد و مرزهای ناسالم را با حد و مرزهای سالم جایگزین کنید (مرقس ۱: ۲۱–۴۵؛ یوحنا ۱۷: ۴)؛[۳۱۳]
۲. غرور را با فروتنی جایگزین کنید (یعقوب ۱: ۹–۱۰)؛
۳. غیبت و بدگویی را با پند و سخنان بناکننده جایگزین نمایید (افسسیان ۴: ۲۹–۳۲؛ ۵: ۴)؛
۴. تحریف واقعیت (رومیان ۱۶: ۱۷) را با اندیشیدن به دیگران (فیلیپیان ۲: ۳–۴؛ رومیان ۱۲: ۹–۱۷) جایگزین کنید.[۳۱۴]

دوم، اعتماد با برقرار شدن روابط اصیل، شفاف و مثبت، ترمیم می‌شود. سوم، وقتی ایمانداران مسلمان‌زاده شفای زخم‌های گذشته را به واسطهٔ دعای درهم شکستن، شفا، و رهایی تجربه می‌کنند، بیشتر پذیرای حل مجادله و بخشش خواهند شد.

مؤلفهٔ خانواده

موضوع زنان و کشمکش‌های منحصربه‌فرد آنان در طول مصاحبه‌ها صورت جدی به خود گرفت و معلوم شد که یکی از موارد قابل توجه در کلیسای ایرانیان در غربت است. حوزهٔ روابط مردان و زنان توسط ده نفر یا ۲۰ درصد پیش کشیده شد، و زنان به طور خاص توسط ۷ نفر یا ۱۴ درصد از مصاحبه شوندگان مورد اشاره قرار گرفتند. یکی از ضعف‌های عمده در اسلام، هویت و نقش زنان در جامعهٔ مردسالار است که در غربت نیز گریبان کلیسای خاورمیانه‌ای‌ها را رها نمی‌کند. فشار بسیار سنگینی بر دوش زنان خاورمیانه است و انتظارات زیادی از ایشان می‌رود مبنی بر اینکه چگونه رفتار کنند، لباس بپوشند، مهمان‌نوازی کنند، و به دیگران احترام بگذارند. بسیاری از زنان مشتاق جلب توجه به وسیلهٔ ظاهرشان هستند و تمایل زیادی به یافتن مردان مسیحی جاافتاده‌ای دارند که به طور خلاصه بتوانند آنها را تامین کنند. زنان آرزومند برابری و احترامی هستند که در جامعهٔ مردسالار خشن از ایشان دریغ شده است. این موضوع به طور خاص در میان زنان مجرد شدت دارد. در اینجاست که زنان بالغ فرهنگ میزبان می‌توانند به زنان نوایمان در درک نقش جدیدشان به عنوان زنان مسیحی و جایگاهی که در کلیسا دارند، کمک زیادی کنند.

به فامیل‌های بزرگ و نفوذ آنها بر افرادی که در کلیسای در غربت شرکت می‌کنند، به عنوان یک مورد نگرانی اشاره نشد. روش تربیت بچه‌ها در خاورمیانه در تشریح رفتار بزرگسالان در کلیسا حائز اهمیت تلقی می‌شود. والدین بیش از حد محافظ، مادرانی که فرزندشان را نازپرورده می‌کنند، پدران دیکتاتوری که بلوغ فرزندشان را به تعویق می‌اندازند، مسائل زناشوئی، ازدواج‌های درهم‌شکسته، تک والدها، بزرگ کردن فرزند در فرهنگی جدید، همگی مشکلاتی هستند که کلیسای تازه متولد شده در حل آنها آمادگی لازم را ندارد. انتظارات سنتی و فشاری که بر روی زنان است، تا کلیسای ایمانداران مسلمان‌زاده در غربت نیز ایشان را رها نمی‌کند. آزادی جامعهٔ غربی مشکلات زناشویی را آشکار می‌سازد، و زنان به طور خاص نسبت به نقش و هویت جدیدی که به ایشان اعطا می‌شود، آسیب‌پذیرند. نظام قدیمی سلسله‌مراتب مردانه که در برخی کلیساهای خاورمیانه‌ای وجود دارد، باعث ایجاد واکنش‌های غریزی از سوی زنانی می‌شود که آرزومند برابری بیشتر

در ساختار و روابط موجود در کلیسا هستند.

توصیهٔ من برقراری روابط مشاور–مربی و مسئولیت‌پذیر میان خانم‌های مسیحی بالغ و خانم‌های نوایمان است. یک رابطهٔ سالم با کلیسای بومی می‌تواند خانم‌های مسیحی بالغی را با تجربهٔ فرافرهنگی فراهم کند که توانایی مشاوره به خانم‌ها در تربیت فرزندان، مشاوره زناشویی، آموزش مهارت‌های زندگی و شغلی، و شاگردسازی را در زمان لازم دارند. کنفرانس‌ها و تعالیم بسیار خوب زیادی به صورت ضبط شده موجود هستند که در کمک به تجهیز معلمین در کلیسا برای رسیدگی به روابط میان مردان و زنان، ازدواج و پرورش فرزندان کارآمد باشند. هرچند محتوای آنها گرایش قوی غربی دارد، اما تعلیم کتاب‌مقدسی محکمی دارند و می‌توان پیش از تهیهٔ مواد درسی فارسی از آنها نیز استفاده کرد.

مؤلفهٔ قدرت

قدرت، رهبری، تصمیم‌گیری، و استفاده از منابع مالی در درک بهتر ریشه‌های ناهماهنگی در کلیسای خاورمیانه‌ای در غربت حائز اهمیت است. اعضای کلیسا و خادمین در پی مقام و قدرتند، و این امر اغلب منجر به تنش‌ها و در نتیجه جدایی‌ها در کلیسا می‌شود. جایگاه اولیه برای تصمیم‌گیری شبانی نشانگر شیوهٔ قوی مستبدانه و دیکتاتوری در رهبری کشور مبدأ است، که در آن ارتباط کمی میان شبان و جماعت وجود دارد. کلیسا به دنبال متابعت از شیوهٔ رهبری دموکراتیک فرهنگ میزبان است. هرچند ساختار کلیسا مساوات‌گراست، اما در عمل، مخصوصا کلیساهای کاریزماتیک، تحت فرمان یک فرد هستند. ده یک دادن مفهومی ناشناخته است که در مورد استفاده از منابع مالی بدبینی ایجاد می‌کند. از آنجا که اکثر کلیساها کوچکند، شبانان زیادی دوشغله هستند. آنها به وقت بیشتری برای خدمت به مردم و رسیدگی به مشکلات پیچیده در کلیسا نیاز دارند. شبانان زیادی یا خود را منصوب کرده‌اند یا توسط کلیسای بومی انتخاب شده‌اند، و نظارت ناچیزی بر تحصیلات، آموزش و تربیت شبانی ایشان وجود دارد، و همین امر منجر به مشکلاتی در کلیسا می‌گردد. شبانانی که عطایای قوی تعلیم یا بشارت دارند، ممکن است شبانی و مراقبت از افراد را نادیده بگیرند. سوءاستفاده از قدرت، نداشتن مهارت‌های رهبری، سرمشق‌های ضعیف تصمیم‌گیری،

و بی‌اعتمادی در مورد امور مالی نشانگر طبیعت نوزادهٔ کلیساست و از ریشه‌های ناهماهنگی محسوب می‌شود.

ساختارهای قدرت

موضوع قدرت عمیقا تحت تاثیر عدم اعتماد موجود در میان جامعه قرار دارد. شش نفر یا ۱۲ درصد ساختار قدرت را در داخل کلیسای ایرانی توصیف کردند، اما بسیاری نمی‌دانستند چگونه این ساختار عمل می‌کند. ساختارهای قدرت خاورمیانه اقتدارگرا هستند، مخصوصا در جماعت‌های کاریزماتیک. همانطور که قبلا اشاره شد، ایرانیان بیش از هر چیز علاقمند به کاهش جوانب فاصلهٔ قدرت در فرهنگ اجتماعی هستند. ایمانداران مسلمان‌زاده از زمینهٔ سیاسی‌ای می‌آیند که در آن رهبری اغلب به واسطهٔ استفاده از قدرت، صداهای مخالف را سرکوب می‌کند. حاکمان زورمند ارادهٔ خودشان را بر مردم تحمیل می‌نمایند. این الگوهای حکومت، در طرز ادارهٔ کلیسا نیز نفوذ می‌کند. توصیهٔ من این است که رهبری کلیسای ایمانداران مسلمان‌زاده به دنبال درک تنوع در شیوهٔ ادارهٔ کلیسا باشند و تلاش کنند ساختاری به وجود آورند که خدا را تکریم نماید و دربردارندهٔ برحق شمردن صدا و نظرات دیگران باشد. حرکت به سوی ساختارهای آشنای قدرت در مشارکت‌های ایمانداران مسلمان‌زاده و از دست دادن دیدگاه کهانت ملوکانهٔ همهٔ ایمانداران که در اول پطرس ۲: ۴-۱۲ به آن اشاره شده، کار ساده‌ای است.

دونا هیکس (Donna Hicks) خاطرنشان می‌کند که قدرت تحمل تردید و دودلی راهی برای اندازه‌گیری خودمحوری است. «هرقدر کسی با ثابت‌قدمی بیشتر بر اعتقاداتش پافشاری کند، مخصوصا هنگامی که شواهد مؤید این اعتقادات نباشد، درک وی نسبت به جهان خودمحورانه‌تر است (در برداشت‌های شخصی خودش جا گرفته است)».[۳۱۵] مصاحبه‌ها نشانگر سرسختی در حین وقوع مجادلات بودند مخصوصا از سوی خادمین کلیسا که احتمالا‌به خاطر اجتناب از نگرانی است. بعضی از شیوه‌های رهبری درگسترهٔ میان قربانی ضعیف تا رهانندهٔ قوی، در جدول زیر دیده می‌شود.

مسئولیت شخصی و شیوه‌های مهار وابستگی بیش از اندازه	
انسان بزرگسال (مسئول برای خود)	رهانندهٔ قوی (بیش از اندازه مسئول)
من قوت‌ها و ضعف‌هایی دارم. من یک انسانم.	به اندازهٔ یک «صخره» قوی هستم.
در قبال خودم و دیگران مسئولم.	درقبال هرچیز و هرکس مسئولم.
می‌توانم فقط خودم را عوض کنم.	می‌توانم همه را عوض کنم.
بیشتر اوقات می‌توانم مراقب خودم باشم. همیشه مطمئنم که خدا مراقب من است.	همواره از تو مراقبت خواهم کرد.
بعضی چیزها برایم «زیاده از حد» است، ولی هیچ‌چیز برای خدا «زیاده از حد» نیست.	هیچ چیزی برایم «زیاده از حد» نیست.
به شدت محتاج خدا هستم، و علاقهٔ زیادی به ایجاد ارتباط با دیگران دارم.	به شدت محتاج نیاز دیگران به خودم هستم.

جدول ۹. ۲: مسئولیت شخصی و شیوه‌های مهار وابستگی بیش از حد (ویلسون ۲۰۰۲، ص ۱۳۳)

باید به رهبری شبان توجه خاصی نشان داد. میلر (Miller) خاطرنشان می‌کند که: در هر مشارکت یا جماعتی یک زمینهٔ فردی وجود دارد، که متضمن خلاقیت و انعطاف‌پذیری شبانی است... گذشته از چیزهای دیگر، این امر نشانگر برخورد انعطاف‌پذیر نسبت به تشکیلات است، زیرا جامعهٔ کلیسایی نه یک «جماعت خاص» است و نه محدود به وابستگی فرقه‌ای، و هرچند که اینها وجود دارد [ایضا] اما این جامعه هرگز دست از ملاقات و گاهی اوقات مشارکت با مسیحیان ایرانی شهرهای مجاور بر نمی‌دارد.[۳۱۶]

رهبری شبان یک نگرانی عمده است. توصیه می‌کنم سازمان‌های فرقه‌ای یا کلیساهایی که با یک ایماندار مسلمان‌زاده‌ای که در پی شبانی است همکاری می‌کنند، حتما نظمی به این فرآیند ببخشند. آموزش رسمی کتاب‌مقدس، کارآموزی شبانی، و مسئولیت‌پذیری باید در این همکاری گنجانده شود. نقطه‌ضعف‌های خاصی که در این مطالعه آشکار شد، مثل نداشتن دانش کتاب‌مقدسی، ناامنی‌های شخصی که نشانی از فرهنگ خاورمیانه دارد، گرایش به فردگرایی (تک‌روی) در ادارهٔ کلیسا، شناخت کم یا عدم درک مراقبت شبانی، باید مورد رسیدگی قرار گیرد. با توجه به ساختار مستقل و

سست کلیساهای ایرانی، یکی از رهبران ایرانی در کانادا پیش‌نویس فکری‌ای که در مورد همکاری میان رهبران ایرانی داشت در پنج نکته ارائه کرد:

۱. رهبری کلیساها کار را با جلسه‌ای ماهیانه برای آشنایی با همدیگر و ایجاد اعتماد متقابل شروع کنند.
۲. رهبری کلیساها جلسات ماهیانهٔ میان‌فرقه‌ای را بدون درنظر گرفتن تفاوت‌های خاص الاهیاتی ترتیب دهند. این جلسات ماهیانه به مسلمانان تورنتو نشان می‌دهند که ما می‌توانیم تفاوت‌های‌مان را کنار بگذاریم و یگانگی‌مان در مسیح را با کنسرت‌ها، کنفرانس‌ها، و جلسات پرستشی جشن بگیریم.
۳. رهبری کلیساها توسط جلسات مشترک جماعت‌های‌شان باعث دلگرمی همدیگر شوند تا به این ترتیب اعضای کلیساها بتوانند بدن بزرگتر مسیح را به چشم ببینند.
۴. رهبران کلیساها با همدیگر کنفرانس‌های مخصوصی را سازمان‌دهی کنند تا اعضای کلیساها در زندگی‌شان با مسیح به رشد و بلوغ برسند.
۵. جلسات سالیانه با کلیساهای آشوری، ارمنی، و عرب‌زبان برای بحث متقابل در مورد مشکلاتی که با آنها روبرو هستند، تشکیل شود.

مصاحبه‌ها نشانگر گرایش طبیعی ایمانداران مسلمان‌زاده به قهرمان‌پروری و این تفکر بود که کسی خواهد آمد و همه چیز را درست خواهد کرد. این مطالعه نشان داد که احساس شرم باعث ایجاد تمایل به کمال‌گرایی می‌شود که انتظارات غیرواقعی را به وجود می‌آورد. «کمال‌گرایی الگوی فکری و رفتاری ناسالمی است که برای پوشانیدن نقص‌های‌مان از آن استفاده می‌کنیم».[۳۱۷] گرایش بد به کمال‌گرایی هنگامی خود را آشکار می‌سازد که نوایمانان دچار این توهم می‌گردند که وقتی کسی مسیحی می‌شود باید کامل باشد. به منظور رسیدگی به این گرایش، توصیه می‌شود تعالیم و موعظاتی در مورد این حقایق ارائه شود که ما در مسیح که هستیم، عیسی چگونه با نجات ما، ما را مفتخر ساخته (یوحنا ۱: ۱۲-۱۳؛ افسسیان ۲: ۶) و همچنین هر مسیحی همچنان بدن گناه را با خود حمل می‌کند (رومیان ۷-۸؛ اول یوحنا ۱:

۵-۱۰). به گفتهٔ دیگر، خدا می‌داند ما بیش از آنچه متوجه باشیم گناهکاریم اما بیش از آنچه بتوانیم تصورش را بکنیم، ما را محبت می‌نماید. بلوغ به طور ناگهانی پس از به کارگیری تعلیم آموزه‌هایی دربارهٔ حوزه‌های مورد توجه خاص، اتفاق نمی‌افتد. رهبری بالغ کلیسا که روابطی مبتنی بر اعتماد شفاف و آسیب‌پذیر، همراه با صرف وقت با اعضای جدید به منظور ایجاد روابطی اصیل ایجاد کرده باشد، جماعت خود را به سوی بلوغ سوق خواهد داد.

مؤلفهٔ دینی /الاهیاتی

کلیسای ایرانی در غربت دارای بعضی منابع خوب قابل دسترس در حوزهٔ الاهیات است، از جمله ادبیات به تحریر درآمده توسط مبشرین مسیحی که به بررسی سوءتفاهمات الاهیاتی می‌پردازد. هفده نفر یا ۳۴ درصد دربارهٔ چگونگی درک مسیحیان ایرانی از روحانیت صحبت کردند. پیگیری غیورانه‌ای در قلمرو روحانی برای زندگی مسیحی وجود دارد. نوزده نفر یا ۳۸ درصد اشاره کردند که شناخت کتاب‌مقدس و تعلیمات الاهیاتی در کلیسای آنها به طور مشخص باید مورد توجه قرار گیرد.

تصور جهان‌بینی خاورمیانه از جهان روح این است که خدا مستقیما با مردم صحبت می‌کند و ایشان را ملاقات می‌نماید. بسیاری از ایمانداران مسلمان‌زاده نسبتا مسیحیان جدیدی هستند و شناخت یا تعلیم کمی در مورد روح‌القدس دارند. به این ترتیب، ایرانیان با آغوش باز پذیرای انجیل هستند و مستعد برای «روحانیت خارق‌العاده» که برای احساسات‌شان خوشایند است. روحانیت اغلب به معنای پرستش پرشور، دعای گرم و سوزان، و طلبیدن مظاهر روح‌القدس تلقی می‌شود. ایمانداران مسلمان‌زاده اغلب توسط آموزه‌های جدید ظاهرا مشابه، و در عین حال کاملا متفاوت با آموزش اسلامی‌شان سردرگم می‌شوند. باید برای پروردن ایمان جدیدشان مدتی به آنها وقت داد. جاافتادن مفاهیم جدیدی مانند کفاره، فیض، الاهیات پنطیکاستی، خداشناسی، و مسیح‌شناسی در جهان‌بینی‌شان دشوار است. شاید نداشتن آموزش شبانی و ماهیت دوشغله بودن دلایل برخورد غیراصولی با شاگردسازی باشد. کلیسای بومی می‌تواند نقش مهمی در مشاوره و تربیت شبانان و همچنین تامین آموزش‌هایی ایفا کند که در کلیسای ایرانی موجود نیست. بنابراین، نیاز شدیدی به روشی از شاگردسازی وجود

دارد که وقت لازم برای پاسخگویی به سوالات اختصاص دهد. برنامه‌های مبتنی بر مطالعهٔ شخصی یا تعلیم رسمی پرمحتوا، سازگاری چندانی با فرهنگ رابطه‌پرور خاورمیانه ندارد. مشاوره و تربیت خیلی بیشتر برمبنای رابطه، و به عنوان روشی برای شاگردسازی بسیار تاثیرگذارتر است.

شخصی خاطرنشان می‌کند که از لحاظ الاهیاتی، آموزهٔ کفاره قلب ایرانی را لمس نمی‌کند. «احساس شرم واکنشی به بخشش نشان نمی‌دهد».[۳۱۸]

احساس گناه	احساس شرم
احساس سالم گناه به جای برچسب زدن به خود، مشخصا رفتارهای بد انجام شده را می‌پذیرد.	احساس شرم به جای رفتاری که کرده، به اغراق در مورد کاری که انجام داده می‌پردازد و برچسب منفی بر خودش می‌زند.
احساس سالم گناه بر موضوعات خاصی که باید عوض شوند متمرکز می‌شود و در برابر ضربهٔ شدید یک داوری جامع مقاومت می‌کند.	احساس شرم با تفکر همه–یا–هیچ و تعمیم جهانی حمله‌ور می‌شود.
احساس سالم گناه راه را برای بخشش خود باز می‌گذارد و پشت‌گرمی برای پذیرش ضعف‌هایش دارد. شخص ارزش‌مداری را در زیر رفتار ناسالم مشاهده می‌کند.	احساس شرم واکنشی به بخشش نشان نمی‌دهد.
احساس سالم گناه شامل در میان گذاشتن خطا و پشیمانی با دوستان مورد اعتماد است.	احساس شرم خود را به انزوا، تنهایی و حس تباهی منحصربه فردی می‌کشاند. خود را از خودش و دیگران پنهان می‌کند.
احساس سالم گناه این دستور کار متواضعانهٔ دنبال کردن یک تغییر مشخص را ادامه می‌دهد، بدون اینکه ارزش شخصی خود را زیرسوال ببرد.	احساس شرم محرکی برای تغییر سازنده نیست؛ در عدم فعالیت از حرکت باز می‌ایستد.
احساس سالم گناه بزرگ‌نمایی و معیارهای غیرواقعی را کنار می‌گذارد.	احساس شرم اغلب به یک معیار آرمانی متصل است.
احساس سالم گناه پی به بی‌معنا بودن مجازات خود می‌برد و می‌داند این کار مانعی برای پذیرش خود است. خطاها را جبران می‌کند و موضوع را خاتمه می‌دهد.	احساس شرم در تلاش غیرمنطقی برای «کفاره» دادن برای آنچه اتفاق افتاده، مشوق نوعی مجازات خود است.

جدول ۹. ۳: تفاوت‌های میان احساس گناه و احساس شرم (کوپر ۲۰۰۶، ص ۸۲)

مسیحیان خاورمیانه گرایش به شریعت‌گرایی دارند. دست‌کم دو عنصر در این گرایش ایفای نقش می‌کنند. اول، ایمانداران مسلمان‌زاده از دینی مبتنی بر عدالت شرعی می‌آیند. اسلام به عنوان دینی برپایهٔ‌رفتار درست (راست‌کرداری) توصیف می‌شود، در حالیکه مسیحیت مبتنی بر اعتقاد درست (راست‌کیشی) است. عنصر دوم مفهومی مبتنی بر شرم از خداست. ایرانیان که از جامعهٔ مبتنی بر احساس شرم مزمن می‌آیند، با مفهوم مورد پذیرش خدا واقع شدن در کشمکش خواهند بود.

همهٔ نظام‌های دینی مبتنی بر شرم انتظاراتی را پیش می‌کشند که حقیقت را تحریف و انکار می‌کنند... در نظام‌های دینی مبتنی بر شرم، انتظارات شرکت‌کنندگان با حقیقت رشد روحانی و ناکامل بودن انسان همخوانی ندارد... و اگر نظام‌های دینی مسیحی مبتنی بر شرم باشند، ایمانداران صمیمی اما مملو از مشکلات احساسی متفاوت و حقارت نسبت به مسیحیان کامل اسطوره‌ای می‌کنند که با ظاهرسازی نیمکت‌های کلیسا را پر می‌سازند... و این مفهوم از احساس شرم منجر به خوش‌خدمتی و اجرای نمایش کمال‌گرایانه برای به دست آوردن حق زندگی با خدا و سایر مسیحیان، و نیز برقراری رابطه با ایشان می‌شود. بنابراین، کلیساهای مبتنی بر شرم تبدیل به گردهم‌آیی فامیلی می‌گردند.[۳۱۹]

جدول ویلسون در مقایسهٔ خدمات کلیسایی مبتنی بر شرم در مقابل خدمات تحت هدایت خدا به درک انگیزه در خدمت کمک می‌کند.

خدمت مبتنی بر احساس شرم در مقابل خدمت تحت هدایت خدا	
وابستگی بیش از حد تقدیس شده (تحریف حقیقت برای حفاظت از خود)	**جلسهٔ سرشار از رحمت و همدردی (خدمت مسیح محور)**
با انگیزهٔ حفاظت از خود و با انرژی تلاش شخصی	با انگیزه و انرژی روح قدوس خدا.
مشخصهٔ آن انجام کارهای مبتنی بر شریعت و خالی از شادی است.	مشخصهٔ آن احساس آرامش و هدفمندی است.
مردم تبدیل به آمار یا پروژه‌ای می‌شوند که باید آن را «بُرد» یا «ساخت».	مردم را درست مانند خودم می‌دانم که نیاز دارند با مهربانی به سوی عیسای مسیح به عنوان منجی و «سازنده»شان هدایت شوند.

بیش از همه از انجام خدمتی لذت می‌برم که مربوط به کاری ماندگار و بسیار چشمگیر باشد.	از هر خدمتی که مسیح مرا برایش بخواند لذت می‌برم، حتی اگر به نظر کوچک بیاید.
خواستار تایید و اعتبار بیرونی از طریق توجه عمومی و قدردانی هستم و اگر توجهی به من نشود، می‌رنجم و اشتیاقم را از دست می‌دهم.	توجه دیگران را می‌پذیرم ولی خواستار آن نیستم؛ می‌توانم بدون هیچگونه رنجش و ناراحتی بی‌توجهی نسبت به خودم را هم بپذیرم.
خدمت منبع اصلی هویت من و حس ارزشمند بودنم در کلیساست.	خدمت من حاصل هویتی مبتنی بر فرزند مورد محبت خدا بودن، و شخص رهانیده شده‌ای است که صورت خدا را بر خود دارد.
به نام «محبت مسیحی» دیگران را معذور می‌شمارم، و انتظار ندارم مسئولیت کارهای خودشان را برعهده بگیرند.	من مسئولیت کارهای خودم را تحت خداوندی مسیح برعهده می‌گیرم و دیگران را وامی‌گذارم تا همین کار را بکنند.
خودم را درگیر مراقبت از دیگران می‌کنم بدون اینکه منتظر شوم آنها درخواستی از من کنند.	به تناسب کمکی که از من درخواست شده، به دیگران یاری می‌دهم (انتظار می‌رود اضطراری در کار باشد).
به عنوان «خادم»، احساس درونی و ظاهری با صلاحیت و قدرتمند دارم (مانند یک منجی). شخصی که مورد «خدمت» قرار گرفته احساس درونی و ظاهری بی‌کفایت و ضعیف دارد (مانند یک قربانی).	«خادم» و «مخدوم» احترامی متقابل برای هم قائل هستند که به موجب آن هیچکدام احساس درونی یا ظاهری بی‌کفایت ندارد، زیرا هر دوی ما تشخیص می‌دهیم که دفعهٔ بعد ممکن است نقش‌مان معکوس شود.
با استفاده از کاری که برای خدا انجام می‌دهم احساسات دردناکم را کرخت، و حواسم را از قسمت‌های غیرقابل کنترل زندگی‌ام پرت می‌کنم.	خدمت فعال من با دعا در رازگاهان، مطالعهٔ کتاب‌مقدس و تأمل بر کلام خدا، و هنگامی که بر کل روش زندگی‌ام تفکر می‌کنم، متعادل می‌شود.
اغلب حس کوفتگی و ضعف دارم چون مراقبت سلامتی خودم نیستم و نمی‌توانم حدومرزهایی برای دیگران بگذارم.	می‌توانم به درخواست دیگران جواب منفی بدهم چون محدودیت‌های خودم و نیاز به مراقبت از سلامتی خودم را تشخیص می‌دهم.

جدول ۹. ۴: خدمت مبتی بر احساس شرم در مقابل خدمت تحت هدایت خدا [۳۲۰]

بلوغ عاطفی و روحانی در سرتاسر مصاحبه‌ها مورد اشاره قرار گرفت. توصیه می‌کنم کلیساهای ایمانداران مسلمان‌زاده در غربت فهرست سلامت عاطفی/روحانی سکازِرو (Scazerro) را برای تشخیص عینی سطح بلوغ عاطفی ایمانداران مد نظر قرار دهند.

بسیاری از موضوعاتی را که در مصاحبه‌ها شناسایی شد، می‌توان به وسیلهٔ هشت

تفکر کشندهٔ اِواگریوس اهل پُنتوس (Evagrius of Pentus) (۳۹۹-۳۴۵م.)[۳۲۱] که در کلیسای قرون وسطا شناسایی شده بودند، خلاصه کرد. این دسته‌بندی بعدها توسط گرگوری کبیر (۶۰۴-۵۴۰م.) به هفت گناه مرگ‌بار تقلیل یافت و نظمی جدید گرفت.[۳۲۲] هفت گناه مرگ‌بار عبارتند از: غرور، حسد، خشم، تنبلی، حرص، شکم‌پرستی، و شهوت. این گناهان با رفتار متقابل، عواطف و حالات ذهنی هستند که باعث رفتارهای مخرب برای خود ما و اطرافیان‌مان می‌شوند. هشت تفکر کشنده، جنگ درونی فرد مسیحی با نیروهای شیطانی خارجی را توصیف می‌کند، و متضمن مبارزه با شرارت اخلاقی است. آموزش غلبه بر ارادهٔ گناهکار شخصی در هنگام درگیری با شرارت اخلاقی بیش از هرچیز اهمیت دارد. هر فکری همراه با پادزهر یا درمانش آمده است.[۳۲۳] بحث در مورد شرارت و شفا یافتن از آن، حرکتی از بیرون (آلودگی) به سمت درون (گناه) است.[۳۲۴] مورد اضافی در فهرست اِواگریوس رخوت است که به عنوان بی‌حوصلگی یا بی‌قراری توصیف شده، و در تحقیق حاضر به عنوان یکی از خصوصیات ایمانداران مسلمان‌زاده از آن یاد شده است. رخوت را نیز می‌توان به فهرست هفت گناه مرگ‌بار اضافه کرد تا به بی‌حوصلگی‌ای که بعضی ایرانیان در کلیسا تجربه می‌کنند، رسیدگی شود. پیشنهاد می‌کنم شبانان ایماندار مسلمان‌زاده در مورد این دسته‌بندی‌های معرفی شده در کلیسای قرون‌وسطا موعظه کنند، زیرا اجازه می‌دهد ایشان به بعضی از ناهماهنگی‌های اخلاقی و بین‌فردی اشاره کنند که بر کلیسای‌شان فشار بیشتری می‌آورد، بدون اینکه به استفاده از منبر برای اشاره به افراد خاص متهم شوند.

فراهم آوردن محیطی که در آن این ضعف‌ها مورد رسیدگی قرار بگیرند بسیار حیاتی است. به این موضوعات نباید در جمع کلیسایی یا کلاس‌های مطالعهٔ کتاب‌مقدس پرداخت. این گروه‌ها برای ایجاد صمیمت بزرگ هستند و اجازهٔ کار برای فراهم شدن راحتی کافی افراد برای صحبت و اجازه به دیگران برای مشاهدهٔ کشمکش‌های شخصی آنها را نمی‌دهند. یکی از نمونه‌های آشنا برای بسیاری که اعتماد و آسیب‌پذیری در آن دیده می‌شود، برنامه یا کلاس‌های ترک اعتیاد است. این کلاس‌های دوازده قدمی بر پایهٔ اصولی تعبیه شده‌اند که می‌توان آنها را در کلیسا نیز به اجرا گذاشت. سه عنصر اصلی در این گروه‌ها مورد نیاز است: اول، جماعتی معتمد.

در فرهنگی که اعتماد به افراد بیرون از چارچوب خانواده با شک همراه است، این خود معضل بزرگی به شمار می‌آید. شایعه مخرب اعتمادسازی است. دومین عنصر جماعتی با رویکرد باز به آسیب‌پذیری است. در فرهنگی که اطلاعات خصوصی برای تخریب دیگران یا سوءاستفاده از آنان به کار می‌رود، ایجاد این حس باز به آسیب‌پذیری به آسانی به دست نمی‌آید. سومین مؤلفه، جماعتی متعهد است. ایجاد اعتماد در روابط برای بنای یکدیگر و تعهدگیری از آنها در فضای کوچکی مثل یک گروه و نه خارج از آن متسلزم انضباط و حکمت است. برای موفقیت این گروه‌ها، باید این گروه‌ها بین ۵ تا ۱۰ نفره و هم‌جنس، یعنی گروه مشخص مردان و زنان، باشند.

شاگردسازی صرفا با درهم‌آمیختگی گروهی حاصل نمی‌شود. تعلیم و موعظه باید شامل یک روند سه مرحله‌ای باشد. نمونهٔ پولس که پیشتر بدان اشاره کردیم شامل کنار گذاشتن گذشته، تازه کردن اذهان، و پوشیدن لباس تازه است (افسسیان ۴: ۲۲- ۲۴؛ کولسیان ۳: ۹-۱۰). از تن درآوردن یا کنار گذاشتن فرای صرفا رفتار بد است (کولسیان ۳: ۵- ۹) بلکه شامل پیش‌فرض‌های جهان‌بینی است که ما بر حسب آنها عمل می‌کنیم و اغلب فرهنگ، دین، و ارزش‌های خانوادگی ما آن را شکل می‌دهند که به بسیاری از این موارد در این کتاب اشاره شده است. قدم دوم، تازه کردن ذهن ما یا توبه است (رومیان ۱۲: ۱- ۲؛ یعقوب ۳: ۱۳- ۱۸). اگر بخواهیم از روش اواگریوس استفاده کنیم، باید فضایلی را در خود رشد دهیم که احساسات و امیال ما به نیکویی‌ها سوق دهند. زندگی روحانی فضایلی را رشد می‌دهد که می‌توانند احساسات و امیال ما را از حالت موجود که روی طبیعت قدیمی ما قرار دارد خارج کند و شخص جدیدی را به تن کند. زندگی گذشته ما خودشیفته و براساس نوع نگاه دیگران به ما تعریف می‌شود. شخص قدیمی ماسکی به صورت دارد که می‌خواهد در نگاه دیگران خوب جلوه کند ولی ما همیشه می‌دانیم که خالی و شکسته هستیم. وقتی تمرکز روی ماست، پوشیدن شخص تازه غیرممکن است و نمی‌توانیم خود را نو کنیم. تعلیم کلام خدا به همراه قدرت تحول‌گر روح‌القدس ما را از فرهنگ مخرب روابط به بیرون می‌کشد و جهان‌بینی ما باید بر پایهٔ روش زندگی تازهٔ مسیح‌محور استوار شود. توبه، زندگی ما را که در تضاد با خداست به سویی پیش می‌برد که خود را در چارچوب اهداف بزرگتر محبت خدا ببینیم. به جای اینکه خود را به عنوان عدسی‌ای که از درون

آن با دنیای بیرون تعامل می‌کنیم ببینیم، همه چیز را از طریق مسیح می‌بینیم. پولس رسول نمونه‌ای از ذهن تازه را در فیلیپیان ۴: ۸-۹ به ما نشان می‌دهد. سومین قدم، پوشیدن شخص تازه است که به روش زندگی تازهٔ ما در مسیح اشاره می‌کند (مزمور ۱۵؛ رومیان ۱۲: ۹-۲۱؛ غلاطیان ۵: ۲۲-۲۵؛ کولسیان ۳: ۱۲- ۱۷). آنچه در قدم اول آن را از تن بیرون می‌کنیم باید در تضاد با چیزی باشد که آن را به تن می‌کنیم. به همین دلیل است که اواگریوس و نویسندگان هفت گناه مهلک همه تجویز یا چاره‌ای متضاد گناه ارائه می‌دهند. بسیار حائز اهمیت است که این سه قدم در تعلیم، موعظه، و گروه‌های کوچک کتاب‌مقدس گنجانده شوند. اگر لباس کهنه را از تن بیرون کنیم و لباس تازه را بپوشیم ولی ذهن خود را تازه نکنیم، قطعا به رفتار قدیمی خود باز می‌گردیم. این سه قدم برای کمک به نوشاگردان مسیحی برای درک روند تغییر و روش زندگی مطلوب خدا بسیار مهم به شمار می‌آیند.

فصل دهم

سخن آخر

کتاب حاضر به منظور نگاهی دقیق‌تر به کلیسای در حال رشد ایمانداران مسلمان‌زادهٔ ایرانی در غربت نوشته شد. تجربهٔ کلیسا از همهٔ کسانی که از کلیسایی بازدید کرده‌اند، بسیار مثبت بوده است. کلیسا مکان آرامش، امید و محبت است، چیزی که ایشان پیش از آن تجربه‌اش را نداشته‌اند. کلیسا مکانی است که تازه‌واردان برای کمک گرفتن به آن می‌آیند، و مکانی که استقبال و مهمان‌نوازی آشنای فرهنگی، منظری خوش‌آیند در کشاکش تحول شدید ترک خانه و کاشانه برای آنان دارد. زبان خاص کلیسا نقش بسیار مهمی در پادشاهی خدا دارد. جنبه‌های مثبت مهمان‌نوازی، جهان‌بینی خداپرستانه، و تشنگی برای تجربهٔ دینی/روحانی اصیل، بذری پربار در کلیسای ایمانداران مسلمان‌زاده است. ایمانداران مسلمان‌زاده با استفاده از شور و شوقی که برای خدا دارند به هموطنان خود شهادت می‌دهند تا ایشان نیز به عیسای مسیح ایمان آورند. کلیسای ایران با این پشتوانه در غربت تولد یافته است.

یادآوری این موضوع اهمیت دارد که کلیسای ایمانداران مسلمان‌زاده رشدی فراتر از رشد فرهنگی می‌یابد که خاطرهٔ جمعی از کلیسا نداشته است. این خاطرهٔ جمعی

مربوط به پیش از انقلاب ۱۹۷۹ ایران است که اسلام شیعه/صوفی بر کشور غلبه یافت. خاورمیانه‌ای‌هایی که از میانهٔ بهار عربی نیز عبور کرده‌اند، رنج زیادی کشیده‌اند و امید بسیاری از آنها سرکوب شده است. بسیاری با اختلال استرس پس از سانحه (PTSD) دست و پنجه نرم می‌کنند، و از لحاظ روحی، عاطفی و گاهی فیزیکی زخم خورده‌اند. امیدشان به داشتن یک زندگی عادی زیر نظام حکومت اسلامی ستمگر منکوب شده است. نومیدی منجر به بالا رفتن نرخ استفاده از الکل، مواد مخدر و نیز خودکشی در ایران شده است. کلیسا از میان این مردم در هم شکسته تولد یافته است. کلیسای ایشان طبیعتا این درهم‌شکستگی را منعکس می‌سازد.

در پس اشاره به همهٔ کشمکش‌های مشخص در کتاب حاضر، سوالی که می‌شنوم این است: «آیا امیدی برای کلیسای ایمانداران مسلمان‌زاده وجود دارد؟» نجات و رهایی خدا، چرخهٔ انتقام، انزجار و احساس شرم را متوقف می‌کند. خدا کلیسا را محبت می‌نماید زیرا کلیسا عروس اوست. مسیح ما را بی‌لکه‌ای به حضور تخت خدا حاضر خواهد کرد. پیام خدا مبنی بر آرامش، بخشش و آشتی میان خدا و انسان، زندگی افراد درهم شکسته را تازه می‌سازد. خدا در کار اعادهٔ حیات دشتی پر از استخوان‌های خشک است (اشاره به حزقیال ۳۷). او ما را از چاه لجن‌آلود نومیدی برمی‌آورد و پای‌های‌مان را بر جایگاهی محکم می‌گذارد تا بایستیم (مزمور ۴۰: ۲). این قدرت صلیب مسیح است. اگر کلیسا به حال خود گذاشته شود، باقی نخواهد ماند. ولی ما قدرت روح‌القدس (یوحنا ۱۴ و ۱۶)، عطایای روح (رومیان ۱۲، اول قرنتیان ۱۲، افسسیان ۴، اول پطرس ۴)، و ثمرهٔ روح (غلاطیان ۵: ۲۲-۲۵) را برای کمک به کلیسا در اختیار داریم.

چالش خاص، گرایش به انکار ضعف یا مقابله نکردن با افراد مشکل‌ساز است. مقابله در فرهنگ آبرو و شرم که در آن روابط بالاترین ارزش‌ها را دارد، مفهومی بیگانه است. سوق کلیسا به دور از روش خدمت مبتنی بر شرم، و به سوی الگوی خدمتی که بیشتر مبتنی بر هدایت خدا باشد، مستلزم انتقال عمده‌ای در جهان‌بینی است، و شاید بتوان در طول عمر یک یا دو نسل آن را کاملا تغییر داد. تغییر شیوهٔ رهبری از شیوهٔ سلطه‌جوی بیش از اندازه وابسته و القای مسئولیت شخصی به اندازهٔ تغییر نسل اول دشوار است. اما برای سلامتی رهبری در سطحی واقع‌بینانه اهمیت دارد و مهم‌تر

آنکه پادشاهی وارونه‌ای را که مسیح نمونهٔ آن بود (متی ۱۸: ۱-۵؛ لوقا ۲۲: ۲۴-۲۷)، منعکس می‌سازد.

هر فرهنگی تاریخ خودش را دارد که تجربهٔ جمعی و چالش‌های خاص مردم خود را شکل می‌دهد. با تمرکز بر کلیسای ایرانی در غربت، نگاهی به کشمکش‌های خاص کلیسای ایمانداران مسلمان‌زاده انداختم. منظور افشای نقص‌های کلیسای ایرانی در دنیا نیست، بلکه بخشیدن صدایی به بسیاری از ایمانداران مسلمان‌زاده است که آرزو دارند سهمی در کلیسای بالغ و در حال رشد داشته باشند. از شبانان و اعضای این کلیساها خواستم تا تجربهٔ خود را از کلیسا توصیف کنند، که مانند هر کلیسای دیگری ترکیبی از خوبی‌ها و بدی‌هاست. چالش‌های منحصربه فردی که در کتاب حاضر ابراز شده‌اند به رهبران کلیسای خاورمیانه کمک می‌کنند تا نقطه ضعف‌های مشترک را شناسایی نمایند و کلیسای تازه تولد یافته را به سوی بزرگسالی و بلوغ حرکت دهند. ایجاد حد و مرزهای سالم و دور شدن از افراط‌های وابستگی بیش از اندازه مستلزم داشتن شهامت و امنیت عاطفی است. پرورش شفافیت و آسیب‌پذیری سالم، خلاف فرهنگ محسوب می‌شود، اما فواید آن بسیار بیشتر از رنج ناشی از جسارت وارد شدن به قلمروی ناشناخته است.

قصد و نیت این تحقیق به هیچ‌وجه بی‌احترامی یا توهین به کلیسای ایمانداران مسلمان‌زاده نیست. شخصا محبت و احترام زیادی برای کار خدا در میان ایرانیان و مسلمانان در سرتاسر جهان قائل هستم. آرزوی من آن است که این تحقیق آیینه‌ای تمام‌نما از کلیسای ایمانداران مسلمان‌زاده باشد تا ایشان بتوانند اتفاقات موجود را تحلیل و اولویت‌بندی کنند و کلیسا را از نوزادی به سوی جوانی، و سپس بلوغ بزرگسالی هدایت نمایند. ما در کار بنا تنها نیستیم. خدا روح‌قدوس خود را برای هدایت، راهنمایی و قدرت بخشیدن به کلیسا اعطا کرده است. وعدهٔ خدا این است:

من نیز می‌گویم که تویی پطرس، و بر این صخره، کلیسای خود را بنا می‌کنم و قدرت مرگ بر آن استیلا نخواهد یافت. کلیدهای پادشاهی آسمان را به تو می‌دهم. آنچه بر زمین ببندی، در آسمان بسته خواهد شد و آنچه بر زمین بگشایی، در آسمان گشوده خواهد شد. (متی ۱۶: ۱۸-۱۹، هزارهٔ نو).

پی‌نوشت

۱- این اطلاعات توسط دکتر هربرت کین، تاریخ‌نگار میسیون در دانشگاه الاهیات ترینتی در طول یک سخنرانی کلاسی ارائه شده است. اگرچه شاید اشتباه باشد، اما نشان‌دهندهٔ این است که اکثریت میسیون‌ها در جایی غیر از دومین دین بزرگ دنیا (اسلام) تشکیل شده بودند.

۲- ایران نیز مثل دیگر کشورهای اسلامی تاریخی مملو از مداخله و استعمار غربی دارد که این نیز به چهرهٔ منفی‌ای که از غرب وجود دارد افزوده است. برای فهرستی از مداخلات غرب در ایران رجوع کنید به:

http://www.us-uk-interventions.org/Iran.html

۳- بر طبق آمار موسسهٔ بروکینگز، بوکوحرام باعث صدهزار تا یک میلیون کشته بین سال‌های ۲۰۱۰ تا ۲۰۱۴ بوده است. منطقهٔ شمال شرق نیجریه به طور تقریبی بیش از سه میلیون و سیصدهزار نفر آوارهٔ داخلی دارد.

۴- «راهنمای دعای ۳۰ روزه برای دنیای مسلمان» را می‌توانید در آدرس زیر پیدا کنید. کار تهیه و تنظیم این دعا، ابتدا در استرالیا انجام شد، بعد در فرانسه و در حال حاضر نیز در آلمان مدیریت می‌شود. نسخهٔ امریکای شمالی از سال ۱۹۹۳ به صورت مداوم توسط WorldChristian.com منتشر می‌شود.

30daysprayer.com

۵- دیوید گریسون در کتاب خود «بادی در خانهٔ اسلام: چگونه خداوند مسلمانان را از هر گوشهٔ دنیا به ایمان به عیسای مسیح می‌کشاند؟» تاریخ گرایشات به مسیح از ۶۳۲ بعد از میلاد تا ۲۰۱۳ را نشان می‌دهد. یک گرویدن عمدهٔ مسلمانان به مسیح از دههٔ ۸۰ به بعد با رشدی تشریحی در آنچه که او به عنوان هزارتوی جهان مسلمان از سال ۲۰۰۰ تاکنون از آن یاد می‌کند اتفاق افتاد. نقشه‌ها و دیگر اطلاعات مفید را در آدرس http://windinthehouse.org خواهید یافت.

۶- ایرانیان در غربت، در برقرار کردن مشارکت‌های منحصر به ایمانداران مسلمان‌زاده موفق بودند در حالیکه گروه‌های دیگر از کشورهای اکثرا مسلمان تمایل به کلیساهایی با پیش‌زمینهٔ مسیحی داشتند که ایمانداران مسلمان‌زادهٔ اندکی در آنها حضور داشتند. حتی زمانی که قصد شبان شروع یک کلیسای ایمانداران مسلمان‌زاده است، اغلب مسیحیان آن کشور خیلی زود تبدیل به اکثریتی می‌شوند که دی. ان. ای (ماهیت) کلیسای جدید را تغییر می‌دهند. بسیاری از ایمانداران مسلمان‌زاده وقتی این تغییر رخ می‌دهد پذیرفته شدن را سخت می‌دانند.

۷- قابل توجه‌ترین کتاب دیوید گریسون «بادی در خانهٔ اسلام»؛ «جنبش معجزه‌آسا» توسط جری تراسدال است، این کتاب تنها داستان‌های درخشان جنبش‌ها و کلیساها را بدون هیچ احساسی از اینکه جنبش‌ها حقیقتا چه چیزی را با ایمان‌شان تحمل کرده‌اند، ارائه می‌دهد. کتاب‌هایی با تاریخچهٔ مسلمانانی که مسیحی شده‌اند وجود دارند مثل «خاموشی‌ناپذیر» اثر ریما گود یا «بی‌قرار مشارکت» اثر دیوید گرین لی.

۸- «هزار توی جهان مسلمان» در اثر دیود گریسون به نام «بادی در خانهٔ اسلام» به چاپ رسیده است یا می‌توان آن را در www.windinthehouse.org یافت.

۹- از حوصلهٔ این کتاب خارج است که نگاهی عمیق به روحیات و شخصیت هر یک از ۵۰ نفر مصاحبه شده بیندازد. این خود یک مطالعهٔ جداگانه خواهد بود که از حوزهٔ تخصص من خارج است.

۱۰- دستمالچیان، جاویدان، علم ۲۰۰۱، ۵۴۰-۵۴۱

۱۱- هیبرت ۲۰۰۸، ص ۱۲.

۱۲- پلودمن ۲۰۰۹، ص ۷۱.

۱۳- در این تحقیق مکانیزم دفاعی برای درونی‌سازی ارزش‌ها مدنظر قرار گرفته نشده است.

۱۴- برای تحقیق دربارهٔ اشخاصی که به واسطهٔ جنسیت، سن، دین، تابعیت فعلی، سالی که ایران را ترک کرده‌اند، سال‌هایی که مسیحی بوده‌اند، سال‌هایی که در کلیسای فعلی هستند، اگر عضو کلیسای دیگری بوده‌اند، و محل تغییر دین‌شان مصاحبه شده‌اند، می‌توانید به نسخهٔ انگلیسی این اثر مراجعه کنید.

۱۵- برای فهرستی از سوال‌هایی که در مصاحبه استفاده شده به پیوست شمارهٔ دو در نسخهٔ انگلیسی این اثر مراجعه کنید. من همهٔ سوال‌ها را نپرسیدم، اما وقتی موضوع‌ها پیش آمد از سوالات باز به عنوان راهنما استفاده کردم، بنابراین بحث پیش‌داوری نمی‌شد. اگر موضوعی در صفحهٔ سوالات توسط مصاحبه‌کننده معرفی نشده بود، از آن رد می‌شدم. به طور مثال، با سوال‌های کلی شروع کردم مثل تاریخ کلیسای آنها و اگر از کلیسایی به کلیسای دیگر رفته بودند. مصاحبه با سوالاتی دربارهٔ مدت زمان ماندن در یک کلیسا، شرایطی که ترک کردن کلیسا توسط آنها را تسریع کرد، و موقعیت کلیسایی که ترک کرده بودند، روند طبیعی داشت. سوالات بعدی برای بررسی تجربهٔ کلیسایی آنها دربارهٔ تاریخچهٔ حضور در کلیسا و کم و زیاد شدن تعداد افراد بود.

۱۶- برای بحثی کامل‌تر نک. هافستد ۱۹۸۰.

۱۷- میلر ۲۰۱۲.

۱۸- لوئیس ۱۹۹۵ صص ۴۵-۴۶.

۱۹- هادسون ۱۹۷۴، ص ۱۵۹.

۲۰- لوئیس ۱۹۹۵، ص ۴۷.

۲۱- طریف الخالدی در کتاب خود به نام "تصاویر محمد: روایات پیامبر اسلام در طول اعصار"، در سال ۲۰۰۹، نشان می‌دهد که محمدِ تاریخ چگونه از خطایا بری شده است و تفسیری آرمانی از تبدیل شدن به بزرگترین پادشاهان، منطقی‌ترین دولتمردان، حکیم‌ترین قانون‌گذاران، شجاع‌ترین فرماندهان، زاهدترین معتقدین، و بزرگترین اصلاحگر افکار و رفتاردارد.

۲۲-برای گزارشی کامل‌تر رجوع کنید به:

http://www.internal-displacement.org/assets/library/Media/-Global-Overview

۲۳-هدف جزیه، به طور روشنی توسط مسلمانان درک شده است. به‌طور مثال، حدیث مسلمان کتاب ۱۰۹، شماره ۴۲۹۴

۲۴- فوربیس ۱۹۸۱، ص ۳۱.
۲۵- مکی ۱۹۹۶، ص ۴۱.
۲۶- طاهری ۲۰۰۸، ص ۲۴.
۲۷- فوربیس ۱۹۸۱، ص ۳۴.
۲۸- بردلی ۲۰۰۸، ص ۷.
۲۹- بردلی ۲۰۰۸، ص ۸.
۳۰- ریک لاو در کتاب خود به نام «مسلمانان، جادو و ملکوت خدا» و بیل ماسک در کتاب خود به نام «روی نادیدهٔ اسلام» این موضوع را با جزئیات بیشتری از دیدگاه مسیحی مورد بحث قرار می‌دهند. عمر بن سلیمان الاشقر، دلیل و برهانی از دیدگاه اسلامی می‌آورد.
۳۱- بعضی از نویسندگانی که در مورد اسلام می‌نویسند، سیستم دین را به راست‌دینی و امت اسلام تقسیم می‌کنند. تز من این است که آنچه امت خوانده می‌شود بخشی از اسلام است.
۳۲- ماسک ۱۹۸۹، صص ۱۹۸-۱۹۹.
۳۳- همان، ص ۲۰۴.
۳۴- عنوان خواب‌ها و تفسیر آنها در مجموعه‌های مختلفی از احادیث مثل صحیح بخاری، تعبیر خواب با ۶۱ حدیث یا حدیث مسلمان با ۴۰ مرجع به خواب‌ها در کتاب ۲۹، کتاب بصیرت یافت می‌شوند. مسلمانان دلیل قرآنی برای سه ناقل الهام یعنی رویا، وحی، و کلام (حرف زدن) دارند. ابراهیم در خواب هدایت شد (۳۷: ۱۰۲)، خدا با موسی از طریق آتش حرف زد (۲۷: ۸) که یک وحی است، و جبرئیل فرشته با محمد از طریق کلمات یا حرف زدن صحبت کرد (۲: ۹۷).
۳۵- نظامی و چادوری ۱۹۹۳، هفدهم.
۳۶- بردلی ۲۰۰۸، ص ۱۸.
۳۷- همان، ص ۱۸.
۳۸- یک دلیل برای این تمایل، محبوبیت اشعار صوفیانهٔ متعالی‌گرا مثل مولانا، یونس امره، حافظ شیرازی و رابعه عدویه، است.
۳۹- اسپلمن ۲۰۰۴، ص ۱۸.
۴۰- همان، ص ۲۰.
۴۱- عبدالله العروی ۱۹۷۶، ص ۹۶.
۴۲- بایونس ۱۹۸۸: ۱۸.
۴۳- ال عططاس ۱۹۷۹: ۱۰.
۴۴- عرب نیوز مقاله‌ای تحت عنوان «تعداد دانشجویان سعودی در آمریکا به ۱۱۱۰۰۰ می‌رسد» منتشر کرد.

۴۵- این تعریف بیان می‌کند که «جایز نیست هیچ گروهی از مسلمانان که به خدای منزه و متعال، و پیامبر او و اصول دین اعتقاد دارند و به اصول پنج‌گانهٔ دین اعتراف می‌کنند و هیچکدام از اصول لازم بدیهی و

آشکار را انکار نمی‌کنند، مرتد خواند». http://www.ammanmessage.com

۴۶- پاسخ معمول این است که بیان کنیم که دولت اسلامی هیچ کاری با اسلام ندارد.

۴۷- الف. احمد نویسندهٔ کتاب پست مدرنیسم و اسلام: مخمصه و وعده در سال ۱۹۹۲ است. این اظهار به طور مشخص به شرق‌شناسی ادوارد سعید در سال ۱۹۷۹ اشاره می‌کند. این نقل قول در کتاب میراث اسلام عرب در آفریقا صفحهٔ ۱۷۶ اثر جی. ای. آزوما یافت می‌شود.

۴۸- اسمیت ۱۹۹۹، ص ۵۲.

۴۹- بهجتی‌ثابت و چمبرز ۲۰۰۵، ص ۱۳۰.

۵۰- بزرگمهر ۱۹۹۸، صص ۶-۸.

۵۱- طاهری ۲۰۰۸، ص ۲۹۸.

۵۲- بهجتی‌ثابت ۲۰۰۵، ص ۱۲۸.

۵۳- بزرگمهر ۱۹۹۸، ص ۱۷.

۵۴- همان، ص ۱۹.

۵۵- مین و بزرگمهر ۲۰۰۰، ص ۷۲۶.

۵۶- همان، ص ۷۳۲.

۵۷- بزرگمهر ۱۹۹۸، ص ۲۳.

۵۸- مین و بزرگمهر ۲۰۰۰، ص ۷۲۰.

۵۹- بزرگمهر ۱۹۹۸، ص ۲۵.

۶۰- مکاینتاش، ۲۰۰۴

۶۱- همان، ص ۱۳۴.

۶۲- بزرگمهر ۱۹۹۸، ص ۱۶.

۶۳- همان، ص ۱۷.

۶۴- گودگود و مرادی ۱۹۸۵، ص ۳۸۴.

۶۵- گودگود و مرادی ۱۹۸۵، ص ۳۹۰.

۶۶- همان، ص ۳۹۲.

۶۷- همان، ص ۳۹۰.

۶۸- همان، ص ۴۲۰.

۶۹- به روند جهانی اشتغال در سال ۲۰۱۴ که در این لینک یافت می‌شود نگاه کنید: www.ilo.org/globalm

۷۰- خاورمیانه و شمال آفریقا از بالاترین میزان افسردگی در دنیا رنج می‌برند. به نقل از واشنگتن پست.

۷۱- این تحقیق در یک مشاورهٔ COMMA در اکتبر ۲۰۱۵ توسط متیو استون با عنوان اختلال استرس پس از سانحه و سایر اختلالات همراه و تاثیر آن بر خدمت، ارائه شد.

۷۲- در واقع شاید غمگین بودن، اندوه، و یاس که در میان ایرانیان شایع است، دلیلی باشد برای اینکه شفای درونی باید قسمتی از روند شاگردسازی باشد.
۷۳- کرفت ۲۰۰۷، ص ۲۱۵.
۷۴- همان، ص ۱۳۶.
۷۵- بابی ۲۰۰۷، ص ۲۹۳.
۷۶- کرفت ۲۰۰۷، ص ۱۳۷.
۷۷- الکساندر ۲۰۰۰، ص ۱۲۴.
۷۸- کرفت ۲۰۰۷، ص ۱۴۰.
۷۹- هسل‌گریو ۱۹۸۰، ص ۲۴۹.
۸۰- لیتل ۲۰۰۹، ص ۱۸۲.
۸۱- کوهن ۱۹۹۶، ص ۲.
۸۲- کرفت ۲۰۰۷، ص ۱۸۴.
۸۳- سازمان‌هایی مثل انجمن دیجیتال کتاب‌مقدس http://dbs.org/libraries مقرر شده‌اند تا ابزاری برای مشارکت‌های جدید از زبان‌های خاص باشند و برنامه‌های ماهواره‌ای ست سون آمریکا در تمام قسمت‌های مسلمان‌نشین جهان پخش می‌شوند.
۸۴- من از یک کد برای مشخص کردن افرادی که با آنها برای این کتاب مصاحبه شده استفاده کردم. حروف C، U، E محل مصاحبه را نشان می‌دهند: E اروپا، U ایالات متحده و C کانادا. اعداد از ۱ تا ۲۱ برای مشخص کردن فرد مصاحبه‌شده استفاده شده‌اند. حروف آخر برای مشخص کردن جنسیت هستند: M برای مرد و F برای زن. (نک. نسخهٔ انگلیسی اثر)
۸۵- من قادر نبودم که داستان‌های مختلف دربارهٔ کلیسای ایرانیان را مشخص و دسته‌بندی کنم. کلیساهای ایرانی از نظر تعداد کم، و با ماهیتی ناپایدار از ایرانیانی هستند که از یک کلیسا به کلیسای دیگر می‌روند. ممکن است که بعضی از داستان‌ها دربارهٔ رشد کلیسا، همان کلیسا را پوشش دهد.
۸۶- هستهٔ تشکیل‌دهندهٔ کلیسا متشکل از پنج زوج در اولین سال تاسیس کلیسا، آنجا را ترک کردند.
۸۷- دلیل تعداد بالا، هجوم عدهٔ زیادی از ایرانیان پناهجو در آن زمان بود.
۸۸- این کلیسا قبل از اینکه بسته شود پنج سال دوام داشت.
۸۹- حضور در کلیسا با دخالت دولت در فرستادن پناهجویان به شهرهای دیگر مختل شد.
۹۰- در حال حاضر حدود شصت تا هفتاد نفر در کلیسا حضور دارند.
۹۱- آخرین کلیسا در یک خانه برگزار شد.
۹۲- من این سوال را از مصاحبه‌شوندگان در اروپا نپرسیدم، اگرچه تعدادی نقاط قوتی که در کلیسای ایرانی یافت می‌شد را پیشنهاد کردند. بنابراین تعداد کم پاسخ‌ها نشان‌دهندهٔ علاقهٔ کمتر به این موضوع نیست.
۹۳- مثل قبل، من این سوال را از بیشتر مصاحبه‌شوندگان در اروپا نپرسیدم، اگرچه تمرکز مصاحبه روی نقاط ضعف کلیسای ایرانی بود. بنابراین تعداد کم پاسخ‌ها نشان‌دهندهٔ علاقهٔ کمتر به این موضوع نیست.

۹۴- عمق آگاهی از فرهنگ میزبان شاید اثرگذارتر از حقیقت واقعی باشد. به هرحال برداشت‌ها مهم هستند چون می‌توانند به منابعی از عدم هماهنگی هدایت شوند.
۹۵- هم کرافت هم مرنیسی هر دو به نقش قوانین و محدودیت‌ها به عنوان اساس در تجربهٔ فرد مسلمان رجوع می‌کنند.
۹۶- مرنیسی ۲۰۰۲، ص ۷.
۹۷- ویلسون ۲۰۰۲، ص ۱۲۹.
۹۸- کرفت ۲۰۰۷، ص ۱۸۹.
۹۹- جزئیات بیشتر از این نتیجه و پیامدهایش را در بخش برخورد با رهبری ارائه خواهم داد.
۱۰۰- در مصاحبه هیچ نشانه‌ای وجود ندارد که این شخص با اقتدار مشکلی داشته باشد.
۱۰۱- کتاب محدودیت‌ها: چه زمانی باید بله گفت، چطور نه گفت تا کنترل زندگی‌تان را در دست بگیرید. اثری از هنری کلاود و جان تانسن چاپ سال ۱۹۹۲ است. این کتاب را در برخورد با ناظران و کاربران مفیدتر دیدم. این کتاب کمک می‌کند تا محدودیت‌ها مشخص شوند، توضیح می‌دهد که جریان از چه قرار است و راه‌حل‌های مفیدی ارائه می‌دهد. و کمک می‌کند تا عناصر احساسی که در رابطه‌های بدون وابستگی وجود دارند بشکافد و راهی به سوی رابطه‌ای سالم‌تر ارائه می‌دهد.
۱۰۲- اسکیلینو ۲۰۰۰، ص ۳۵.
۱۰۳- مولر ۲۰۰۰، ص ۸۱.
۱۰۴- فوربیس ۱۹۸۱، ص ۹۳.
۱۰۵- برای گفتگویی عمیق‌تر در مورد تقیه و تاثیرات آن بر جامعهٔ ایرانی نگاه کنید به: فوربیس، اسکیلینو، مکی و طاهری.
۱۰۶- همان، ص ۹۲.
۱۰۷- همان، ص ۹۳.
۱۰۸- بل‌تال ۲۰۰۱، ص ۶۰۳.
۱۰۹- همان، ص ۶۰۴.
۱۱۰- همان، ص ۶۰۹.
۱۱۱- پاتای ۲۰۰۷، ص ۲۳۹.
۱۱۲- هیکس ۲۰۰۱، ص ۱۲۹.
۱۱۳- همان، ص ۱۳۵.
۱۱۴- دستمالچیان، جاویدان و علم ۲۰۰۱، ص ۵۴۰.
۱۱۵- هیکس ۲۰۰۱، صص ۱۳۷-۱۴۱.
۱۱۶- ابولغد ۱۹۸۵، ص ۲۵۱.
۱۱۷- همان، ص ۲۵۱.
۱۱۸- همان، ص ۲۵۲.
۱۱۹- هیکس ۲۰۰۹، ص ۱۴۱.

۱۲۰- اسکیلینو ۲۰۰۰، ص ۱۰۷.
۱۲۱- پتیسون ۲۰۰۰، ص ۵۴.
۱۲۲- کتاب رولاند مولر تحت عنوان

The Messenger the Message and the Community: Three Critical Issues for the Cross-cultural Church-Planter

این سه پاسخ فرهنگی به گناه را همانطور که در پیدایش ۳ دیده می‌شود، نشان می‌دهد.
۱۲۳- همان، ص ۵۴.
۱۲۴- همان، ص ۱۳.
۱۲۵- نوبل ۱۹۷۵، ص ۲۲.
۱۲۶- پاتای ۱۹۷۳، ص ۱۱۳.
۱۲۷- همان، ص ۱۱۳.
۱۲۸- پتیسون ۲۰۰۰، ص ۸۳.
۱۲۹- همان، ص ۱۰۸.
۱۳۰- نوبل ۱۹۷۵، ص ۶۶.
۱۳۱- پیت ریورز ۱۹۶۶، ص ۲۱.
۱۳۲- میشکا ۲۰۱۰، ص ۸.
۱۳۳- پاتای ۱۹۷۳، ص ۱۱۱.
۱۳۴- همان، ص ۱۰۷.
۱۳۵- پتیسون ۲۰۰۰، ص ۱۱۲.
۱۳۶- همان، ص ۱۱۳.
۱۳۷- همان، ص ۱۱۶.
۱۳۸- همان، ص ۱۱۹.
۱۳۹- همان، ص ۱۲۴.
۱۴۰- همان، ص ۱۲۸.
۱۴۱- همان، ص ۱۲۴.
۱۴۲- فوربیس ۱۹۸۱، ص ۹۰.
۱۴۳- همان، ص ۹۱.
۱۴۴- همان، ص ۹۲.
۱۴۵- زهره خزایی قهرمانی دندانپزشک و نویسنده‌ای است که برای وبسایت ایرانیان قلم می‌زند.
۱۴۶- مباشر ۲۰۰۶، ص ۱۰۰.
۱۴۷- همان، ص ۱۰۷.
۱۴۸- همان، ص ۱۰۱.
۱۴۹- همان، ص ۱۱۱.

۱۵۰- همان، ص ۱۰۴.
۱۵۱- ویر ۲۰۰۱، ص ۱۴.
۱۵۲- ویر ۲۰۰۱، ص ۱۶.
۱۵۳- هال ۱۹۷۶، ص ۹۱.
۱۵۴- هال ۱۹۷۶، ص ۹۵.
۱۵۵- هال ۱۹۷۶، ص ۹۵.
۱۵۶- هال ۱۹۷۶، ص ۱۱۳.
۱۵۷- صحراگرد، ص ۳۹۹.
۱۵۸- دبلاگیو ۲۰۱۲.
۱۵۹- ددریو ات‌ال ۲۰۰۷، ص ۷.
۱۶۰- ابونیمر ۱۹۹۶، ص ۴۴.
۱۶۱- همان، ص ۴۶.
۱۶۲- نیری ۱۹۹۸، ص ۱۷.
۱۶۳- فوستر ۱۹۷۲، ص ۱۶۹ همانطور که در نیری ۱۹۹۸، ص ۱۸ نقل شده است.
۱۶۴- ابونیمر ۱۹۹۶، ص ۴۶.
۱۶۵- فریدمن، چی و لوی ۲۰۰۶، ص ۸۷.
۱۶۶- همان، صص ۷۷-۷۸.
۱۶۷- ددریو ات‌ال ۲۰۰۷، ص ۱۱.
۱۶۸- همان، ص ۱۰.
۱۶۹- مولر ۲۰۰۰، صص ۵۴-۵۵.
۱۷۰- ابونیمر ۱۹۹۶، صص ۲۹-۳۰.
۱۷۱- مکی ۱۹۹۶، ص ۹۴.
۱۷۲- ایرانی ۱۹۹۹، صص ۴-۵.
۱۷۳- مرکادانته ۲۰۰۰، ص ۳۰۱.
۱۷۴- ایرانی ۱۹۹۹، ص ۵.
۱۷۵- ابونیمر ۲۰۰۱، ص ۶۸۹
۱۷۶- همان، ص ۶۸۹
۱۷۷- ایرانی ۱۹۹۹، ص ۴.
۱۷۸- بهجتی‌ثابت و چمبرز ۲۰۰۵، ص ۱۴۴.
۱۷۹- ایرانی ۱۹۹۹, ۱۴. ایرانی ۱۹۹۹، ص ۱۴.
۱۸۰- برگرفته از کتاب و وب‌سایت زیر:
The Role of Faith in Cross-Cultural Conflict Resolution by Abdul Aziz Said and Nathan C. Funk

۱۸۱- وایزلی و وایزلی ۲۰۰۶، ص ۱۰۲.
۱۸۲- فاصلهٔ قدرت اندازه‌ای است که به درجهٔ برابری/ نابرابری بین مردم در یک جامعهٔ خاص مربوط می‌شود. در فاصلهٔ قدرت بالا یعنی نابرابری بین رئیس و کارگران انتظار می‌رود. در فاصلهٔ قدرت پایین یعنی برابری بیشتری از اعضا بدون در نظر گرفتن موقعیت آنها انتظار می‌رود.
۱۸۳- هافستد ۱۹۹۱، ص ۳۲.
۱۸۴- بهجتی‌ثابت و چمبرز ۲۰۰۵، ص ۱۳۶.
۱۸۵- اسکیلینو ۲۰۰۰، ص ۳۰.
۱۸۶- بهجتی‌ثابت و چمبرز ۲۰۰۵، صص ۱۳۴-۱۳۵.
۱۸۷- مکی ۱۹۹۶، ص ۹۴.
۱۸۸- بهجتی‌ثابت و چمبرز ۲۰۰۵، ص ۱۳۸.
۱۸۹- همان، ص ۱۳۹.
۱۹۰- همان، ص ۱۴۰.
۱۹۱- طاهری ۲۰۰۸، ص ۳۱۹.
۱۹۲- همان، ص ۳۱۹.
۱۹۳- همان، ص ۳۱۹.
۱۹۴- پاتای ۲۰۰۷، ص ۳۶.
۱۹۵- هافستد ۱۹۹۱، ص ۵۳.
۱۹۶- هافستد ۱۹۹۱، ص ۵۱.
۱۹۷- فاصلهٔ قدرت اندازه‌ای است که به درجهٔ برابری/ نابرابری بین مردم در یک جامعهٔ خاص مربوط می‌شود.
۱۹۸- http://geert-hofstede.com/iran.html دسترس در ۲ می ۲۰۱۲.
۱۹۹- دستمالچیان، جاویدان و علم ۲۰۰۱، ص ۵۴۸.
۲۰۰- شاگردسازی از طرف شبان و رهبران کلیسا از فرهنگ میزبان، وقتی با یک کلیسای ایرانی همکاری می‌کنند می‌تواند نقشی فعال بگیرد.
۲۰۱- هافستد ۱۹۹۱، ص ۲۷.
۲۰۲- دستمالچیان، جاویدان و علم ۲۰۰۱، ص ۵۴۰.
۲۰۳- روزن ۲۰۰۶، ص ۱۶۴.
۲۰۴- همان، ص ۱۶۹.
۲۰۵- همان، ص ۱۶۹.
۲۰۶- همان، ص ۱۷۴.
۲۰۷- همان، صص ۱۷۴-۱۷۷.
۲۰۸- ال یحیی ۲۰۰۸، ص ۳۹۵.
۲۰۹- همان، ص ۳۹۶.
۲۱۰- همان، ص ۴۰۲.

۲۱۱- هافستد ۱۹۹۱، ص ۳۸.
۲۱۲- بردلی ۲۰۰۸، ص ۴۵.
۲۱۳- همان، ص ۴۸.
۲۱۴- مکی ۱۹۹۶، ص ۹۶.
۲۱۵- عبادی ۲۰۰۷، ص ۱۴۷.
۲۱۶- طاهری ۲۰۰۸، ص ۳۱.
۲۱۷- بیکن و بداوی ۱۹۹۹، ص ۲.
۲۱۸- علمداری ۲۰۰۵، ص ۱۲۹۸.
۲۱۹- مکی ۱۹۹۶، ص ۱۱۸.
۲۲۰- همان، ص ۱۱۸.
۲۲۱- کینگ ۲۰۰۵، ص ۳۲۱.
۲۲۲- کینگ ۲۰۰۵، ص ۳۲۴.
۲۲۳- گلر ۲۰۰۸، ص ۲.
۲۲۴- همان، ص ۲.
۲۲۵- هافستد ۱۹۹۱، ص ۳۸.
۲۲۶-http://geert-hofstede.com/iran.html مراجعه در ۲ می ۲۰۱۲.
۲۲۷- بهجتی‌ثابت و چمبرز ۲۰۰۵، ص ۱۳۵.
۲۲۸- مین و بزرگمهر ۲۰۰۰، ص ۷۲۰.
۲۲۹- بزرگمهر ۱۹۹۸، ص ۲۴.
۲۳۰- عبادی ۲۰۰۷، ص ۱۵۵.
۲۳۱- دستمالچیان، جاویدان و علم ۲۰۰۱، ص ۵۴۱.
۲۳۲- طاهری ۲۰۰۸، ص ۱۷۸.
۲۳۳- اسپلمن ۲۰۰۴، ص ۲۴.
۲۳۴- همان، ص ۲۹.
۲۳۵- دستمالچیان، جاویدان و علم، ۲۰۰۱، ص ۵۴۸.
۲۳۶- بنی‌هین یا توفیق بندیکتز هین از طریق نهضت بین‌المللی و خدمت رسانه‌ای‌اش مشهور شده است. او به خاطر نهضت معجزه با شفای ایمان مشهور شده است و ثروتی در حدود ۴۲ میلیون دلار دارد.
۲۳۷- ۳۵ نفر در کلیسا شرکت می‌کردند.
۲۳۸- ویر ۲۰۰۱، ص ۱۷.
۲۳۹- مایکل کوک و پاتریشیا کرون ۱۹۷۷، و جان وارنزبروگ ۱۹۷۷.
۲۴۰- سیکاند ۲۰۰۶، ص ۵۶.
۲۴۱- دسته‌بندی‌های دیگر در جوامع مدرن مسلمان یافت می‌شوند. دارالامر یا «محل فرمان»، مکانی است که جامعهٔ اسلامی با قانون اسلامی اداره می‌شود. دارالصلح یا «محل پیمان»، مکانی است که مسلمانان

اجازه دارند که در آزادی ولی نه تحت قوانین اسلام زندگی کنند؛ دارالکفر یا «محل بی‌ایمانی» مکانی است که مسلمانان در آزادی زندگی می‌کنند اما به خوبی تحت تاثیر قوانین غیر اسلامی قرار گرفته‌اند؛ و دارالدوا یا «محل دعوت به خدا» مکانی است که به مسلمانان امر شده تا غیر مسلمانان را به اسلام دعوت کنند. برای بحث‌های بیشتر به بنت ۲۰۰۵، نصر ۱۹۹۰، رادمن ۲۰۰۴ و سعید و سعید ۲۰۰۴ نگاه کنید.

۲۴۲- بت یعور ۱۹۸۵، ص ۴۵.

۲۴۳- همان، ص ۲۵۸.

۲۴۴- سورهٔ الممتحنه آیهٔ ۴: «برای شما سرمشق خوبی در زندگی ابراهیم و کسانی که با او بودند وجود داشت، در آن هنگامی که به قوم (مشرک) خود گفتند: «ما از شما و آنچه غیر از خدا می‌پرستید بیزاریم؛ ما نسبت به شما کافریم؛ و میان ما و شما عداوت و دشمنی همیشگی آشکار شده است؛ تا آن زمان که به خدای یگانه ایمان بیاورید! -جز آن سخن ابراهیم که به پدرش (عمویش آزر) گفت (و وعده داد) که برای تو آمرزش طلب می‌کنم، و در عین حال در برابر خداوند برای تو مالک چیزی نیستم (و اختیاری ندارم)!- پروردگارا! ما بر تو توکل کردیم و به سوی تو بازگشتیم، و همهٔ فرجام‌ها به سوی تو است!» برای نگاهی کامل‌تر به این موضوع، نگاه کنید به ابراهیم ۲۰۰۷، صص ۶۶-۱۱۵.

۲۴۵- نور ۲۰۰۳، ص ۳۲۶.

۲۴۶- همان، ص ۳۲۷.

۲۴۷- هاگس ۱۹۹۵، صص ۴۷۲-۴۷۴؛ هوستما ات‌آل ۱۹۸۷، ص ۶۰۵؛ ون دانزل ات‌آل ۱۹۷۸، صص ۱۱۹-۱۲۲؛ بیرمن ات‌آل ۲۰۰۰، صص ۳۶۴-۳۶۷.

۲۴۸- خان ۱۹۷۹، هفتاد و هفت.

۲۴۹- بهجتی‌ثابت و چمبرز ۲۰۰۵، ص ۱۳۵.

۲۵۰- میلر ۱۹۹۸، ص ۲۳۱.

۲۵۱- هال و هال ۱۹۹۰، ص ۱۷.

۲۵۲- این بسنده می‌کند به اینکه به هویت در این مطالعه اشاره شده است. این موضوع فراتر از محدودهٔ مطالعهٔ حاضر است که دربارهٔ مسائل مربوط به هویت تحقیق کند. من خوانندگان را به پایان‌نامهٔ کاترین کرفت به نام «جامعه و هویت اعراب با زمینهٔ اسلام که پیروی از ایمان مسیحی را انتخاب کرده‌اند» ارجاع می‌دهم.

۲۵۳- کرفت ۲۰۰۷، ص ۱۸۰.

۲۵۴- هاوس ات‌آل ۲۰۰۴، ص ۷.

۲۵۵- آرتربورن و فلتون ۱۹۹۱، ص ۳۱.

۲۵۶- همان، ص ۳۱.

۲۵۷- همان، ص ۳۱.

۲۵۸-استوارت ۲۰۰۵. اینها تجربیات سال‌ها خدمت او به ایرانیان هستند.

۲۵۹- آرتربورن و فلتون ۱۹۹۱، ص ۴۲.

۲۶۰- برتل ۲۰۰۱، ص ۶۰۴

۲۶۱- همان، صص ۶۰۴-۶۰۵

۲۶۲- برای مباحثۀ بیشتر روی موضوع شفای عمیق، بخش پنج از مباحثه با عنوان بخشش را ببینید. همین‌طور نگاهی کنید به کرفت ۱۹۹۳؛ اندرسون ۱۹۹۰؛ تراویس ۲۰۰۸.

۲۶۳- کار المر در سال ۱۹۹۳ بر روی تضاد، بنیادی است. بینش فرهنگی او به تضادها و چارچوب فرهنگی آنها، مرجعی دقیق است. منابع او برای ارزش‌ها در بررسی تضاد، این را به خواننده یادآور می‌شود که تضاد پیچیده‌تر از آن چیزی است که در ابتدا فهمیده بودند. او در نزدیک شدن به تضاد کاملا کتاب‌مقدسی است و پیشنهادش در بسط یک راهکار مثبت در برخورد با تضاد از نظر فرهنگی حساس است. توماس و سندرا ویسلی نویسندگانی که در بخش پنج از آنها نقل قول شده، بینش المر به تضاد را به شدت تایید می‌کنند.

۲۶۴- هیبرت ۲۰۰۸، ص ۲۸۱.

۲۶۵- پتیسون ۲۰۰۰، صص ۱۲۵-۱۲۶.

۲۶۶- همان، ص ۱۲۹.

۲۶۷- همان، ص ۱۲۹.

۲۶۸- همان، ص ۱۶۶.

۲۶۹- همان، ص ۱۷۱.

۲۷۰- همان، ص ۱۷۴.

۲۷۱- طاهری ۲۰۰۸، ص ۱۰۶. من این درک را فراتر از ایران بسط می‌دهم که به طورکلی شامل همۀ کشورهای مسلمان می‌شود.

۲۷۲- همان، ص ۱۸۰.

۲۷۳- مکی ۱۹۹۶، ص ۳۹۱.

۲۷۴- پتیسون ۲۰۰۰، ص ۱۷۵.

۲۷۵- کوپر ۲۰۰۶، ص ۸۱.

۲۷۶- وارنر ۲۰۰۷، ص ۶

۲۷۷- یک بدنۀ درحال رشد از ادبیات وجود دارد مثل تی ۴ تی: انقلاب دوبارۀ شاگردسازی اثر استیو اسمیت، شخصی که از شاگردسازی مبتنی بر اطاعت حمایت می‌کند. ماهیت این کار این است که دی. ان. ای اطاعت را در ایمانداران بعد از ایمان قرار دهد. نهضت رشد کلیسا و شاگردسازی زمانی توسعه پیدا کرد که کلیساها اطاعت را در هر مرحله از رشدشان یاد گرفتند.

۲۷۸- من از او دربارۀ منابعی که به او پیشنهاد شده بود پرسیدم، و بیشتر منابعی که در اختیار دارد انگلیسی هستند. انتشارات ایلام کتاب‌های مسیحی خوبی را به فارسی ترجمه کرده، اما منابع محدود هستند که توسط ایرانیان مسیحی نوشته شده‌اند.

۲۷۹- رجوع شود به: deeperwalkinternational.com

۲۸۰- پلودرمن ۲۰۰۹، ص ۱۰۴.

۲۸۱- میلر ۲۰۱۲، ص ۵.

۲۸۲- هیبرت ۲۰۰۸، ص ۳۲.

۲۸۳- دستمالچیان، جاویدان و علم ۲۰۰۱، ص ۵۴۱.

۲۸۴- قهرمانی، فوریه ۲۰۱۱.
۲۸۵- تعلیمات منظم در مورد قسمت‌هایی مثل متی ۵: ۳۸-۴۸، رومیان ۱۲: ۹-۲۱، کولسیان ۳: ۱۲-۱۷ که در آنها توصیه شده است که بگذاریم خدا انتقام بگیرد. وظیفهٔ ما تا جایی که به ما مربوط می‌شود این است که با همه در صلح زندگی کنیم.
۲۸۶- مین و بزرگمهر ۲۰۰۰، ص ۷۲۰.
۲۸۷- فوربیس ۱۹۸۱، ص ۹۱.
۲۸۸- پلودرمن ۲۰۰۹، ص ۱۲۰.
۲۸۹- پتیسون ۲۰۰۰، ص ۳۰۰.
۲۹۰- همان، ص ۳۰۰.
۲۹۱- ساندرا ویلسون تاثیرات شرمساری را بیان می‌کند که وقتی فردی را با این حس که به طور خاص و ناامیدکننده‌ای ناقص است رها می‌کنیم، این یعنی متفاوت بودن و کم ارزش‌تر بودن از دیگر انسان‌ها (ویلسون ۲۰۰۲، صص ۹-۱۰). برای مباحث عمیق‌تر نگاهی بیاندازید به کتاب رها شده از شرم: عبور فرای درد گذشته.
۲۹۲- کار مسیح بر روی صلیب می‌تواند به روش‌های مختلف توضیح داده شود. برای مباحثه‌ای کامل‌تر درمورد کفاره نگاهی بیاندازید به جیمز کی. بیلبی، جوئل بی. گرین و توماس آر. شرینر ۲۰۰۶. ماهیت کفاره: چهار عقیده. داونرز گروو: اینتروارسیتی و ورنر ۲۰۱۵. انجیل جهانی: دستیابی به تاثیر خدمت در دنیای چند فرهنگی، اسکاتز دیل، ای. زی.
۲۹۳- سورهٔ قاف ۵۰: ۱۶ «و ما انسان را آفریده‌ایم و می‌دانیم که نفس او چه وسوسه‌ای به او می‌کند و ما از شاهرگ [او] به او نزدیک‌تریم». تفسیر یوسف علی می‌گوید «الله انسان را آفرید، و به او ارادهٔ آزاد محدود داد. الله خواسته‌های درونی و انگیزه‌های انسان را بهتر از خود انسان می‌داند. او از شاهرگ انسان به او نزدیک‌تر است. شاهرگ، رگی بزرگ است که در هر دو طرف گردن قرار دارد که خون را از مغز به قلب برمی‌گرداند. این دو شاهرگ به دو شریان کاروتید (سرخرگ ثبات مشترک) که خون را از قلب به مغز انتقال می‌دهند مربوط هستند. درحالیکه جریان خون حامل زندگی و هوشیاری است، جملهٔ «نزدیک‌تر از شاهرگ» به این اشاره می‌کند که الله وضعیت درونی احساس و هوشیاری ما را واقعا بهتر از نفس خودمان می‌داند.»
۲۹۴- جرمی نیری از افتخار منسوبی صحبت می‌کند که در آن ارزش بر اساس خانواده، اصل و نسب و میراث به فرد در عموم داده می‌شود. افتخار به دست آمده، بها یا ارزشی است که به شخص براساس آنچه که انجام داده است داده می‌شود (نیری ۱۹۹۸، صص ۱۵-۱۶).
۲۹۵- کار کنت بیلی بر روی مثل‌ها، عمل نجات‌بخش مسیح در بازگرداندن غرور و برداشتن شرم افراد را در کتاب شاعر و کشاورز، از دریچهٔ چشم کشاورز: رویکردی ادبی-فرهنگی به مثل‌ها در انجیل لوقا و مسیح از دریچهٔ چشم خاورمیانه: مطالعات فرهنگی در اناجیل، برجسته می‌کند.
۲۹۶- طاهری ۲۰۰۸، ص ۸۹.
۲۹۷- ویلسون ۲۰۰۲، ص ۱۲۹.
۲۹۸- هنری کلاود و جان تانسن ۱۹۹۲. محدودیت‌ها: چه زمانی بله بگویید و چطور نه بگویید تا کنترل

زندگی‌تان را به دست بگیرید. گرند رپیدز، میشیگان: انتشارات زاندرون. آنها منابع دیگری هم افزون بر این در وبسایت‌شان دارند:

www.cloudtownsend.com

۲۹۹- همهٔ کلیساهای غربی سلامت نیستند، اما کلیساهای سلامتی وجود دارند که تجربهٔ میان فرهنگی را دارند که می‌تواند کمک کند. فرقه‌ها معمولا بخشی برای سلامت کلیسا دارند که کمک می‌کند کلیساهای راکد به کلیساهای فعال تبدیل شوند. نک به مثال‌های زیر:

http://healthychurchnetwork.com;

http://healthychurchnetwork.com;
http://go.efca.org/ministries/reachnational/church-health-transformation

۳۰۰- سنده ۱۹۹۷، صص ۷۲-۷۳.

۳۰۱- وایزلی و وایزلی ۲۰۰۶، صص ۹-۱۰.

۳۰۲- همان، صص ۳۹-۴۶.

۳۰۳- همان، ص ۷۲.

۳۰۴- سنده ۱۹۹۷، صص ۱۹۰-۱۹۱.

۳۰۵- جرج ای. ایرانی. در پژوهشنامهٔ مریا. آی. دی. سی. آی. ال. مراجعه ۶ سپتامبر ۲۰۰۶.

۳۰۶- بهجتی‌ثابت و چمبرز ۲۰۰۵، ص ۱۵۰.

۳۰۷- ویلسون ۲۰۰۲، ص ۱۶۰.

۳۰۸- برگرفته از ویلسون ۲۰۰۲، صص ۱۶۲-۱۶۸.

۳۰۹- تراویس ۲۰۰۹، ص ۱۰۸.

۳۱۰- همان، ص ۱۰۸.

۳۱۱- همان، ص ۱۱۱.

۳۱۲- ویلسون ۲۰۰۲، صص ۴۲-۵۰.

۳۱۳- اسکازرو ۱۹۹۷، صص ۱۳۲-۱۵۱

۳۱۴- این فهرست ترکیبی از منابع مختلف است. وایزلی و وایزلی چهار مانع در مدیریت تضاد را فهرست می‌کنند: غرور، شایعات، حیله و فرهنگ. اسکازرو محدودیت‌ها را به عنوان ناحیه‌ای خاص از نگرانی برای کلیساهایی که از لحاظ احساسی سالم هستند، فهرست می‌کند. این تحقیقات محدودیت‌هایی را نشان می‌دهد که ایرانیان ایماندار با زمینهٔ اسلامی با آنها دست و پنجه نرم می‌کنند.

۳۱۵- هیکس ۲۰۰۱، ص ۱۳۵.

۳۱۶- میلر ۲۰۱۲، ص ۵.

۳۱۷- ویلسون ۲۰۰۲، ص ۸۸.

۳۱۸- کوپر ۲۰۰۶، ص ۸۳.

۳۱۹- ویلسون ۲۰۰۲، ص ۱۴۴.

۳۲۰- ویلسون ۲۰۰۲، ص ۱۴۶.

۳۲۱- هشت اندیشه به این شرحند: شکم‌پرستی، فساد (شهوت)، طمع (حرص)، غم، خشم، تنبلی (بی‌میلی یا بی‌تفاوتی‌ای که به نا امیدی منجر می‌شود)، غرور (حسادت)، و تکبر. ایواگریوس به ماهیت بیرونی و درونی وسوسه که در همه مشترک است اشاره می‌کند. ایواگریوس می‌نویسد تا سفر روحانی همکاران راهب را تشویق کند؛ بنابراین دسته‌بندی‌های او در کارش تعریف شده‌اند یعنی منعکس نکردن همان طرز برخورد و احساسات و وضعیت ذهنی کسانی که خارج از زندگی متفکرانهٔ رهبانی هستند. برای مباحثات بیشتر در این موضوع نگاهی بیندازید به ایواگریوس پونتیکوس و علوم شناختی اثر جورج تساکیریدیس.

۳۲۲- کلیسای معاصر در آمریکای شمالی هفت گناه مهلک را عمومی کرد که به عنوان بخشی از الاهیات اخلاقی شناخته شدند. بیلی گراهام هفت برنامهٔ متوالی به نام «ساعت تصمیم‌گیری» در سال ۱۹۹۵ ضبط کرد که در آن در مورد هفت گناه مهلک موعظه می‌کند؛ که حتی در نشریات مختلف از مذهبی تا علوم اجتماعی ظاهر شد. اخیرا در سال ۱۹۸۷ تونی کومپولو نسخه‌ای محبوب با همین عنوان نوشته است.

۳۲۳- اعتدال (بر شکم پرستی غلبه می‌کند)، ملایمت (بر خشم غلبه می‌کند)، سخاوت (بر حرص و طمع غبله می‌کند)، شادی (بر حسادت غلبه می‌کند)، فروتنی (بر غرور غلبه می‌کند)، پاکدامنی (بر شهوت و ناپاکی غلبه می‌کند)، سخت‌کوشی (بر بی‌تمایلی و بی‌حوصلگی و یاس غلبه می‌کند)، حکمت (بر مالیخولیا و افسردگی غلبه می‌کند).

۳۲۴- تساکیریدیس ۲۰۱۰، ص ۷.

۳۲۵- ابی هاشم ۲۰۰۸، ص ۱۳۱.

۳۲۶- منظور در اینجا سوالات مصاحبه است.

۳۲۷- تعاریف از منابع مختلفی می‌آیند. منابع اصلی عبارتند از لغت‌نامهٔ اسلام اثر هوگز و لغت‌نامهٔ آکسفورد اسلام اثر اسپوسیتو. ترجمه‌های فارسی کلمات از مکاتبات شخصی با یک مترجم ایرانی در کانادا می‌آید.

فهرست کتب پیشنهادی برای مطالعهٔ بیشتر

Bailey, Kenneth E. 1973. The cross and the prodigal: The 15th chapter of Luke, seen through the eyes of Middle Eastern peasants. St. Louis: Concordia.

———. 1980. Through peasant eyes: More Lucan parables, their culture, and style. Grand Rapids, MI: Eerdmans.

———. 1983. Poet and peasant; and Through peasant eyes: A literary-cultural approach to the parables in Luke. Grand Rapids, MI: Eerdmans.

———. 1992. Finding the lost: Cultural keys to Luke 15. St. Louis: Concordia.

———. 2003. Jacob and the prodigal: How Jesus retold Israel's story. Downers Grove, IL: InterVarsity Press.

———. 2008. Jesus through Middle Eastern eyes: Cultural studies in the Gospels. Downers Grove, IL: IVP Academic.

———. 2011. Paul through Mediterranean eyes: Cultural studies in 1 Corinthians. Downers Grove, IL: IVP Academic.

Campbell, Barth L. 1998. Honor, shame, and the rhetoric of 1 Peter. Atlanta: Scholars Press.

DeSilva, David Arthur. 1995. Despising shame: Honor discourse and community maintenance in the Epistle to the Hebrews. Atlanta: Scholars Press.

———. 2000. Honor, patronage, kinship and purity: Unlocking New Testament culture. Downers Grove, IL: InterVarsity Press.

Elliot, John Hall. 2007. Conflict, community, and honor: 1 Peter in social-scientific perspective. Eugene, OR: Cascade Books.

Laniak, Timothy S. 1998. Shame and honor in the book of Esther. Atlanta: Scholars Press.

Neyrey, Jerome H. 1998. Honor and shame in the gospel of Matthew. Louisville, KY: Westminster John Knox Press.

فهرست منابع

Abi-Hashem, N. 2008. Arab Americans. In Ethnocultural perspectives on disasters and trauma: Foundations, issues, and applications, ed. Anthony J. Marsella, Jeannette L. Johnson, Patricia Watson, and Jan Gryczynski, 115–174. New York: Springer.

Abu-Lughod, Lila. 1985. Honor and the sentiments of loss in a Bedouin society. In American Ethnologist 12, no. 2: 245–261. http://www.jstor.org/stable/644219 (accessed February 28, 2011).

Abu-Nimer, Mohammed. 1996a. Conflict resolution in an Islamic context. In Peace and Change 21: no. 1: 22-40 https://www.researchgate.net/publication/229801843_Conflict_resolution_in_an_Islamic_context_Some_conceptual_questions (accessed June 9, 2006).

———. 1996b. Conflict resolution approaches: Western and Middle Eastern lessons and possibilities. In American Journal of Economics and Sociology 55, no. 1: 35–52. http://www.jstor.org/stable/3487672 (accessed February 28, 2011).

———. 1998. Conflict resolution training in the Middle East: Lessons to be learned. In International Negotiation 3: 99–116 http://www.jstor.org/stable/3487672 (accessed June 9, 2006).

———. 2001. Conflict resolution, culture, and religion: Toward a training model of interreligious peacebuilding. In Journal of Peace Research 38, no. 6: 685–704. http://www.jstor.org/stable/425559 (accessed February 28, 2011).

Alamdari, Kazem. 2005. "The power structure of the Islamic Republic of Iran: Transition from populism to clientelism, and militarization of the government." In Third World Quarterly 26, no. 8: 1285–1301.

Al-Ashqar, Umar Sulaiman. 1998. The world of the jinn and devils. Boulder, CO: Al-Basheer Publications.

Al-Attas, Seyd Muhammad al-Naquib. 1979. Aims and objectives of Islamic education. London: Hodder and Stoughton; Jeddah: King Abdulaziz University.

Alexander, Claire E. 2000. The Asian gang: Ethnicity, identity and masculinity. Oxford, UK: Berg.

Al-Yahya, Khalid O. 2008. Power-influence in decision making, competence utilization, and organizational culture in public organizations: The Arab world in comparative perspective. In Journal of Public Administration Research and Theory 19: 385–407.

Anderson, Neil T. 1990. The bondage breaker. Eugene, OR: Harvest House.

Arterburn, Stephen, and Jack Felton. 1991. Toxic faith: Understanding and overcoming religious addiction. Nashville: Oliver-Nelson Books.

Azumah, John. 2001. The legacy of Arab-Islam in Africa: A quest for inter-religious dialogue. Oxford, UK: Oneworld.

Babbie, Earl. 2007. The practice of social research. Belmont, CA: Thomson Wadsworth.

Bailey, Kenneth E. 1973. The cross and the prodigal: The 15th chapter of Luke, seen through the eyes of Middle Eastern peasants. St. Louis: Concordia.

———. 1980. Through peasant eyes: More Lucan parables, their culture and style. Grand Rapids, MI: W.B. Eerdmans.

———. 1983. Poet and peasant; and Through peasant eyes: A literary-cultural approach to the parables in Luke. Grand Rapids, MI: Eerdmans.

———. 1992. Finding the lost: Cultural keys to Luke 15. St. Louis: Concordia.

———. 2003. Jacob and the prodigal: How Jesus retold Israel's story. Downers Grove, IL: InterVarsity Press.

———. 2008. Jesus through Middle Eastern eyes: Cultural studies in the Gospels. Downers Grove, IL: IVP Academic.

———. 2011. Paul through Mediterranean eyes: Cultural studies in 1 Corinthians. Downers Grove, IL: IVP Academic.

Bar-Tal, Daniel. 2001. Why does fear override hope in societies engulfed by intractable conflict, as it does in the Israeli society? In International Society of Political Psychology 22, no. 3: 601–627. http://www.jstor.org/stable/3792428 (accessed February 28, 2011).

Ba-Yunus, Ilyas. 1988. Al Faruqi and beyond: Future directions in Islamization of knowledge." In The American Journal of Islamic Social Science 5, no. 1: 13–28.

Bearman, P. J., Th. Bianquis, C. E. Bosworth, E. Van Donzel, and W. P. Heinrichs, eds. 2000. The encyclopaedia of Islam. Leiden, Netherlands: Brill.

Beekun, Rafik, and Gamal Badawi. 1999. The leadership process in Islam. http://makkah.files.wordpress.com/2006/11/ldrpro.pdf (accessed March 3, 2011).

Behjati-Sabet, Afsaneh, and Natalie A. Chambers. 2005. People of Iranian descent. In Cross-cultural caring: A handbook for health professionals, 2nd ed., ed. Nancy Waxler-Morrison, Joan M. Anderson, Elizabeth Richardson, and Natalie A. Chambers, 127–161. Toronto: UBC Press.

Beilby, James K., and Paul R. Eddy. 2006. The nature of the atonement: Four views. Downers Grove, IL: IVP Academic.

Bennett, Clinton. 2005. Muslims and modernity: An introduction to the issues and debates. New York: Continuum.

Bozorgmehr, Mehdi. 1998. From Iranian studies to studies of Iranians in the United States. In Iranian Studies 31, no. 1: 5–30. http://www.jstor.og/stable 43111116 (accessed May 5, 2011).

Bradley, Mark. 2008. Iran and Christianity: Historical identity and present relevance. New York: Continuum International.

Campbell, Barth L. 1998. Honor, shame, and the rhetoric of 1 Peter. Atlanta, GA: Scholars Press.

Campolo, Anthony. 1987. Seven deadly sins. Wheaton, IL: Victor Books.

Cloud, Henry, and John Townsend. 1992. Boundaries: When to say yes, how to say no to take control of your life. Grand Rapids, MI: Zondervan.

Cohen, Robin. 1996. Diasporas and the state: From victims to challengers. In International Affairs 72, no. 3: 507–520. http://www.jstor.org/stable/2625554 (accessed August 4, 2011).

Cook, Michael, and Patricia Crone. 1977. Hagarism: The making of the Islamic world. New York: Cambridge University Press.

Cooper, Terry D. 2006. Making judgments without being judgmental: Nurturing a clear mind and a generous heart. Downers Grove, IL: InterVarsity Press.

Dastmalchian, Ali, Mansour Javidan, and Kamran Alam. 2001. Effective leadership and culture in Iran: An empirical study. In Applied Psychology: An International Review 50, no. 4: 532–558. http://www.fh-fulda.de/fileadmin/Fachbereich_SW/Downloads/Profs/Wolf/Studies/iran/Iran.pdf (accessed May 2, 2012).

De Bellaigue, Christopher. 2012. Talk like an Iranian. The Atlantic, August 22. http://www.theatlantic.com/magazine/archive/2012/09/talklike-an-iranian/309056/ (accessed August 27, 2012).

De Dreu, C. K. W., J. C. H. Blom, L. Hagendoorn, D. J. M. Hilhorst, K. E. Giller, J. Potters, and G. A. Wiegers. 2007. Conflict: Functions, dynamics, and cross-level influences. Amsterdam: Netherlands Organization for Scientific Research.

DeSilva, David Arthur. 1995. Despising shame: Honor discourse and community maintenance in the Epistle to the Hebrews. Atlanta, GA: Scholars Press.

———. 2000. Honor, patronage, kinship and purity: Unlocking New Testament culture. Downers Grove, IL: IVP Academic.

Ebadi, Shirin. 2006. Iran awakening: One woman's journey to reclaim her life and country. New York: Random House.

Elliot, John Hall. 2007. Conflict, community, and honor: 1 Peter in social-scientific perspective. Eugene, OR: Cascade Books.

Elmer, Duane. 1993. Cross-cultural conflict: Building relationships for effective ministry. Downers Grove, IL: InterVarsity Press.

Esposito, John L. 2003. The Oxford dictionary of Islam. New York: Oxford University Press.

Forbis, William H. 1981. Fall of the peacock throne: The story of Iran. New York: McGraw-Hill.

Friedman, Ray, Shu-Cheng Chi, and Leigh Anne Liu. 2006. An expectancy model of Chinese-American differences in conflict-avoiding. In Journal of International Business Studies 37, no. 1: 76–91. http://www.jstor.org/stable/3875216 (accessed February 28, 2011).

Garrison, David. 2014. A wind in the house of Islam: How God is drawing Muslims around the world to faith in Jesus Christ. Monument, CO:

WIGTake Resources.

Geller, Armando. 2008. Power structures, small world networks, and conflict in Afghanistan. http://www.psa.ac.uk/journals/pdf/5/2008/Geller.pdf (accessed January 12, 2011).

Ghahremani, Zohreh Khazai. 2011. Yeki bood yeki nabood: Our culture—assaulted as it may seem—still maintains its profound beauty. http://www.iranian.com/main/2011/feb/yeki-bood-yeki-nabood (accessed November 9, 2011).

Good, Byron J., Mary-Jo DelVecchio Good, and Robert Moradi. 1985. The interpretation of Iranian depressive illness and dysphoric affect. In Culture and depression: Studies in the anthropology and cross-cultural psychiatry of affect and disorder, ed. Arthur Kleinman and Byron Good, 369–428. Berkeley, CA: University of California Press.

Goode, Reema. 2010. Which none can shut: Remarkable true stories of God's miraculous work in the Muslim world. Carol Stream, IL: Tyndale House.

Graham, Billy. 1955. The seven deadly sins. Grand Rapids, MI: Zondervan.

Greenlee, David H., ed. 2013. Longing for community: Church, ummah, or somewhere in between? Pasadena, CA: William Carey Library.

Hall, Edward T. 1976. Beyond culture. New York: Anchor Books.

———, and Mildred Reed Hall. 1990. Understanding cultural differences: Germans, French and Americans. Yarmouth, ME: Intercultural.

Helmick, Raymond G., and Rodney L. Petersen, eds. 2001. Forgiveness and reconciliation: Religion, public policy, and conflict transformation. Philadelphia: Templeton Foundation.

Hesselgrave, David J. 1980. Planting churches cross-culturally: North

America and beyond. Grand Rapids, MI: Baker Books.

Hicks, Donna. 2009. The role of identity reconstruction in promoting reconciliation. In Forgiveness and reconciliation: Religion, public policy, and conflict transformation, ed. Raymond G. Helmick, and Rodney L. Petersen, 129–150. Philadelphia: Templeton Foundation.

Hiebert, Paul G. 2008. Transforming worldviews: An anthropological understanding of how people change. Grand Rapids, MI: Baker Academic.

———, R. Daniel Shaw, and Tite Tiénou. 1999. Understanding folk religion: A Christian response to popular beliefs and practices. Grand Rapids, MI: Baker Books.

Hodgson, Marshall G. S. 1977. The classical age of Islam. Vol. 1 of The venture of Islam: Conscience and history in a world civilization. Chicago: University of Chicago Press.

Hofstede, Geert. 1991. Cultures and organizations: Software of the mind. London: McGraw-Hill.

———. 2001. Cultures and consequences: Comparing values, behaviors, institutions and organizations across nations. 2nd ed. Thousand Oaks, CA: Sage.

House, R. J., P. J. Hanges, M. Javidan, P. W. Dorfman, and V. Gupta. 2004. Culture, leadership and organizations: The GLOBE study of 62 societies. Thousand Oaks, CA: Sage.

Houtsma, M. Th., A. J. Wensinck, T. W. Arnold, W. Heffening, and E. Lévi-Provençal, eds. 1913–1936. First Encyclopaedia of Islam. Leiden, Netherlands: Brill.

Hughes, Thomas Patrick. 1995. A dictionary of Islam. New Delhi: Asian Educational Services.

Ibrahim, Raymond. 2007. The al Qaeda reader. New York: Broadway Books.

Irani, George E. 1999. Islamic mediation techniques for Middle East conflicts. In Middle East Review of International Affairs 3, no. 2. http://meria.idc.ac.il/journal/1999/issue2/jv3n2al.html (accessed September 6, 2006).

Khalidi, Tarif. 2009. Images of Muhammad: Narratives of the Prophet in Islam across the centuries. New York: Doubleday.

King, Diane E. 2005. Asylum seekers/patron seekers: Interpreting Iraqi Kurdish migration. In Human Organization 64, no. 4: 316–326. http://uky.academia.edu/DianeEKing/Papers/90116/Asylum_Seekers_Patron_Seekers_Interpreting_Iraqi_Kurdish_Migration (accessed January 12, 2010).

Khan, Muhammad Muhsin. 1979. The translation of the meanings of Sahih al-Bukhari, vol. 8. Chicago: Kazi.

Kraft, Charles H. 1993. Deep wounds, deep healing: Discovering the vital link between spiritual warfare and inner healing. Ann Arbor, MI: Servant.

Kraft, Kathryn Ann. 2007. Community and identity among Arabs of a Muslim background who choose to follow a Christian faith. PhD diss., University of Bristol.

Laniak, Timothy S. 1998. Shame and honor in the book of Esther. Atlanta: Scholars Press.

Laroui, Abdallah. 1976. The crisis of the Arab intellectual: Traditionalism or historicism? Trans. Diarmid Cammell. Berkeley, CA: University of California Press.

Lewis, Bernard. 1995. The Middle East: A brief history of the last 2,000 years. New York: Touchstone.

Little, Don. 2009. Effective insider discipling: Helping Arab world believers from Muslim backgrounds persevere and thrive in community. Unpublished thesis, Gordon-Conwell Theological Seminary.

———. 2015. Effective discipling in Muslim communities: Scripture, history, and seasoned practices. Downers Grove, IL: IVP Academic.

Love, Rick. 2000. Muslims, magic and the kingdom of God. Pasadena, CA: William Carey Library.

Mackey, Sandra. 1996. The Iranians: Persia, Islam and the soul of a nation. New York: Plume.

McIntosh, Phyllis. 2004. Iranian-Americans reported among most highly educated in U.S. http://www.farsinet.com/farsinet/iranian_americans.html (accessed February 16, 2012).

Mercadante, Linda A. 2000. Anguish: Unraveling sin and victimization. In Anglican Theological Review 82, no. 2: 283–302.

Mernissi, Fatima. 1992. Islam and democracy: Fear of the modern world. Trans. Mary Jo Lakeland. Cambridge, MA: Perseus.

Miller, Darrow L., with Stan Guthrie. 1998. Discipling nations: The power of truth to transform cultures. Seattle: YWAM.

Min, Pyong Gap, and Mehdi Bozorgmehr. 2000. Immigrant entrepreneurship and business patterns: A comparison of Koreans and Iranians in Los Angeles. In International Migration Review 34, no. 3: 707–738. http://www.jstor.org/stable/2675942 (accessed May 5, 2011).

Mischke, Werner. 2010. Honor and shame in cross-cultural relationships. http://beautyofpartnership.org/about/free (accessed November

16, 2012).

———. 2015. The global gospel: Achieving missional impact in our multicultural world. Scottsdale, AZ: Mission ONE.

Mobasher, Mohsen. 2006. Cultural trauma and ethnic identity formation among Iranian immigrants in the United States. In American Behavioral Scientist 50: 100–117.

Muller, Roland. 2000. Honor and shame: Unlocking the door. Bloomington, IN: Xlibris.

———. 2013. The messenger, the message and the community: Three critical issues for the cross-cultural church planter. Surrey, BC: CanBooks.

Musk, Bill. 1989. The unseen face of Islam: Sharing the gospel with ordinary Muslims. East Sussex, UK: Monarch.

Nasr, Seyyed Hossein. 1987. Traditional Islam in the modern world. New York: Columbia University Press.

Neyrey, Jerome H. 1998. Honor and shame in the gospel of Matthew. Louisville, KY: Westminster John Knox.

Nizami, Abu Yusaf Afzaluddin, and Mukhtar Chaudhry. 1993. A comprehensive interpretation of dreams. Lahore: Mavra Publishers.

Noble, Lowell L. 1975. Naked and not ashamed: An anthropological, biblical, and psychological study of shame. Jackson, MI: n.p.

Noor, Farish A. 2003. What is the victory of Islam? Towards a different understanding of the Ummah and political success in the contemporary world. In Progressive Muslims, ed. Omid Safi, 320–332. Oxford, UK: Oneworld.

Patai, Raphael. 2007. The Arab mind. Long Island City, NY: Hatherleigh.

Pattison, Stephen. 2000. Shame: Theory, therapy, theology. New York: Cambridge University Press.

———. 2011. Shame and the unwanted self. In The shame factor: How shame shapes society, ed. Robert Jewett, 9–29. Eugene, OR: Cascade Books.

Plueddemann, James E. 2009. Leading across cultures: Effective ministry and mission in the global church. Downers Grove, IL: IVP Academic.

Pitt-Rivers, Julian. 1966. Honour and social status. In Honor and shame: The values of Mediterranean society, ed. J. B. Peristiany, 19–77. Chicago: University of Chicago Press.

Ramadan, Tariq. 2004. Western Muslims and the future of Islam. New York: Oxford University Press.

Register, Ray, Jr. 2009. Discipling Middle Eastern believers. Dayton, TN: Global Educational Advance.

Rosen, Lawrence. 2006. "Expecting the unexpected: Cultural components of Arab governance." In Law, society, and democracy: Comparative perspectives, ed. Richard E. D. Schwartz, 163–178. Vol. 603 of Annals of the American Academy of Political and Social Science. http://www.jstor.org/stable/25097763 (accessed March 10, 2011).

Saeed, Abdullah, and Hassan Saeed. 2004. Freedom of religion, apostasy and Islam. Burlington, VT: Ashgate.

Sahragard, R. 2003. A cultural script analysis of a politeness feature in Persian. http://www. paaljapan.org/resources/proceedings/PAAL8/pdf/pdf034.pdf (accessed March 25, 2011).

Said, Edward W. 1979. Orientalism. New York: Vintage Books.

Sande, Ken. 1997. The peacemaker: A biblical guide to resolving personal conflict. Grand Rapids, MI: Baker Books.

Scazzero, Peter. 2003. The emotionally healthy church: A strategy for discipleship that actually changes lives. Grand Rapids, MI: Zondervan.

Sciolino, Elaine. 2000. Persian mirrors: The elusive face of Iran. New York: The Free Press.

Sikand, Yoginder. 2006. Madrasa reforms: Pakistani ulama voices. In Muslim Public Affairs Journal (April): 55-60.

Smith, Jane I. 1999. Islam in America. New York: Columbia University Press.

Smith, Steve. 2011. T4T: A discipleship re-revolution. Monument, CO: WIGTake Resources.

Spellman, Kathryn. 2004. Religion and nation: Iranian local and transnational networks in Britain. New York: Berghahn Books.

Stewart, Tat. 2005. A biblical model for shepherding MBBs. Paper presented at COMMA Consultation, October 20 in Atlanta, GA.

Stone, Matthew. 2015. How post-traumatic stress disorder (PTSD) and co-occurring disorders impact ministries. Paper presented at COMMA consultation, October 15, in Elmhurst, IL.

Taheri, Amir. 2008. The Persian night: Iran under the Khomeinist revolution. New York: Encounter Books.

Travis, John, and Anna Travis. 2008. Deep-level healing prayer in cross-cultural ministry: Models, examples, and lessons. In Paradigm shifts in Christian witness: Insights from anthropology, communication, and spiritual power, ed. Charles E. Van Engen, Darrell Whiteman, and J. Dudley Woodberry, 106–115. New York: Orbis Books.

Trousdale, Jerry. 2012. Miraculous movements: How hundreds of thousands of Muslims are falling in love with Jesus. Nashville: Thomas Nelson.

Tsakiridis, George. 2010. Evagrius Ponticus and cognitive science: A look at moral evil and the thoughts. Eugene, OR: Pickwick.

Van Donzel, E., B. Lewis, and Ch. Pellat, eds. 1978. The encyclopaedia of Islam. Leiden, Netherlands: Brill.

Wansbrough, John. 1977. Quranic studies: Sources and methods of scriptural interpretation. New York: Oxford University Press.

Warner, Marcus. 2007. Toward a deeper walk: Heart-focused training for the journey of life. Highland Park, IL: Mall Publishing.

Weir, David. 2001. Management in the Arab world: A fourth paradigm? Paper presented at EURAM conference, December 2, in Barcelona, Spain. http://www.leadersnet.co.il/go/leadh/ forums_files/4845731437.pdf (accessed May 30, 2006).

Wilson, Sandra D. 2002. Released from shame: Moving beyond the pain of the past. Downers Grove, IL: InterVarsity Press.

Wisley, Thomas, and Sandra Wisley. 2006. Conflict management and resolution, version 1.7. Colorado Springs, CO: Development Associates International.

Ye'or, Bat. 1985. The dhimmi: Jews and Christians under Islam. Teaneck, NJ: Fairleigh Dickinson University Press.

———. 1996. The decline in Eastern Christianity under Islam: From jihad to dhimmitude. Teaneck, NJ: Fairleigh Dickinson University Press.

دیگران دربارهٔ این کتاب چه می‌گویند

دکتر اکسنواد با بیش از سی سال تجربه و سابقهٔ علمی و تحقیقی تحسین‌برانگیزش، در این کتاب بینشی به ما بخشیده که باعث تنویر اذهان، تعلیم، و ارائهٔ راهکارهای عملی در درک ایمانداران از زمینهٔ اسلامی است.

دکتر دووِین المر، استاد مطالعات میان‌فرهنگی، دانشگاه الاهیات ترینیتی

دکتر اکسنواد با تحقیق مستمر در موضوع کامیابی و شکست کلیساهای ایرانی در غربت، کار برجسته‌ای در این کتاب ارائه داده است. انجمن کلیساهای انجیلی آمریکای شمالی مطالعهٔ این کتاب را برای کشیشان، رهبران و شیوخ کلیسا، و اعضای عادی کلیسا توصیه می‌کند تا با مطالعهٔ آن به مشکلات موجود پی ببرند و از رهنمودهای کتاب‌مقدسی این کتاب برای رفع مسائل جاری کلیسا بهره‌مند شوند.

تامی میوایان، مدیر انجمن مشارکت‌ها و کلیساهای انجیلی آمریکای شمالی

The Farsi Translation of

Risen from Ashes to Christ: Understanding Muslim-Convert Churches through the Experience of the Iranian Church by Roy Oksnevad

Copyright © 2018 Roy Oksnevad. All rights reserved. No part of this publication may be reproduced, stored in retrieval system, or transmitted in any form or by any means- for example, electronic, photocopy, recording- without the prior written permission of the publisher. The only exception is brief quotation in printed reviews.

Published by Jam Publishers
A division of the Jude Project
P.O Box 532 Ashburn, VA 20146
www.JudeProject.org

Printed in the United States of America
First Printing 2018
Translator: Marguerite Maghen
Cover Design:Jude Project
Layout: Jude Project
ISBN: 978-1-941693-20-9

If you would like more information about the Jude Project or information about other resources in Farsi, or other languages, visit *www.judeproject.org* or email us at:

info@judeproject.org